조선붕당실록

반전과 역설의 조선 권력 계보학

조선붕당실록
: 반전과 역설의 조선 권력 계보학

1판 1쇄 발행 2017. 11. 6.
1판 3쇄 발행 2023. 7. 1.

지은이 박영규

발행인 고세규
편집 김상영 | 디자인 홍세연
발행처 김영사
등록 1979년 5월 17일 (제406-2003-036호)
주소 경기도 파주시 문발로 197(문발동) 우편번호 10881
전화 마케팅부 031)955-3100, 편집부 031)955-3250, 팩스 031)955-3111

값은 뒤표지에 있습니다.
ISBN 978-89-349-7925-8 03910

홈페이지 www.gimmyoung.com   블로그 blog.naver.com/gybook
인스타그램 instagram.com/gimmyoung   이메일 bestbook@gimmyoung.com

좋은 독자가 좋은 책을 만듭니다.
김영사는 독자 여러분의 의견에 항상 귀 기울이고 있습니다.

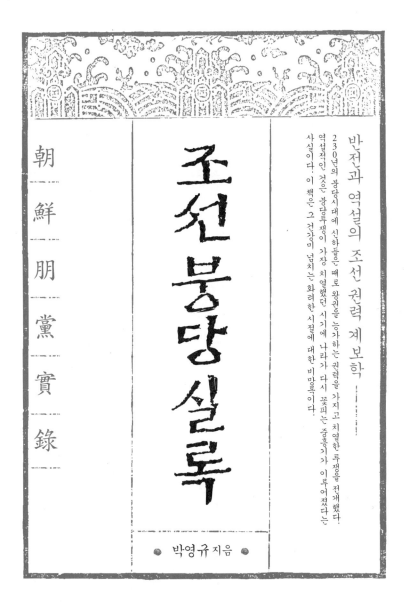

朝鮮朋黨實錄

조선 붕당실록

반전과 역설의 조선 권력 계보학

230년의 붕당시대에 신하들은 때로 왕권을 능가하는 권력을 가지고 치열한 투쟁을 전개했다. 역설적인 것은, 붕당투쟁이 가장 치열했던 시기에 나라가 다시 꽃피는 중흥기가 이루어졌다는 사실이다. 이 책은 그 전장미 넘치는 화려한 시절에 대한 비망록이다.

박영규 지음

김영사

건강미 넘치는
화려한 시절에 대한 비망록

한국인 대부분은 조선이 당쟁 때문에 망했다고 생각한다. 하지만 이는 역사적 사실이 아니다. 조선시대에 당쟁이 생긴 것은 붕당정치가 시작된 이후부터다. 붕당정치는 선조 때인 1575년에 사림이 동인과 서인으로 분열되면서 시작됐고, 이후 225년간 지속되다가 1800년에 정조가 죽으면서 종결됐다. 그리고 순조·헌종·철종 대의 외척 독재 60년을 거치면서 조선은 망국으로 치달았다. 결국, 조선을 망하게 한 것은 당쟁이 아니라 외척 독재란 뜻이다. 그럼에도 많은 사람들이 조선 망국의 주범을 당쟁이라고 생각하는 것은 일본 학자들에 의해 주입된 식민 사관의 영향이다.

 붕당정치가 시작되기 전에 조선의 권력은 주로 외척이나 공훈 세력이 쥐고 있었다. 조선 개국 당시에는 개국공신들과 외척들이 권력을 독점했고, 태종 이방원의 왕자의 난 이후에도 태종의 측근들이 조정을 장악했다. 이들 공신들은 대개 왕실과 혼인 관계를 맺어 외척이 되었기 때문에 이들을 통칭하여 훈척 세력이라고 한다. 세종은 이들 훈척 세력의 권력 독점을 막기 위해 집현전에서 인재를 키워 그들의 대항마로 삼았다. 덕분에 세종 대의 정치는 훈척 세력과 집현전 세력이 서로를 견제하며 균형을 유지했고, 세종은 이를 기반으로 조선의 황금 시대를 구가할 수 있었다. 하지만 세조의 계유정난 이후에 다시 한명회 등의 훈척 세력이 권력을 장악하면서 조정의 균형이 무너졌다. 성종은 권력의 균형을 회복하기 위해 재야 세력인 사림을 끌어들여 그들과 대립하도록 했다. 이후 성종 시대는 다시 한번 조선왕조의 전성기를 구가할 수 있었다.

이렇듯 어느 한쪽이 권력을 독점하지 못하도록 서로 팽팽한 대립과 견제가 유지될 때 왕은 정치력을 한껏 발휘할 수 있다. 물론 왕도 권력을 독점해서는 안 된다. 왕과 양쪽 권력의 지형이 팽팽한 삼각관계를 이룰 때 정치는 가장 발전된 모습을 띨 수 있기 때문이다. 그런 의미에서 보자면 붕당정치는 왕조시대의 정치 중에 가장 발전된 단계라고 할수 있다. 신하들 사이에 당파가 형성되고, 당파 사이에 추구하는 이념이 팽팽한 대립을 이루며, 왕은 그들의 균형자 역할을 하는 것이 이상적인 붕당정치라 할 수 있다. 이러한 경우 혈연보다 당론이 중시되고 개인 관계보다 공적 관계가 중시될 수 있다.

원래 왕조시대에는 당파 정치를 금기시하여 당파를 이룰 경우 역모로 간주했었다. 하지만 중국 송나라의 주희나 구양수에 의해 당파, 즉 붕당의 긍정성이 부각되면서 당파 정치는 새로운 정치적 대안으로 부상했다. 하지만 조선은 건국 이래 180년 동안 붕당정치를 금기시했다. 그러다 선조 시대에 이르러 비로소 붕당정치의 막이 열렸던 것이다.

선조 시대에 붕당정치가 시작된 것은 성종 시대 이후 중앙 정치에 진출한 사림이 연산군, 중종, 명종 시대의 4대 사화로 인해 엄청난 피의 숙청을 당하면서도 끈질기게 투쟁을 벌여, 훈척 세력을 물리치고 조정을 장악했기 때문이다. 하지만 훈척 세력과 달리 사림에 속한 선비는 많고 조정의 관직은 한정되어 있었다. 때문에 사림 내부의 분열과 권력투쟁은 필연적인 것이었다.

사림이 붕당을 형성하여 서로 대립한 것은 선조가 즉위한 때로부터 불과 8년 뒤였다. 이후 붕당은 동인과 서인으로 분열되었고, 동인이 권력을 잡자 남인과 북인으로 갈라졌으며, 북인이 권력을 잡자 북인은 다시 대북과 소북으로 갈라졌다. 그러다 서인이 권력을 잡자 서인은 노서와 소서로 갈라지고, 이후 남인이 권력을 잡자 탁남과 청남으로 갈라져 대립했다. 이렇듯 권력은 분열의 속성을 지녔고, 그 분열은 대립을 통한 균형을 지향한다.

이 분열과 대립의 시대에 중국 대륙의 주인은 한족에서 여진족으로 바뀌었고, 만년 후진국이었던 일본은 새로운 강국으로 부상하였으며, 그 과정에서 조선은 임진왜란과 병자호란이라는 참혹한 전란을 겪어야 했다. 하지만 조선왕조는 선조, 광해군, 인조 시대의 전란기를 무사히 극복하고 효종과 현종 시대의 회복기를 거쳐 숙종, 영조, 정조 시대의 중흥기를 일궈냈다.

선조 이후 붕당의 싸움이 가장 치열하게 전개된 때는 숙종, 영조, 정조 시대였다. 하지만 정치 세력들은 목숨을 내걸고 피 튀기는 싸움을 전개하는 동안 오히려 백성들의 삶은 안정되고 풍성해졌다. 붕당이 서로 팽팽하게 대립하고 왕은 균형자 역할을 하며 그들의 대립을 발전의 수단으로 삼았을 때, 백성의 삶은 더 좋아졌다는 것이다. 이는 정치 투쟁이 치열하게 전개되고 당파 간의 팽팽한 세력 균형이 이뤄질 때 국가는 오히려 발전한다는 것을 의미한다.

정치는 동서양을 막론하고 시끄러운 것이다. 그러나 시끄럽다고 해서 나라가 망하는 것은 아니다. 오히려 정치판이 시끄럽다는 것은 정치가 건강하다는 반증이다. 이는 일본과 영국, 그리고 미국을 포함한 세계의 근대화 과정이 모두 증명하는 역사적 사실이다. 정치적 투쟁과 소란이 없는 정치야말로 나라를 망하게 하고 백성을 고통스럽게 한다.

조선의 붕당정치는 몹시 시끄러운 정치였다. 그에 비해 외척 독재의 조정은 조용했다. 한쪽이 독점했으니 소란스러울 이유가 없었던 것이다. 그리고 그 조용한 정치는 곧 나라를 망국으로 이끌었다. 따라서 조선의 역사에서 붕당이 팽팽한 대립을 이루며 치열한 투쟁을 전개하던 붕당 시대는 곧 조선의 정치가 가장 건강하고 화려한 때였음을 의미한다.

이 책은 조선의 건강미 넘치는 화려한 시절에 대한 비망록이다. 부디 그 치열한 투쟁과 발전의 역사에 대한 즐거운 감상이 되길 바란다.

2017년 10월
일산우거에서 박영규

- 1 -

붕당의 뿌리 사림파와 사화

사림파와
붕당

조선의 붕당이란 사림이 당파를 형성한 것을 말하며, 사림파라 함은 일반적으로 15세기 말부터 16세기에 걸쳐 재야 선비들을 배경으로 형성된 정치 세력을 일컫는다. 이들은 공훈을 세워 세력을 형성한 훈구파나 척신(외척) 세력과 대립하며 성장했는데, 그 과정에서 여러 차례에 걸쳐 집단적인 피해를 입었다. 사림의 이 집단적인 피해를 곧 사화士禍라고 했다.

  사림파가 정치 집단으로 성장한 것은 성종 시대였는데, 당시 사림을 대표하는 인물은 김종직이었다. 조선 초기까지만 해도 유학을 공부하는 선비들을 일컬어 사류 또는 사족이라고 불렸는데, 김종직 이후 도학에 중점을 둔 집단적인 학파를 이룬 사람들을 사림이라고 하기도 했다. 따라서 사림은 현직 관리보다는 재야 지식인을 중심으로 형성된 도학자들을 지칭한다. 이들의 학습은 관학인 사부학당이나 향교보다는 서원이나 개인의 서재를 통한 경우가 많았고, 사상적으로는 신유학

중에서도 중국 송宋대의 정호, 정이 형제와 주희가 체계화한 정주성리학을 선호하는 경향을 보였다.

성리학은 송학, 정주학, 이학, 도학이 한 계통이고 명학, 육왕학, 양명학, 심학이 다른 한 계통을 이룬다. 우리나라에서는 전자인 정주학계의 이학理學이 발달하고 상대적으로 육구연, 왕수인 등이 체계화한 육왕계의 심학心學은 별로 발달하지 못했다. 때문에 우리나라에서 흔히 성리학이라고 하면 정호, 정이 형제와 주희 계통의 이학을 가리킨다.

우리나라의 성리학사에서 볼 때 15세기 중엽부터 16세기 말까지는 사림파 시대라고 할 수 있다. 이른바 사화기 시대라고 할 정도로 많은 사화를 겪으면서도 사림파는 지속적으로 권력에 도전했고, 결국은 선조 대에 이르러 권력의 중심으로 자리매김했다. 이처럼 조선 성리학은 현실 참여적인 실천 성리학이었던 것이다.

사림파의 정치적 활동으로 가장 주목되는 것은 향촌 질서의 재확립과 관련되는 사회운동으로, 일종의 지방자치 기구인 유향소 및 향약의 제도화라고 할 수 있다. 이 사회운동은 관료제에서 나타나는 모순들을 혁신하는 것을 목표로 하고 있었다.

사림파는 군주정치에 대한 인식에서도 그 이전의 정주학자들과 현격한 차이를 보였다. 조선왕조 초기의 정치 주체는 군주로 인식되고 있었지만, 16세기 이후의 사림파 정신에서는 군주 역시 신하와 마찬가지로 학문을 통해 스스로를 닦는 노력이 있어야 한다고 생각되었다. 때문에 군주가 도학적 인격을 갖추지 못하면 군주 자격이 없다는 가치관이 성립되어 있었다. 주희의 《대학》에서 비롯된 이 같은 인식은 군주제 자체를 부정하지는 않았지만, 군주만이 절대적인 권한을 갖는 것은 부정한 셈이다. 말하자면 군주는 도학적인 이념을 실천하는 존재이므로, 군주가 도학적 이념에 충실하지 못하면 군주로서의 역할을 다하지 못한 것으로 판단했던 것이다. 이는 곧 군주가 절대적인 것이 아니라 도학적 이념이 절대적이라는 의미였다.

사림파는 인재의 등용에서도 과거제보다는 추천제를 선호했다. 그것은 과거제가 귀족계급에 한정되는 면이 있는 데다, 단순히 시험 하나로 인간을 다스리는 능력을 측정하는 측면이 강해 제대로 된 인재를 구하는 방법이 아니라는 사고에서 비롯됐다. 때문에 사림 속에서 뛰어난 인물을 찾아내 추천하는 방식이 과거제보다 더 현명하고 청렴한 관리를 얻을 수 있는 제도라고 보았다. 중종 시대 사림의 거두로 부상했던 조광조가 주장하여 실제 제도로 만들어낸 현량과가 곧 사림이 주장하던 추천제 등용 방식의 하나였다.

이렇듯 사림파는 조선의 정치에 새로운 바람을 불러일으켰지만, 사림이 정권의 중심이 된 선조 시대에 이르러서는 학맥과 인맥에 따라 붕당이라는 이름의 당파가 형성되었고, 이후 조선의 정치는 붕당 시대를 맞이하게 되었다. 붕당이 조정을 이끈 후에는 정파 간의 상호 견제를 통해 정치를 발전시킨 측면도 있으나, 붕당의 영수를 중심으로 막후 정치가 전개되거나 붕당 간의 권력투쟁이 도를 넘는 수준으로 치닫는 폐해를 낳기도 했다.

정치 전면에 등장한
사림파

조선사에서 사림이 정치 전면에 등장한 것은 제9대 성종 시대였다. 성종 시대의 정치 세력은 훈구 세력과 근왕 세력으로 나누어지는데, 훈구 세력은 세조 시대의 공신을 주축으로 형성되었으며, 근왕 세력은 이른바 도학 정치를 내세운 사림 세력으로 형성되어 있었다. 성종은 이들 세력 간의 힘의 균형을 통해 왕권의 중심을 굳건히 다져나갔다.

구성군 사건 이후 왕족의 등용이 법으로 금지되자, 성종은 조정을 장악하고 있던 훈신 세력들을 견제할 필요성을 느끼게 되었다. 성종이 정희왕후로부터 왕권을 넘겨받았던 1476년 당시, 세조의 오른팔 격인 신숙주는 이미 사망했고 한명회 역시 연로한 탓으로 정치 일선에서 물러나 있었다. 그 대신에 유자광 등 '남이의 옥'과 관련된 공신들과 인수대비의 친동생 한치인을 주축으로 한 척신 세력이 조정의 중역으로 부상해 있었지만, 그들은 세력권이 달라 힘을 하나로 합칠 수 없는 관계에 있었다. 따라서 성종은 이러한 역학 구도를 이용해 자신의 힘을 비축한 다음, 그들 훈구 세력들을 견제할 사림 세력들을 빠른 속도로 끌어들이기 시작했다.

당시 사림의 거두는 김종직이었다. 그는 밀양 출신으로 고려 말의 길재의 학풍을 잇는 영남 성리학파의 주축이었다. 성종이 성년이 되어 비로소 왕권을 넘겨받았을 때, 김종직은 자신의 고향 선산의 부사로 재직 중이었다. 성종은 그의 학식과 문장이 뛰어나고, 그의 문하들이 학풍을 드날리고 있음을 익히 알고 있던 터였다. 그래서 성종은 그의 학문과 사상을 흠모하게 되었고, 마침내 수렴청정에서 벗어나자 그를 중앙으로 불러올렸다.

사림파는 삼사(사헌부, 사간원, 홍문관)를 중심으로 세력을 구축하고 자신들이 주자학의 정통 계승자임을 자부하고 있었다. 또한 요순 정치를 이상으로 삼는 도학적 실천을 표방하여 군자임을 자처하면서, 훈구파를 불의와 타협하여 권세를 잡은 소인배들이라고 멸시하고 배척했다. 이에 대해 훈구파는 사림들을 홀로 잘난 체하는 야심배들이라고 지탄하며 그들을 배격했다. 두 세력은 주의와 사상이 달랐기에 사사건건 대립했고, 이러한 갈등은 날로 심화되어 정치적으로나 학문적으로나 타협할 수 없는 지경에 이르고 말았다.

김종직의 문하에는 김일손, 김굉필, 정여창, 유호인, 이맹전, 남효온, 조위, 이종준 등 당대 내로라하는 문장가들이 집결되어 있었다. 때문에 김종직을 중용하는 것은 그들 모두를 중용하는 것과 같은 효과를 노릴 수 있는 것이었다. 이러한 성종의 사림파 중용책으로 인해 조정에서는 1480년대 중반에 이르러 사림파와 훈구파의 세력 균형이 가능해졌다.

중앙으로 진출한 사림파의 일차적인 비판 대상은 유자광, 이극돈 등의 훈구 척신 세력이었다. 이들은 이미 자신들의 권력을 남용하면서 부패로 치닫고 있었고, 이러한 부패상이 신진 사림 세력들에겐 정치적 공략의 대상이 되었다.

사림의 공격에 대한 훈구 세력의 반발도 만만치 않았지만, 성종의 후원 때문에 훈구 세력이 사림에 밀리는 현상을 보이기 시작했다. 그래서 사림 세력의 지나친 팽창에 위기를 느낀 훈구 세력은 연산군이 등극한 이후 자위책의 일환으로 무오사화를 획책하게 된다.

성종의 후원에 힘입은 사림파는 세력이 팽창되자 세조 시대 말에 혁파된 유향소 제도를 부활시켰다. 유향소의 부활은 당시 부패로 치닫고 있던 관료제 중심의 농촌 사회에 새로운 바람을 불러일으켰다. 조선 개국 이후 농촌 사회에서는 부의 축적이 꾸준히 지속되고 있었는데, 이는 곧 관료들의 부패로 이어졌다. 유향소는 이런 부패한 향리를 규찰하고 향풍을 바로잡기 위해 조직된 지방의 자치 기구였다.

유향소는 고려 말에 형성되었다가 왕권을 약화시킨다는 이유로 태종 때 혁파된 바 있었다. 하지만 세종은 유향소의 권한을 지방 풍토를 바로잡는 일에만 한정시킨 후 부활시켰다. 그런데 세조가 등극한 뒤 권력의 중앙 집중화에 유향소가 방해가 된다는 이유로 다시 혁파되었고, 이를 1488년 성종이 다시 부활시켰던 것이다.

성종이 부활시킨 유향소 제도는 중앙집권 체제의 보조 기구에 불과했지만 사림에게는 정치적 기반이 되었다. 이는 조정 내에서 사림의 힘을 키워 세력의 균형을 이루려고 했던 성종에게 크나큰 도움이 되었다. 그래서 적어도 성종 대에서는 사림 세력이 중앙의 비판 세력으로 성장하는 데 큰 어려움이 없었으며, 이는 결국 성종이 노린 '힘의 균형'을 실현하는 중요한 수단이 되었다. 즉 성종이 표방한 왕도 정치는 학문을 좋아하는 그의 천성에서 비롯된 것이기도 했지만, 사회적 모순과 병폐를 제거해야 한다는 시대적 요구이기도 했던 것이다.

사림파의 대부
김종직

김종직은 경상도 밀양 출신으로 1453년 진사가 되고, 1459년 식년 문과에 정과로 급제하여 1462년에는 승문원 박사가 되었다. 이후 경상도 병마평사, 이조좌랑, 함양 군수 등을 지내고, 성종이 성년이 되던 1476년에는 고향인 선산의 부사로 재직 중이었다.

그는 정희왕후의 수렴청정이 끝나고 성종이 정사를 주관하게 되자 중앙으로 진출했으며; 이때부터 영남 사학의 거두로서, 또한 성종의 근위 세력으로서 성장하게 된다. 성종은 학문을 숭상하여 도학 정치를 꿈꾸었으며, 김종직을 자신의 그런 정치적 이념을 뒷받침해줄 적임자로 생각했다. 특히 김종직의 문하에는 김굉필, 정여창, 김일손 등 당대 최고의 문장가들이 포진해 있었는데, 성종은 이들과 힘을 합해 훈구 척신 세력의 독주를 저지하고자 했다.

1483년에 우부승지에 오른 김종직은 이어 좌부승지, 이조참판, 예문관 제학, 병조참판 등의 요직을 두루 거치기 시작했다. 이와 함께 그의 제자 김굉필, 유호인, 김일손 등도 등용되기에 이른다.

대의명분을 중시하던 김종직은 단종을 폐위, 살해하고 즉위한 세조를 비판했으며, 세조의 불의에 동조한 신숙주, 정인지 등의 공신들을 멸시했다. 그래서 대간에 머물고 있을 때는 세조의 부도덕함을 질책하고 세조 대의 공신들을 공격하는 상소를 계속 올려, 훈구 세력을 자극하기도 했다.

세조에 대한 그의 비판은 단순히 상소에 그치지 않았고, 세조가 단종을 폐위한 것에 대한 반발심을 담아 〈조의제문〉을 남기게 된다. 〈조의제문〉은 중국 진秦나라 때 항우가 초楚의 의제를 폐한 것에 세조가 단종을 폐한 것을 비유하여 은근히 단종을 조위한 글이었다. 이 글은 《성종실록》 편찬 과정에서 김종직의 제자에 의해 사초에 올려지고, 이것이 발단이 되어 무오사화가 일어나게 된다.

김종직은 남이를 죽게 한 유자광을 멸시했는데, 함양 군수로 부임할 때 유자광의 시가 걸려 있는 것을 보고 그것을 철거하여 태워버리기도 했다. 이 때문에 유자광은 김종직에 대해 사적인 원한을 품게 되었고, 후일 이극돈과 손을 잡고 무오사화를 도모하게 된다.

김종직의 〈조의제문〉과 훈구 세력에 대한 비판적인 상소들은 그의 도학적인 식견과 절의를 잘 보여주고 있다. 비록 왕이라고 할지라도 도리와 덕을 지키지 않으면 당연히 비판을 받아야 한다는 것이 그의 입장이었다. 성종 역시 김종직의 견해에 동조하여 스스로 도학적인 자세로 국사에 임하려 했다.

고려 말의 정몽주와 길재의 학풍을 이어받은 아버지 김숙자에게 글을 익힌 김종직은 문장에 뛰어났으며, 사학에도 두루 능통해 조선시대 도학의 정맥을 이어가는 중추적 구실을 했다. 그의 도학을 정통으로 이어받은 제자 김굉필은 조광조와 같은 걸출한 인물을 배출하여 그 학통을 그대로 계승시켰다.

이처럼 그의 도학이 조선조 도통의 정맥으로 이어진 이유는 〈조의제문〉에서 보이듯이, 그가 화려한 문장이나 시문을 추구하기보다는 궁극적으로 절의를 바탕으로 정의를 숭상하고 시비를 분명히 가리려는 의리적인 성향을 보였다는 사실에서 찾을 수 있을 것이다. 이 같은 정신은 제자들에게 전해졌고, 제자들은 절의와 의리를 내세우며 이를 저버린 훈구 척신 세력의 비리와 부도덕을 비판하고 나섰다.

김종직은 1492년 62세를 일기로 생을 마쳤으며, 〈조의제문〉이 발단이 되어 일어난 무오사화 때는 부관참시를 당하기도 했다. 하지만 중종 때 다시 신원되었다. 그의 저서로는 《청구풍아》, 《점필재집》, 《당후일기》, 《이존록》 등이 전해지고 있으나 이 밖의 많은 저술들은 무오사화 때 훈구 세력에 의해 소실되었다.

사림과
훈척 세력의 대립

사화士禍는 '사림의 화'의 준말로서 말 그대로 사림 세력이 화를 입은 것을 말한다. 사화는 당초 일으킨 쪽인 훈척 계열에서는 난으로 규정했던 것이나 당한 쪽인 사림 측에서는 올바른 인물들이 죄 없이 당한 화라고 주장하여 '사림의 화'라는 표현을 쓰다가, 사림계가 정치적으로 우세해진 선조 대부터 사화라는 표현이 직접 사용되었다.

조선조에 사화는 무오사화(연산군), 갑자사화(연산군), 기묘사화(중종), 을사사화(명종), 정미사화(명종) 등 다섯 번에 걸쳐 일어났다. 이 사화는 주로 세조 시대에 형성된 공신과 외척·인척 세력이 도학적 사상에 기반을 둔 사림 세력의 정계 장악을 저지시킨 정치적 사건들이었다.

사림 세력의 정계 진출은 성종 시대에 와서 본격화되는데, 이는 성종의 훈척 세력(공신과 외척)에 대한 견제 정책의 일환으로 이루어진 것이었다. 당시 성종이 등용시킨 대표적인 사림 세력은 김종직 문하의 김굉필, 정여창, 김일손 등의 영남 사림파였다. 이들 사림 세력은 사헌부, 사간원, 홍문관 등 주로 언론을 담당하던 삼사에서 활동했는데, 이 부서들의 역할을 살펴보면 사림들의 활동 범위를 알 수 있다. 사헌부는 백관에 대한 감찰·탄핵 및 정치에 대한 언론을, 사간원은 국왕에 대한 간쟁과 정치 일반에 대한 언론을 담당하는 곳이었다. 그래서 이전에는 이 두 기관의 관원을 대간, 또는 언론 양사라고 불렀다. 한편 홍문관은 궁중의 서적과 문헌을 관장했으며, 정치 대화를 벌이는 경연관으로서 왕을 학문적, 정치적으로 돕기 위한 학술적인 직무를 담당하는 곳이었다.

사림 세력은 주자학의 정통적 계승자임을 자부하는 동시에 요순 정치를 이상적 정치로 설정하고 도학적(정주성리학적) 실천을 표방했다. 그래서 훈신·척신 세력을 불의와 타협하여 권세를 잡은 모리배로 몰아붙이며 자신들이 속한 삼사의 기능을 십분 활용하여 그들을 탄핵하곤 했다.

사림 세력이 언론과 경연을 점유하여 자신들을 비난하자 훈척 계열은 사림들을 '홀로 잘난 무리들'이라고 비방하며 반격을 가했다. 그래서 이들 두 세력은 정치적, 사상적으로 서로 타협할 수 없는 상태가 되었으며, 마침내 목숨을 걸고 싸워야 하는 적대 관계를 형성했다. 이들 두 세력의 대립은 겉으로 보기에는 단순한 사상적, 정치적 대립이나 감정적인 반목으로 비칠지 모르지만, 사실은 당시 사회상을 반영하는 필연적인 결과였다.

세종 대 이후 과전법이 정착되자, 일부 특권층이 과전의 대부분을 소유하는 현상이 일어났다. 훈신, 척신으로 대표되는 그들 특권층은 대를 이어 과전을 독점했고, 한편으론 과전을 통해 벌어들인 수입으로 개인 땅을 한층 늘려나갔다. 이는 결과적으로 국가 경제를 힘들게 하는 주된 요인이 되었다. 그들은 또한 부의 기반이 된 과전을 독점하기 위해 신진 사림의 정계 진출을 안팎으로 막았다. 때문에 사림파는 생존을 위해서라도 훈척 세력과 대립하지 않을 수 없었던 것이다. 조정에서 훈척 세력을 약화시켜야 과전에 의한 그들의 경제 독점을 막을 수 있고, 그래야만 자신들이 경제적 기반을 얻을 수 있었던 것이다.

성종이 김종직 일파를 등용하여 유교적 왕도 정치를 펴려 한 것도 표면적으로는 학문적인 견지에서 이루어진 듯하지만, 실상은 훈척 세력에 의한 경제 독점과 특권층 중심의 사회적 불합리성을 해소하려는 의도에서였다.

이렇듯 성종의 의도적인 지원을 받은 사림파의 공략에 훈척 세력은 상당한 위기감을 느끼게 되었다. 사림이 언론을 점유하고 왕의 고문역을 수행하고 있는 이상, 훈척 세력으로서는 힘으로만 그들을 밀어붙일 수는 없는 난처한 상황에 놓인 것이다.

김일손의 사초를
트집 잡아 일으킨 무오사화

하지만 성종이 죽자, 상황은 급변했다. 성종에 이어 등극한 연산군은 학문을 싫어하고 언론을 귀찮게 여기는 것은 물론이고, 성정이 포악하고 독단적인 인물이었다. 그런 연산군에 대해 실록은 이렇게 표현하고 있다.

> 어릴 적에는 학문을 좋아하지 않아서 동궁에 딸린 벼슬아치로서 공부하기를 권하는 말을 하는 이가 있으면 매우 못마땅하게 여겼다. 즉위하여서는 주색에 빠지고 도리에 어긋나며, 포학한 정치를 극도로 하여, 대신, 대간, 시종을 거의 다 주살하되 불로 지지고 가슴을 쪼개고 마디마디를 끊고 백골을 부수어 바람에 날리는 형벌까지도 하였다.

이런 까닭에 연산군은 학문을 권하는 사림 세력을 몹시 싫어했고, 유자광을 중심으로 한 이극돈 등의 훈척 세력은 연산군의 그런 심리를 이용하여 사림을 조정에서 몰아낼 음모를 꾸몄다.

1498년 무오년 7월에 실록청에서 《성종실록》을 편찬하기 위해 사초들을 살피고 있었는데, 이와 관련하여 유자광이 김일손의 사초에 문제가 있다는 상소를 올렸다. 그러자 연산군은 7월 11일에 김일손의 사초를 모두 가지고 오라고 명령했다. 그러자 실록청 당상 이극돈을 비롯하여 유순, 윤효손, 안침 등이 함께 아뢰었다.

"예로부터 사초는 임금이 스스로 보지 않습니다. 임금이 만약 사초를 보면 후세에는 직필을 올리는 이가 없을 것이기 때문입니다."

하지만 연산군은 즉시 빠짐없이 가지고 오라고 닦달했다. 그러자 이극돈이 이렇게 말했다.

"여러 사관들이 드린 사초를 신 등이 보지 않는 것이 없고, 일손이 서술한 것 역시 모두 알고 있사옵니다. 신 등이 나이가 이미 늙었으므로 벼슬한 이후의 조종조祖宗朝 일은 알지 못하는 것이 없습니다. 일손의 사초가 과연 조종조의 일을 범하여 그른 점이 있다는 것은 신들도 들어 아는 바이므로, 신들이 망령되게 여겨 감히 실록에 싣지 않았는데, 지금 들이라고 명령하시니 신 등은 무슨 일을 상고하려는 것인지 알지 못하겠습니다. 그러나 예로부터 임금은 스스로 사초를 보지 못하지만, 일이 만일 종묘사직에 관계가 있으면 상고하지 않을 수 없사오니, 신 등이 그 상고할 만한 곳을 절취하여 올리겠습니다. 그러면 일을 편안히 할 수 있고 또한 임금은 사초를 보지 않는다는 원칙에도 합당합니다."

그래서 이극돈과 당상들이 김일손의 사초에서 6조목만 발췌해서 올리니, 연산군은 종실과 관련된 내용도 함께 올리라고 했다.

김일손의 사초를 읽어본 연산군은 곧 그를 잡아들이라고 했다. 그때 김일손은 호조정랑으로 근무하다 모친상을 당해 상을 치렀고, 상복을 벗자 풍이 생겨 경상도 청도에서 쉬고 있었다.

잡혀 온 김일손에게 연산군이 친국하여 물었다.

"네가 《성종실록》에 세조조의 일을 기록했다는데, 바른대로 말하라."

김일손이 대답했다.

"신이 어찌 감히 숨기오리까? 신이 듣자오니 '권귀인은 바로 덕종(의 경세자)의 후궁이온데, 세조께서 일찍이 부르셨는데도 권씨가 분부를 받들지 아니했다' 하옵기로 신은 이 사실을 썼습니다."

김일손이 쓴 기록이 맞는다면 세조는 자신의 아들인 의경세자의 후궁이었던 권씨를 불러 자신의 후궁으로 삼으려 했으나, 권씨가 도리에 맞지 않는다고 거절했다는 뜻이다. 이는 세조가 인륜의 도리를 어기고 아들의 여자를 취하려 했다는 것이다.

그 말을 듣고 연산군이 또 물었다.

"어떤 사람에게 들었느냐?"

김일손이 누구에게 들었다는 이야기는 하지 않고 이렇게 대답했다.

"전해 들은 일은 사관이 모두 기록하도록 되어 있기 때문에 신 역시 쓴 것입니다. 그 들은 곳을 하문하심은 부당한 듯하옵니다."

그 말에 연산군이 불같이 화를 내며 소리쳤다.

"실록은 마땅히 직필이라야 하는데, 어찌 망령되게 헛된 사실을 쓴단 말이냐? 들은 곳을 어서 바른대로 말하라."

"사관이 들은 곳을 만약 꼭 물으신다면 아마도 실록을 폐하게 될 것입니다."

"그 쓴 것도 반드시 사정이 있을 것이고 소문 역시 들은 곳이 꼭 있을 것이니, 어서 빨리 말하라."

그러자 압박을 이기지 못한 김일손은 권귀인의 조카 허반에게 들었다고 털어놨다.

하지만 연산군은 거기서 그치지 않았다.

"네가 태어난 지도 오래되지 않았는데, 세조의 일을 《성종실록》에 쓰려는 의도는 무엇이냐?"

김일손도 물러서지 않았다.

"전해 들은 일을 좌구명이 모두 썼으므로 신도 또한 썼습니다."

좌구명은 《춘추좌전》의 저자로, 공자가 쓴 《춘추》에 해설과 해석을 단 인물이다. 말하자면 사관이란 꼭 자신이 경험하지 않은 것이라 하더라도 듣거나 파악한 것을 역사에 기록할 수 있다는 의미였다.

연산군은 곧 허반을 잡아다 물었다.

"네가 일손과 더불어 말한 바가 있다는데, 모두 말하라."

하지만 허반은 김일손과 말한 바가 없다고 대답했다. 또 깊이 사귄 바도 없다고 했다. 그러자 연산군은 형장 30대를 치도록 했는데, 허반은 여전히 김일손을 잘 모른다고 했다.

사실, 이극돈이 김일손의 사초를 문제 삼은 것은 그의 사초에 자신을 비판하는 내용을 담은 김종직의 상소문이 들어 있었기 때문이다. 상소문은 세조의 왕비 정희왕후 상중에 전라 감사로 있던 이극돈이 근신하지 않고 장흥의 기생과 어울렸다는 불미스러운 사실을 적은 것이었다. 당시 이 상소 사건으로 이극돈은 김종직을 원수 대하듯 했는데, 그것이 사초에 실려 있는 것을 발견하자 분노를 금할 길이 없었다. 그래서 달려간 곳이 유자광의 집이었다. 유자광 역시 함양 관청에 붙어 있던 자신의 글을 불태운 일 때문에 김종직을 매우 싫어하던 인물이었다. 김종직은 유자광에 대해 남이를 무고로 죽인 천하의 모리배라고 비난하곤 했었는데, 이 때문에 김종직에 대한 원한이 깊었다.

이극돈이 가져온 김일손의 사초 속에는 이극돈의 행동을 비판한 김종직의 상소문 외에도 〈조의제문〉과 세조가 덕종의 후궁을 취하려 한 내용도 담겨 있었다. 유자광은 이 사초들을 보고 일거에 사림들을 제거할 묘안을 생각했고, 그래서 연산군에게 김일손의 사초 내용을 은밀히 전하도록 한 것이었다.

김종직이 쓴 〈조의제문〉은 진나라 항우가 초나라 의제를 폐위한 일에 대한 것이었는데, 이 글에서 김종직은 의제의 죽음을 애도하는 제문 형식을 빌려 의제를 폐위한 항우를 비판하고 있었다. 이는 곧 세조의 단종 폐위를 빗댄 것이었기 때문에 세조의 왕위 찬탈을 비판하는 것으로 해석되었다.

유자광은 〈조의제문〉을 읽어보고는 곧 세조의 신임을 받았던 노사신, 윤필상 등의 훈신 세력과 모의한 뒤 왕에게 상소를 올렸다. 상소의 내용은 뻔했다. 〈조의제문〉이 세조를 비방한 글이므로 김종직은 대역부도한 행위를 했으며, 이를 사초에 실은 김일손 역시 마찬가지라는 논리였다.

그렇지 않아도 연산군은 사림 세력을 싫어하던 차였다. 그래서 즉시 김일손을 문초하게 했다. 〈조의제문〉을 사초에 실은 것이 김종직의 지시에 의한 것이라는 결론을 얻기 위해서였다. 그리고 의도하던 바대로 진술을 받아내자, 연산군은 김일손을 위시한 모든 김종직 문하를 제거하기 시작했다. 우선 이미 죽은 김종직에게는 무덤을 파서 관을 꺼낸 다음 시신을 다시 한번 죽이는 부관참시형이 가해졌고, 김일손, 권오복, 권경유, 이목, 허반 등에게는 간악한 파당을 이루어 세조를 능멸했다는 이유로 능지처참 등의 형벌이 내려졌다. 같은 죄에 걸린 강겸은 곤장 100대에 가산을 몰수하고 변경의 관노로 삼았다.

그 밖에 표연말, 홍한, 정여창, 강경서, 이수공, 정희량, 정승조 등은 불고지죄로 곤장 100대에 3,000리 밖으로 귀양 보냈으며, 이종준, 최부, 이원, 이주, 김굉필, 박한주, 임희재, 강백진, 이계명, 강혼 등은 모두 김종직의 문도로서 붕당을 이루어 국정을 비방하고 〈조의제문〉의 삽입을 방조한 죄목으로, 곤장을 때려 귀양 보내고 관청의 봉수대를 짓는 노역을 시켰다.

한편 어세겸, 이극돈, 유순, 윤효손, 김전 등은 수사관(실록 자료인 사초를 관장하는 관리)으로서 문제의 사초를 보고도 보고하지 않은 죄로 파면되었으며, 홍귀달, 조익정, 허침, 안침 등도 같은 죄로 좌천되었다.

이 사건으로 대부분의 신진 사림이 죽거나 유배당하고 이극돈까지 파면되었지만, 유자광만은 연산군의 신임을 받아 조정의 대세를 장악했다. 이에 따라 정국은 노사신 등의 훈척 계열이 주도하게 되었다.

이렇게 무오년에 사림들이 대대적인 화를 입은 사건이라 해서 이를 무오사화戊午史禍라고 하는데, 이 사건을 다른 것과 구별하여 굳이 사화士禍가 아닌 사화史禍라고 쓰는 것은 사초가 원인이 되었다는 것을 강조하려는 의도에서이다.

연산군의 보복 정치가 빚은 참극, 갑자사화

무오사화로 언론 기관의 기능이 완전히 상실된 상황에서 연산군의 국정 운영은 방만하게 흘러가고 있었다. 이제 사림이 완전히 제거된 마당이라 그에게 학문을 권하는 이도 없었고, 간언을 하는 이도 없었다.

더군다나 대신들은 한결같이 연산의 비위에 맞는 인물들로 구성되어 있었다.

조정을 완전히 손아귀에 넣은 연산군은 향락과 패륜 행위를 일삼았다. 매일같이 궁궐에서는 연회가 벌어졌으며, 전국 각지에서 뽑아 올린 수백 명의 기생들이 동원되었다. 게다가 자신의 큰어머니인 월산대군의 부인 박씨를 겁탈하는 등 종친 간의 상간을 범하기도 했고, 여염집 아낙을 궐내로 불러들이기까지 했다.

이렇게 연산군의 사치와 향락이 심해지자 점차 국가 재정이 거덜 나기 시작했다. 하지만 대신들은 그의 행동을 비판하지 못했다. 오히려 연산군의 폭정을 기회로 권신들은 자신들의 이익을 챙기기에 여념이 없었다. 그러나 연산군이 국고가 빈 것을 알고 이를 메우기 위해 공신들에게 지급한 공신전을 요구하고 노비까지 몰수하려 하자, 대신들의 태도는 급변했다. 왕이 향락과 사치에 마음을 빼앗겨 급기야 자신들의 경제 기반까지 몰수하는 것을 더 이상 묵과할 수 없다고 판단하게 된 것이었다.

그들은 막상 왕의 요구가 자신들의 이해관계와 맞물리자 왕의 처사가 부당함을 지적하면서, 그동안 못마땅하게 여겨오던 왕의 지나친 향락을 자제해줄 것을 간청하기 시작했다. 하지만 신하들 모두가 연산군에게 반발했던 것은 아니었다. 무오사화 이후 조정은 다시 외척 중심의 궁중파와 의정부 및 육조 중심의 부중파로 갈라져 있었다. 공신전을 소유하고 있던 부중파 관료들은 연산군의 공신전 몰수 의지에 반발하고 있었지만, 궁중파는 일단 왕의 의도를 따르자는 논리를 펴고 있었다.

이런 대립을 이용하여 정권을 잡으려는 인물이 바로 임사홍이었다.

그는 일찍이 두 아들을 예종과 성종의 부마로 만든 척신 세력 중 한 명이었다. 임사홍은 성종 시대에 사림파 신관들에 의해 탄핵을 받아 귀양을 간 적이 있었다. 개인적으로 사림을 싫어한 그는 연산군과 신하들의 대립을 이용해 훈구 세력과 잔여 사림 세력을 일시에 제거하려는 음모를 꾸몄다.

임사홍은 연산군의 왕비 신씨의 오빠 신수근과 손을 잡고 음모를 꾸미던 끝에, 성종의 두 번째 부인이자 연산군의 친모였던 윤씨의 폐비 사건을 들추어낸다. 폐비 윤씨 사건은 성종이 차후에는 거론하지 말라는 유명을 남긴 적이 있어, 그때까지 아무도 그 사건을 입에 담지 않고 있었다. 그러나 임사홍은 이 사건의 내막을 연산군이 알게 될 경우, 윤씨의 폐출을 주도했던 훈구 세력과 사림 세력에게 동시에 화를 입힐 수 있다는 계산을 했다. 임사홍의 밀고로 윤씨의 폐출 경위를 알게 된 연산군은 엄청난 살생극을 자행한다.

연산군은 우선 윤씨 폐출에 간여한 성종의 두 후궁 엄귀인과 정귀인을 궁중 뜰에서 직접 참하고, 정씨의 소생인 안양군, 봉안군을 귀양 보내 사사시켰다. 그리고 윤씨 폐출을 주도한 인수대비를 머리로 들이받아 부상을 입혀 절명케 했고, 비명에 죽은 생모의 넋을 위로하고자 왕비로 추숭하고 그 능을 회릉이라고 했으며, 성종 묘에 배사하려 했다.

이때 연산군의 행동을 감히 막으려는 사람은 거의 없었다. 다만 응교 권달수와 이행 두 사람만이 성종 묘에 배사하는 것은 있을 수 없는 일이라고 반론을 펴다가 권달수는 죽임을 당하고 이행은 귀양 길에 올랐다. 하지만 연산군의 폭주는 여기서 그치지 않았다. 막상 신하들이 자신의 행동을 저지하지 못하리라는 판단을 한 그는 윤씨 폐위에 가담하거나 방관한 사람을 모두 찾아내어 추죄하기 시작했다.

이 결과 윤씨 폐위와 사사에 찬성했던 윤필상, 이극균, 성준, 이세좌, 권주, 김굉필, 이주 등 10여 명이 사형당했고, 이미 죽은 한치형, 한명회, 정창손, 어세겸, 심회, 이파, 정여창, 남효온 등은 부관참시에 처해졌다. 이 밖에도 홍귀달, 주계군, 심원, 이유녕, 변형량, 이수공, 곽종번, 박한주, 강백진, 최부, 성중엄, 이원, 신징, 심순문, 강형, 김천령, 정인인, 조지서, 정성근, 성경온, 박은, 조의, 강겸, 홍식, 홍상, 김처선 등이 참혹한 화를 입었으며, 이들의 가족 자녀에 이르기까지 연좌시켜 죄를 적용했다. 특히 김처선은 자신을 업어 키운 환관임에도 자기 앞에서 바른 소리를 한다 하여 직접 활로 쏴서 죽였다. 그는 김처선을 너무 미워한 나머지 김처선의 이름에 들어 있는 '처處' 자를 절대 사용하지 말라고 했으며, 심지어 24절기의 하나인 처서를 '조서'로 바꾸기까지 했다.

이처럼 1504년 3월부터 10월까지 7개월에 걸쳐 벌어진 갑자사화는 희생자의 규모뿐 아니라 그 형벌의 잔인함에서 무오사화에 비할 바가 아니었다. 무오사화는 신진 사림과 훈구 세력 간의 정치투쟁이었지만, 갑자사화는 왕과 외척을 중심으로 한 궁중 세력과 훈구·사림으로 이루어진 의정부 및 육조의 신하 사이에 일어난 세력 다툼이었기 때문이다.

연산군을 몰아낸
중종반정

갑자사화 후 연산군의 폭정은 더욱 노골화되고 있었다. 그동안 자신의 행동에 제동을 걸던 세력이 모두 없어진 만큼 그가 못 할 일은 없었다.

자신의 잘못을 지적하는 신하는 모두 죽이거나 유배를 보냈고, 언론의 주축이 되던 사간원을 없애버렸으며, 정치 논쟁을 금하기 위해 경연을 폐지시켰다.

학문을 싫어하고 학자를 배격하던 그는 조선 학문의 전당이라고 할 수 있는 성균관을 폐지하여 자신의 유흥장으로 만들었으며, 조선 불교의 산실인 원각사를 없애고 그곳에 장악원을 개칭하여 만든 연방원을 두고 기생들의 모임 장소로 사용했다.

게다가 전국에 채청(채홍사)을 보내어 전국의 미녀들을 선발(이를 운평이라 한다.)하고, 그중에서 뽑힌 기녀를 흥청이라 하여 궁중에 불러들여 연회를 거들게 했다. 또한 사냥을 즐기기 위해 도성을 기준으로 30리 내에 있는 민가를 철거하기도 했다.

왕의 학정이 여기에 이르자 전국 각지에서 한글 투서가 날아들기 시작했는데, 연산군은 백성이 언문을 이용하여 왕을 욕되게 한다면서 훈민정음 사용을 금지하고,《언문구결》등 한글 관계 서적을 불태웠다.

연산군의 행동이 이렇듯 광적인 양상을 띠면서 민생과 국정이 뒷전으로 밀려나게 되자, 전국 각지에서 그를 축출하려는 움직임이 일기 시작했다.

거사 계획을 가장 먼저 준비하던 사람은 성희안이었다. 성희안은 성종의 총애를 받던 인물로 학식이 깊고 치밀하며 대담한 성격의 소유자였다. 그는 종사관, 형조참판 등을 거쳐 1504년에는 이조참판직에 올라 있었다. 하지만 연산군이 망원정에서 연회를 즐기고 있을 때, 그의 방탕한 국정 운영을 비판하는 시를 지어 올렸다가 종9품 부사용이라는 미관말직으로 좌천된 상태였다.

성희안이 가장 먼저 접근한 사람은 박원종이었다. 박원종은 한때 연산군의 신임을 받아 동부승지, 좌부승지를 거치면서 주로 국가의 재정을 맡았던 인물이었다. 때문에 연산군의 사치 행각을 비판하는 간언을 하기도 했는데, 이 과정에서 연산군의 미움을 사서 평안도 병마절도사로 좌천되기도 했다. 하지만 곧 동지중추부사, 한성 부윤을 역임하고 1506년에는 경기도 관찰사로 있다가 다시 연산군의 미움을 받아 삭직되었다.

박원종이 연산군의 미움을 산 것은 그의 누이 박씨 부인 사건 때문이었다. 박원종의 누이는 성종의 형인 월산대군의 부인이었는데 인물이 절색이었던 모양이다. 그래서 평소 그녀에 대해 흑심을 품고 있던 연산군은 마침내 큰어머니인 그녀를 궁으로 불러들여 겁간했는데, 이 때문에 박원종은 연산군을 몹시 미워했다. 이후로 박원종의 연산군에 대한 감정은 극도로 악화되었고, 결국 삭직되었던 것이다.

성희안은 박원종의 원한과 불만을 이용하여 군사력을 얻고자 했다. 그는 거사를 도모할 지략은 있었지만 군사를 동원할 힘이 없었다. 하지만 박원종은 원래 무신 출신이었으므로 병력을 동원할 연줄을 가지고 있었다.

그 후 이들은 거사에 참여할 인물들을 물색하기 시작했다. 제일 먼저 당시 인망이 높았던 이조판서 유순정을 끌어들였으며, 연산군의 신임을 받고 있던 신윤무와 무장 출신 장정, 박영문 등의 호응을 얻어냈다. 거사 일은 1506년 9월 연산군이 장단의 석벽으로 유람을 계획한 날로 잡았다. 하지만 연산군의 석벽 나들이는 갑작스럽게 취소되고 말았다. 이 때문에 거사 계획을 일시 유보하기로 하였는데, 그때 호남에서 귀양살이를 하고 있던 유빈, 이과 등이 거사를 알리는 격문을 보내오자 박원종, 성희안 등은 혹 선수를 뺏길지도 모른다는 생각에 서둘러 군사를 모아 예정일에 거사를 결행했다.

거사에 돌입한 반란군들은 먼저 진성대군에게 거사 사실을 통보하고, 신수근, 신수영 형제와 임사홍을 제거하는 데 성공했다. 반란군들은 사전에 대궐로 진입하여 내응하기로 약조되어 있던 신윤무 등의 도움을 얻어 쉽게 궐내를 장악했다.

거사에 성공하자 성희안 등은 성종의 계비이자 진성대군의 어머니인 정현왕후 윤씨를 찾아가 연산군을 폐하고 진성대군으로 하여금 왕위를 잇도록 하라는 교지를 내릴 것을 간언한다. 정현왕후는 처음에는 이들의 청을 거절하다가 결국 연산군을 왕자의 신분으로 강등시켜 강화도 교동에 안치하도록 한다. 그리고 이튿날 진성대군이 근정전에서 즉위식을 거행함으로써 거사는 완결되었다.

성희안, 박원종 등이 중심이 된 이 반정 거사는 예상보다 쉽게 성공리에 끝났고, 이로써 12년 동안 자행되었던 연산군과 궁중 세력의 독재정치는 종식되었다. 학정은 끝나고 정치의 주도권은 훈구 세력에게 돌아갔다. 이는 곧 조선의 정치 형태가 성종 이전으로 되돌아간 것을 의미했다.

신진 사림과
조광조의 도학 정치

반정으로 왕위에 오른 중종은 연산군의 학정을 개혁하고 훈구파의 과대한 세력 팽창을 막기 위해 신진 사림 세력을 다시 등용한다. 이는 성종의 균형 정치를 모방한 것으로서, 사림파를 근위 세력으로 양성하여 왕의 입지를 높이고 조정의 힘이 한쪽으로 쏠리지 않게 하려는 정치적 계산에 따른 것이었다.

중종이 끌어들인 사림파의 거두는 조광조였다. 조광조는 김굉필 문하에서 수학한 정통적인 도학자로서 젊은 나이에도 불구하고 당시 사림 학자들 사이에서 추앙받는 대표적인 인물이었다.

조광조가 김굉필을 만난 것은 17세 때였다. 지방 관리로 나갔던 아버지를 따라 희천에 갔다가 무오사화로 인해 그곳에 유배 중이던 김굉필을 처음 대하게 되었다. 김굉필은 순천으로 이배되기 전까지 2년 동안 조광조에게 철저한 도학주의적 실천 사상을 가르쳤다. 조광조는 김굉필의 도학적 탁견에 매료되어 미친 사람처럼 학문에 빠져들었고, 그 결과 젊은 나이에 사림파의 영수로 자리 잡게 되었다.

하지만 당시는 무오사화의 영향으로 대부분의 사람들이 성리학을 꺼리고 있을 때였다. 이 때문에 사람들은 성리학에 심취한 조광조를 보고 '미친 놈'이라거나, 화를 잉태하고 있는 놈이라 해서 '화태禍胎'라고 손가락질하기도 했다. 그러나 조광조의 성리학에 대한 열정은 식지 않았다. 그는 자신을 욕하는 모든 친구들과 교류를 끊은 채 철두철미한 도학적 실천 운동에 주력했다. 의관을 단정히 하는 것은 물론이고, 행동에서도 절제와 절도를 분명히 했고, 언어생활에도 규범을 두어 어기는 일이 없었다.

그는 이러한 실천 운동이 익숙해지자 드디어 세상으로 나왔다. 29세가 되던 1510년 사미시에 합격하여 진사가 되었고, 그해에 성균관에 입학했다. 1515년 성균관 유생 200명의 천거와 이조판서 안당의 추천으로 조지서 사지라는 관직에 임용되었고, 그해 가을 증광 문과 을과에 급제하여 전적, 감찰, 예조좌랑을 역임하게 된다.

이 과정을 거치면서 조광조는 중종의 두터운 신임을 받게 된다. 이 때부터 4년 동안 중종은 조광조를 앞세워 급진적인 개혁 정치를 펼쳐 나갔다. 조광조는 중종에게 성리학을 정치와 민간 교화의 근본으로 삼아야 한다는 것을 강조하며, 철저한 도학 사상에 입각한 왕도 정치를 실현해야 한다고 역설했다. 이러한 조광조의 의견을 수렴한 중종은 그를 정언에 앉혀 언론을 통해 훈구 세력을 견제하고자 했다.

조광조에 대한 중종의 신임은 단순히 신하와 임금 사이를 넘어 동지적 성향을 띠고 있었다. 중종은 조광조의 분명한 사리 판단과 절도 있는 행동, 그리고 눈치를 살피지 않는 직언을 좋아하여 그 자신도 도학 정치의 실현을 위해 노력을 아끼지 않았다.

중종의 신임을 바탕으로 조광조는 우선 훈구 세력들에 대해 포문을 열었다. 그 역시 김종직과 마찬가지로 훈구 세력을 자신의 이익을 위해 불의와 타협한 모리배로 인식하고 있었기에 훈구 세력의 척결이 곧 정치 개혁의 기초가 된다고 보았다.

이 때문에 조정은 어느새 반정공신파와 신진 사림 간의 대립 양상을 띠게 되었으며, 1517년 조광조는 드디어 그동안 형성한 세력을 기반으로 중종과 함께 본격적인 개혁을 단행하기에 이르렀다.

첫 번째 개혁 작업은 향약의 실시였다. 향약은 성리학적 이상 사회, 즉 중국의 하夏, 은殷, 주周 삼대에 걸친 이상 사회를 민간 속에 건설하는 것을 목표로 하고 있었다. 향약은 지방의 자치를 설정한 민간 규약으로, 유학적 도덕관의 실천과 도학적 생활을 몸에 익히도록 하는 데 목적이 있었다. 말하자면 모든 백성을 성리학적 규범으로 교화시켜 왕도 정치의 기반이 되도록 한다는 것이었다.

두 번째 개혁 작업은 현량과의 도입이었다. 조광조는 종래의 과거

제도가 본질적인 모순으로 인해 학업을 모두 시험 준비에만 한정하도록 하는 폐단을 노정하고 있을 뿐 아니라 개개인의 인품과 덕행을 판단할 수 없게 한다면서, 이를 폐지하고 학문과 덕행이 뛰어난 사람을 천거하는 제도를 통해 인재를 등용해야 한다고 주장했다. 이 천거 제도가 바로 현량과였다. 조광조가 신광한, 이희민, 신용개, 안당 등의 찬성을 얻어 추진한 현량과는 훈구파의 엄청난 반대에 부딪혔지만 중종의 지원에 힘입어 1519년 전격 실시되었다. 현량과는 중앙에서는 성균관을 비롯한 삼사와 육조에 천거권을 주고, 지방에서는 유향소에서 천거하여 수령과 관찰사를 거쳐 예조에 전보하도록 했다. 천거 근거는 성품, 기국器局, 재능, 학식, 행실과 행적, 지조, 생활 태도와 현실 대응 의식 등 일곱 가지 항목이었다.

이런 과정을 거쳐 천거된 사람들은 왕이 참석한 자리에서 시험을 치른 뒤에 선발되었다. 후보자 120명 가운데 현량과를 통해 급제한 사람은 28명이었는데, 그들의 천거 사항을 종합해보면 학식과 행실이 가장 큰 비중을 차지한 것으로 나타난다. 또한 이들 28명의 연고지를 살펴보면 경상도 5명, 강원도 1명, 그 외 1명 등 7명을 제외하고 나머지 21명이 모두 기호 지방 출신이었다. 그들은 조광조의 추종자들로 학맥 또는 인맥으로 연결되어 강한 연대 의식을 지닌 신진 사림파였다.

향약과 현량과 실시 이외에도 조광조는 전통적인 인습과 구태의연한 제도를 혁파했고, 궁중 여악女樂을 폐지했으며, 왕의 개인 자금을 관리하는 내수사의 고리대금업을 중지시키기도 했다. 또한 성리학적 윤리 질서와 통치 질서를 세우기 위한 주자의 《가례》와 《삼강행실》을 보급했고, 무속에 관련된 기신재, 도교적인 풍속을 관장하는 소격서 등을 없앴으며, 《소학》 교육을 장려하여 유교 사회의 질서를 세우려고 했다.

하지만 조광조가 실시한 일련의 개혁 정치는 너무나 과격하고 성급하게 이뤄진 나머지 부작용이 나타나기 시작했다.

성리학적 왕도 정치 실현의 전초기지이자 사림 세력의 정치적 기반이 될 것으로 예상했던 향약은 실시 초기부터 난관에 부딪히고 있었다. 당시 실시되었던 향약은 전통과 조화된 자치적인 것이 아니라 이상에 치우친 당국자들에 의해 선도되는 관 주도적인 성향을 띠고 있었다. 조광조 자신도 지적했듯이 향약의 실시를 관아에서 철저히 규제하고 강제하는 것은 자치를 표방한 향약의 근본 취지에 어긋나는 것이었고, 이런 강제성은 오히려 민간의 반발을 사는 원인이 되기도 했다.

다음 문제는 비록 향약이 유포되긴 했으나 이를 지도하고 이끌 만한 인재가 양성되지 않았다는 데 있었다. 그리고 마지막 문제는 지방자치가 가속화되고 향약이 절대적인 규범으로 자리할 경우, 역으로 관리들의 통치력이 약화되어 민간을 다스릴 수 없다는 것이었다.

향약의 실시에 따른 이 같은 문제들은 조광조 자신의 지적처럼 너무 급작스럽게 민간에 유포하려 한 데서 비롯된 것이었다. 그래서 조광조는 관이 주도하는 것을 비판하면서 민간 주도의 향약을 위해 보완책을 마련하려 했으나 기묘사화의 발발로 무산되고 말았다.

향약 이외에 현량과에서도 부작용이 나타났다. 현량과 실시를 통해 등용된 인물들이 한결같이 조광조를 추종하는 신진 사림파였기 때문에 등용 기준이 공평하지 못하다는 이유로 훈구파의 반발을 불러일으켰고, 다른 한편으로는 사림 세력의 힘이 강화됨에 따라 조광조의 개혁 방향이 더욱 극으로 치닫게 되었다.

조광조의 이런 극단적인 개혁 성향은 마침내 중종의 정치 행위까지

간섭하게 되어 중종에게 철저하게 성리학적 규범에 맞춰 생활하도록 강권하게 되었다. 때문에 중종은 점차 조광조의 경직된 도학 사상에 염증을 느끼기 시작했다.

그러나 조광조의 압박은 그칠 줄을 몰랐다. 그 압박은 마침내 중종 초기에 형성된 정국공신이 너무 많다는 비판으로 치달았다. 이는 사림 파가 훈구 세력 축출을 위해 벌인 정면 대결이었다. 그 때문에 조정에 서는 일대 파란이 일어날 수밖에 없었다. 여기서 사림 세력이 이길 경우, 조정은 완전히 사림파에 의해 장악될 판국이었다. 이는 중종 자신 도 원하는 것이 아니었다. 중종은 사림, 훈구 어느 쪽도 권력을 독점하 는 것을 원하지 않았기 때문이다.

하지만 사림은 중종을 압박하며 자신들의 의지대로 밀어붙였고 결 국 중종이 밀리고 말았다. 훈구 대신들의 막강한 반발에도 불구하고 전 공신의 4분의 3에 해당하는 76명의 훈작을 삭탈했던 것이다.

상황이 이렇게 되자 훈구 세력은 더 이상 사림파의 급진적 성향을 두고 볼 수 없다는 판단을 하고, 중종에게 조광조 일파가 붕당을 조직 해 조정을 문란케 하고 있다고 탄핵했다. 마침 무서운 기세로 세력권 을 팽창하고 있는 사림에게 위기의식을 느끼고 있던 중종은, 훈신들의 탄핵을 받아들여 대대적인 사림파 숙청 작업을 감행했다. 이것이 곧 기묘사화이다.

이로써 4년 동안 지속된 조광조의 개혁 정치는 막을 내리고 말았지 만 그의 도학적 왕도 정치는 후대에 막대한 영향을 끼쳤다. 그의 개혁 작업에 대한 평가는 후대의 명신 율곡 이이의 《석담일기》에 잘 드러나 있다. 율곡은 이 책에서 조광조를 비롯한 신진 사림파의 정치적 실패 의 원인을 이렇게 서술하고 있다.

"그는 어질고 밝은 자질과 나라를 다스릴 재주를 타고났음에도 불구하고, 학문이 채 이루어지기 전에 정치 일선에 나간 결과, 위로는 왕의 잘못을 시정하지 못하고 아래로는 구세력의 비방도 막지 못하였다."

이처럼 후대의 학자들은 그의 사상보다는 미숙한 정치력과 극단적인 개혁성을 비판하고 있다. 이는 후세 사람들이 그의 사상은 따르되 그의 극단적인 개혁성은 따르지 않았다는 것을 의미한다. 조광조의 개혁 정치는 비록 실패로 돌아갔지만, 그의 개혁 방향만은 옳게 평가되어 명종 대를 거쳐 선조 대에는 사림이 정치 세력의 중심이 되는 데 지대한 역할을 하게 된다.

중종을 위한 훈신들의 친위 쿠데타, 기묘사화

현량과를 통해 도학 정치 구현의 터전을 마련한 조광조 일파는 마침내 본격적인 훈신 제거 작업에 돌입하게 된다. 이 때문에 훈구 세력의 반발이 거세게 일어났고, 마침내 1519년에 이른바 반정공신 위훈 삭제 사건을 계기로 그 반발이 폭발하고 말았다.

조광조는 반정공신에 올라 있는 신하들 가운데 자격이 없는 사람들이 많이 포함되어 있다고 지적하면서 이들의 공신 자격을 박탈해야 한다고 주장했다. 조광조의 이런 주장이 전혀 근거 없는 것은 아니었다. 반정 초기에 대사헌 이계맹 등이 원종공신이 많아 외람되므로 그 진위를 밝힐 것을 주장한 일이 있었다. 하지만 이계맹의 주장은 반정공신들에 의해 묵살되고 말았다.

조광조는 훈구 세력을 몰아내기 위해서는 우선 공신들의 세력을 위축시킬 필요가 있다고 판단하고 과거의 반정공신 시비를 다시 꺼낸 것이었다. 조광조는 반정공신의 위훈을 삭제해야 한다는 주장을 하면서 성희안, 유자광 등을 신랄하게 비난했다. 성희안에 대해서는 반정을 하지도 않았는데 공신으로 책록되었다고 했고, 유자광에 대해서는 척족들의 권력과 부귀를 위하여 반정했으므로 이는 소인배들이나 꾀하는 일이라고 비난했다.

중종은 조광조의 이런 위훈 삭제 주장에 대해 반정공신은 한 번 정한 것이니 수정할 수 없다고 했다. 하지만 조광조의 설득은 집요했다. 즉 반정공신들의 대다수가 자신의 이익과 권력을 위해 거사를 도모한 자들이므로, 이들이 계속 공신으로 머물러 있는 한 조정은 끝없이 이익과 권력만 추구하는 소인배들에 의해 점유당할 것이고, 따라서 이런 현실을 타파하지 않으면 국가를 유지하기가 곤란하다는 주장이었다.

조광조의 강력한 설득에 중종도 지쳐가고 있었다. 개혁이라는 대의명분을 앞세운 조광조의 논리를 중종은 당해낼 재간이 없었다.

조광조는 위훈 삭제의 실천 대안을 간단하게 제시했다. 우선 반정공신 2, 3등 중 일부를 3, 4등으로 개정하고, 4등 50여 명은 모두 공도 없이 녹을 받아먹고 있으므로 삭제하는 것이 마땅하다는 것이었다. 그리고 마침내 이러한 실천 대안이 받아들여져 시행되기에 이르렀다. 그래서 전체 공신의 4분의 3에 해당하는 76명의 훈작이 삭탈 일보 직전에 놓이게 되었다.

사태가 이쯤에 이르자 훈구 세력들은 강하게 반발하기 시작했다. 중종도 조광조의 급진적인 개혁 정치에 염증을 내고 있던 터였다. 현실적으로 정치 원로의 자리를 굳히고 있는 공신 세력을 일거에 몰아내는 것은 자칫 조정에 엄청난 파란을 몰고 올 수 있었기 때문에, 중종은 더 이상 조광조의 급진적인 행동을 방치할 수 없다는 생각을 하게 되었다.

중종의 이런 내면을 잘 읽고 있던 훈구 세력은 조광조를 제거하기 위한 계략을 짜서 실행했다. 조광조를 몰아내는 데 앞장선 사람은 사림파로부터 소인배로 비난받던 남곤과 공신 자격을 박탈당한 심정, 그리고 한때 조광조의 탄핵을 받아 쫓겨날 지경에 처했던 희빈 홍씨의 아버지 홍경주 등이었다.

이들은 경빈 박씨 등 후궁을 이용해 중종에게 '온 나라의 인심이 모두 조광조에게 돌아갔다'고 하면서 조광조가 왕권을 넘보고 있음을 피력했다. 그리고 궁중에 있는 나뭇잎에 과일즙으로 주초위왕走肖爲王이라고 쓰고 벌레가 그것을 갉아먹게 한 다음, 궁녀를 시켜 왕에게 바치도록 했다. 주초走肖는 조趙를 분리한 글자이므로 '조씨(조광조)가 왕이 되려 한다'는 뜻이었다. 이는 비록 미신에 불과했지만 조광조에게 염증을 느끼고 있던 중종은 몹시 불쾌했다.

한편 홍경주와 남곤, 김전, 고형산, 심정 등은 밤에 은밀히 왕을 만나, 조광조 일파가 붕당을 조성하여 중요한 자리를 독차지하고 임금을 속여 국정을 어지럽히고 있기에 이를 엄히 다스려야 한다는 상소를 했다. 이들의 상소가 있자 중종은 조광조를 비롯한 일단의 사림 세력을 치죄하도록 했다. 그 결과 조광조, 김정, 김구, 김식, 윤자임, 박세희, 박훈 등이 투옥되었다. 이들이 투옥되자 남곤, 홍경주 등의 훈구 세력들은 그들을 당장에 처벌해야 한다고 했으나 이장곤, 안당, 정광필 등이 반대했고, 성균관 유생 1,000여 명은 광화문에 모여 조광조 등의 무죄를 호소했다.

치죄 결과 조광조는 능주에 유배되었다. 그러나 훈구파인 김전, 남곤, 이유청 등이 영의정, 좌의정, 우의정에 임명되자 곧 사사되었다. 김정, 기준, 한충, 김식 등도 귀양 갔다가 사형되거나 자결했으며, 그 밖에 김구, 박세희, 박훈, 홍언필, 이자, 유인숙 등 수십 명이 귀양 길에 올랐다. 아울러 이들을 두둔한 안당과 김안국, 김정국 형제 등은 파직되었다.

이 사화가 일어난 해가 기묘년이었으므로 이를 기묘사화라 하고, 이때 희생된 조신들을 기묘명현이라고 한다. 이 사화는 1515년 폐비 신씨 복위 문제와 관련해 일어난 조신들 간의 알력이 일차적인 원인으로 작용했다. 이후, 조광조 일파가 도의론을 앞세워 공훈 세력을 소인배로 취급하여 배타적인 태도를 보이자 감정 대립이 심해졌고, 여기에다 위훈 삭제 사건이 직접적인 원인으로 작용하여 사화에 이르렀다. 그러나 기묘사화는 조광조의 급진적 개혁 정치에 위기를 느낀 훈구 세력이 지나친 도학적 요구에 염증을 느낀 중종과 모의하고 벌인 일종의 친위 쿠데타적 성격이 짙다.

대개 조광조의 도학 정치 실패의 원인을 정치 이념의 진보성과 실현 방법의 과격성에서 찾으려고 한다. 하지만 더 본질적인 원인은 당시의 정치 체제가 도학 정치를 실현할 만큼 성숙되지 못한 것에 있다고 보는 것이 옳다. 그것은 중종이 도학 정치 이념에 입각한 성숙된 판단을 하지 못하고 기묘사화와 같은 친위 쿠데타를 일으킨 것에 반해, 조광조의 개혁 정치가 실패로 돌아간 뒤에 오히려 성리학이 학문적으로 더 발전했다는 사실을 통해 알 수 있다.

윤원형 일파의 대윤 척결 작업, 을사사화

기묘사화 이후 사림이 정계 전면에서 후퇴하자 심정, 이항 등의 세력과 김안로 세력이 치열한 권력 다툼을 일으켰다. 이때 김안로는 심정의 탄핵으로 귀양을 갔다. 그러나 자신을 지지하는 세력들과 내통하여 심정 일파가 유배 중이던 경빈 박씨를 왕비로 책립할 음모를 꾸미고 있다고 탄핵하고, 그들을 사형시켜 다시 정계에 복귀했다.

정권 장악에 성공한 김안로 일파는 반대파를 몰아내고 허항, 채무택 등과 결탁하여 권세를 부렸으며, 뜻에 맞지 않는 사람은 그 지위 고하를 막론하고 몰아내겠다고 위협해 조정을 공포에 떨게 했다. 이들은 문정왕후를 몰아내려고 음모를 꾸미다, 문정왕후의 숙부 윤안임의 밀고로 발각되어 유배된 뒤 사사되었다. 이때 허항, 채무택 등도 함께 처형되었는데 이들 셋을 정유삼흉이라 했다.

김안로가 실각한 뒤 정권 쟁탈전은 권신들에서 척신들에게로 넘어갔다. 이들 척신들의 세력 다툼은 먼저 세자 책봉 과정에서 발생했다.

중종에게는 왕비가 3명 있었는데, 정비 신씨는 중종 즉위 직후 간신의 딸이라 하여 후사 없이 폐위되었고, 첫째 계비 장경왕후 윤씨는 세자 호(인종)를 낳고 7일 만에 죽었다. 그 뒤 왕비 책봉 문제로 조신 간에 일대 논쟁이 벌어졌는데, 그 결과 1517년 윤지임의 딸이 두 번째 계비로 책봉되었다. 그녀가 곧 문정왕후로 경원대군(명종)의 어머니였다.

문정왕후가 경원대군을 낳자 그녀의 친형제인 윤원로, 윤원형은 경원대군을 세자로 책봉할 계략을 세웠다. 하지만 세자의 외숙 윤임이 이를 저지해 뜻을 이루지 못했다. 여기서부터 윤임(대윤)과 윤원형(소윤)의 대립이 불가피하게 되었다. 때문에 조신들 또한 대윤파와 소윤파로 갈라지게 됐는데, 이 양 세력의 다툼은 날로 심해져 극단적인 상황으로 치닫고 있었다.

중종이 죽고 인종이 즉위하자, 인종의 외척인 대윤파가 득세하기 시작했다. 윤임의 주변 세력은 대개 이언적 등의 사림파가 많았던 관계로, 인종 재위 시에는 다시 사림파가 고개를 들기 시작했다. 하지만 인종은 즉위 9개월 만에 세상을 떴으며, 12세밖에 안 된 명종이 왕위를 이어받았다. 명종은 나이가 어린 탓에 문정왕후의 수렴청정을 받아야했고, 때문에 조정의 권력은 자연히 소윤파에게 돌아갔다.

소윤파는 윤임 등이 역모를 획책하고 있다고 무고하여, 대윤파를 궁지로 몰아넣어 제거하는 데 성공한다. 이 결과 윤임 및 그 일파인 유관, 유인숙 등을 비롯하여 계림군, 이휘, 나숙, 나식, 정희등, 박광우, 곽순, 이중열, 이문건 등이 처형되었다. 이때의 사건을 흔히 을사사화라 하는데 그것은 윤임 일파에 사림 세력이 몰려 있다가 한꺼번에 참변을 당했기 때문이다.

대윤 잔당 소탕 작업,
정미사화

1547년(명종 2년) 9월 18일, 부제학 정언각이 선전관 이노와 함께 와서 익명서 하나를 바치며 말했다.

"신의 딸이 남편을 따라 전라도로 시집을 가는데, 부모 자식 간의 정리에 멀리 전송하고자 하여 한강을 건너 양재역까지 갔었습니다. 그런데 벽에 붉은 글씨가 있기에 보았더니, 국가에 관계된 중대한 내용으로서 지극히 놀라운 것이었습니다. 이에 신들이 가져와서 봉하여 아룁니다. 이는 곧 익명서이므로 믿을 수는 없습니다. 그러나 국가에 관계된 중대한 내용이고 인심이 이와 같다는 것을 알리고자 하여 아룁니다."

그 익명서의 내용은 이러했다.

여주女主가 위에서 정권을 잡고 간신 이기 등이 아래에서 권세를 농간하고 있으니, 나라가 장차 망할 것을 서서 기다릴 수 있게 되었다. 어찌 한심하지 않은가. 중추월 그믐날.

여주란 곧 여왕을 의미하는 것으로 문정왕후를 지칭하는 것이었다. 윤원형 일파는 이 사건이 윤임파에 대한 처벌이 미흡해서 생긴 사건이라고 주장하며 그 잔당 세력을 척결할 것을 간언했다.

이 말을 들은 문정왕후는 명종으로 하여금 윤임의 잔당 세력과 정적들을 제거하도록 한다. 그 결과 한때 윤원형을 탄핵하여 삭직게 했던 송인수, 윤임과 혼인 관계에 있던 이약수를 사사하고, 이언적, 정자, 노수신, 정황, 유희춘, 백인걸, 김난상, 권응정, 권응창, 이천계 등 20여 명을 유배했다. 그중에는 특히 사림계 인물이 많았다. 그 때문에 이 사건을 정미사화라고 일컫는다.

이 사건 당시 중종의 아들인 봉성군 완도 역모의 빌미가 된다는 이유로 사사되었으며, 그 밖에도 애매한 이유로 많은 인물들이 희생되어야 했다. 그러나 1565년 문정왕후가 죽고 소윤 일파가 몰락하자 이때 희생되었던 사람들은 모두 신원되었으며, 사건 자체도 소윤 일파의 무고로 처리되어 노수신, 유희춘, 백인걸 등 유배되었던 사람들이 다시 등용되었다.

양재역벽서사건은 사실 익명으로 된 벽보를 소윤 일파가 정치적으로 이용한 것에 불과한 일이었다. 그다지 대단치도 않은 일을 소윤 일파가 정치적 목적을 이루기 위해 고의로 확대시켜 나머지 대윤 일파를 제거함으로써, 사화에까지 이르게 한 것이었다.

명종 시대 사림의 거두
이언적

이언적은 1491년(성종 22년)에 이번의 아들로 태어났다. 본명은 적이었지만 중종의 명으로 '언' 자가 더해져 언적이라 했으며 호는 회암이었다. 또한 주희의 학문을 따른다는 의미에서 회재라고 했다.

그는 24세에 문과에 급제하여 벼슬길에 나갔다. 이조정랑, 사헌부 장령, 밀양 부사를 거쳐 1530년에 사간이 되었다. 이때 김안로의 등용을 반대하다가 관직에서 쫓겨나, 경주의 자옥산에 들어가서 성리학 연구에 전념했다. 이후 1537년 김안로 일당이 몰락한 뒤에 종부시 첨정으로 불려 나와 홍문관 교리, 응교, 직제학이 되었고, 전주 부윤으로 나가 선정을 베풀어서 송덕비가 세워졌다.

중앙으로 올라온 뒤에 다시 이조·예조·형조판서를 거쳐 1545년에 좌찬성이 되었다. 이해에 윤원형 등 척신 세력이 을사사화를 일으키자 사림들을 심문하는 추관을 맡았으나 자신도 이때 관직에서 물러났다.

1547년 윤원형 일당이 조작한 양재역벽서사건에 연루되어 강계로 유배되었고, 그곳에서 6년을 보내다가 1553년 63세를 일기로 세상을 떴다.

을사사화와 같은 시련기에 이언적은 판의금부사라는 중책을 맡고 있으면서 윤원형 일파에 의한 사림의 피해를 막기 위해 부단한 노력을 기울였지만, 힘이 부족하여 자신도 결국 사화의 희생자가 되고 말았다. 이를 두고 이이는 그가 을사사화에 곧은 말로 항거하지 못했던 점을 들추면서 절개를 지키지 못한 우유부단한 학자라고 비판했다. 하지만 그는 불의와 타협하지 않으면서도 온건한 해결책을 강구하던 치밀한 인물이었다.

그는 조선조의 성리학을 정립한 선구적인 인물로서 유학의 방향과 성격을 밝히는 데 중요한 역할을 했다. 스승도 제대로 없던 그는 주희의 주리론적 입장을 확립했으며, 이황의 성리학 연구에 지대한 영향을 끼친다.

27세 때 당시 영남 지방의 선배 학자인 손숙돈과 조한보 사이에 토론되었던 성리학의 기본 쟁점인 무극 태극 논쟁에 뛰어들어, 주희의 주리론적 견해에서 손숙돈과 조한보를 동시에 비판하면서 자신의 학문적 견해를 밝혔다. 그의 견해는 이황에게로 계승되는 영남학파 성리설의 기초가 되었다.

그는 만년의 유배 생활 동안 자신의 일생에서 가장 큰 업적이 되는 중요한 저서들을 남겼다. 《구인록》, 《대학장구보유》, 《중용구경연의》, 《봉선잡의》 등이 그것이다. 《구인록》은 유교 경전의 핵심 개념인 인(仁)에 대한 그의 관심이 집약되어 있는 책이다. 이 책에서 그는 유교의 여러 경전과 송대 도학자들의 설을 살피면서, 인(仁)의 본체와 실현 방법에 관한 유학의 근본정신을 탐구하고 있다. 이 탐구를 살펴보면 그는 주희를 추종하긴 했으나, 주희가 강조했던 '격물치지'의 내용을 거부하고 철저한 주리론적 입장을 고수하고 있음을 알 수 있다.

이 같은 그의 학문적 관점은 이황에 의해 집대성되어 영남학파를 이루는 토대가 되었다. 도학적 수양론과 실천을 강조한 그는 군자의 길을 닦는 것이 곧 학문이라고 강조하면서 조선 성리학의 거두로 우뚝섰다.

-2-

동인과 서인으로 갈라선 사림

김효원과
심의겸의 대립

선조 8년(1575년) 10월 24일, 선조는 심의겸을 개성 유수로, 김효원을
부령 부사로 임명하여 외직으로 내보냈다. 이들 두 사람을 중앙직에서
지방으로 내보낸 이유에 대해 실록은 다음과 같은 기록을 남기고 있다.

이때 심의겸과 김효원이 서로 대립하고 의논이 분분하기를 그치지
않으니, 이이가 우의정 노수신을 보고 말했다.

"두 사람은 모두 사류로서 흑백을 가리거나 사악하고 바른 것 때문에
서로 대립하는 것도 아니고, 진정으로 틈이 생겨 서로를 해치고자 하는
것도 아닙니다. 다만 말세의 풍속이 시끄러워 약간의 틈이 벌어진 것일
뿐인데, 근거 없는 뜬소문이 서로를 혼란스럽게 하고 조정이 조용하지
못하니, 마땅히 두 사람을 모두 외직으로 내보내어 근거 없는 의논을 진
정시켜야 할 것입니다. 그러니 대신께서 경연 자리에서 그 이유를 임금
께 아뢰어야 되지 않겠습니까?"

하니, 노수신이 의심하기를

"만약 경연 자리에서 아뢴다면 더욱 시끄러워질지 어찌 알겠는가?"

하였다.

그러다가 간원이 아뢰어 이조를 탄핵하기에 이르자, 노수신은 심의겸의 세력이 일방적으로 강하다고 여겨 곧 경연 자리에서 주상께 아뢰었다.

"근래 심의겸과 김효원이 서로 흠을 말하므로 이로 인하여 사람들의 말이 시끄러워 사림이 편치 못할 조짐이 있으니, 이 두 사람을 모두 외직에 보임하는 것이 마땅합니다."

하니, 상이 물었다.

"두 사람이 말하는 것이 어떤 일인가?"

노수신이 아뢰었다.

"평소의 과실을 서로 말합니다."

그러자 상이 말했다.

"한 조정에 있는 사람들은 서로 다 같이 공경하고 합심하여야 되는 것인데도 서로 헐뜯는다 하니 매우 옳지 못하다. 두 사람을 모두 외직에 보임하라."

이에 이이가 아뢰었다.

"이 두 사람은 사이가 크게 나쁜 것은 아닙니다. 단지 우리나라 인심이 경박하고 조심스럽지 못하여 말세의 풍속이 시끄럽게 되었고, 두 사람의 친척과 친구들이 각각 들은 말을 전하여 고자질하였으므로 드디어 어지럽게 된 것입니다. 대신은 그것을 진정시켜야 되므로 두 사람을 외직으로 보내어 언쟁의 근원을 끊으려는 것이니, 상께서도 반드시 이 일을 아셔야 할 것입니다. 오늘날 조정에 드러난 간사한 자들은 없지만 그렇다고 반드시 소인이 없다고 할 수 있겠습니까? 만약 소인들이 이 두 사람을 붕당을 한다고 지목하여 둘 다 치죄할 생각을 갖는다면 사림의 화禍가 일어날 것이니, 이것을 살피지 않아서는 안 됩니다."

그 말을 듣고 상이 하교하였다.

"대신은 마땅히 진정시킬 것으로 마음을 먹어라."

이렇듯 선조는 당시 홍문관 부제학으로 있던 이이의 건의에 따라 심의겸과 김효원을 외직으로 내보냈다. 그렇다면 도대체 이들 두 사람은 무엇 때문에 감정 대립을 했던 것이며, 이 대립이 사림에 어떤 파장을 불러일으켰던 것일까?

심의겸은 명종의 왕비 인순왕후의 동생으로서 외척이었다. 명종이 왕위에 오르고 인순왕후가 왕비가 된 뒤, 인순왕비의 외삼촌 이량이 권세를 부렸다. 이를 지켜보던 심의겸이 명종을 만나 이량의 횡포와 전횡을 고발하여 이량을 귀양 보냈다. 이후 심의겸은 이조참의에 임명되어 제법 명망을 얻었다.

한편, 그 무렵 사림에서는 김효원이 명망을 얻고 있었다. 가난하지만 인품이 훌륭하다는 평가를 듣고 있던 그는 1565년에 문과에 급제하여 1567년에 호조좌랑이 되었다. 그리고 그해에 이조정랑이 된 오건이 이조참의 심의겸에게 김효원을 이조좌랑으로 추천했다. 당시 이조정랑과 좌랑은 대신을 추천하는 인사권을 가진 자리였기에, 비록 품계는 낮지만 권한이 대단했다. 정랑과 좌랑을 합쳐 전랑직이라고 했는데, 이조의 전랑이 된다는 것은 그야말로 청빈하고 뛰어난 관리라는 것을 인정받는 일이었다. 그래서 젊은 관리라면 누구나 선호하는 자리였다. 그런데 심의겸이 이를 저지했다. 오건이 그 연유를 묻자, 심의겸은 이렇게 말했다.

"김효원은 윤원형의 문객이었는데, 그런 사람을 천거한다는 것이 말이 되오?"

심의겸이 김효원을 윤원형의 문객이라고 말한 것은, 김효원이 젊은 시절에 윤원형의 사위 이조민과 절친한 친구였기에 윤원형 집을 자주 들락거렸기 때문이다. 당시 이조민은 윤원형의 집에서 처가살이를 하고 있었는데, 그와 매우 친했던 김효원은 가끔씩 침구를 싸 들고 가서 이조민과 함께 자기도 했다. 그런데 어느 날 심의겸이 공무 때문에 윤원형의 집에 갔다가 김효원이 그곳에서 지내는 것을 보았고, 이후로 심의겸은 김효원을 권력에 아부하는 자로 생각했다. 심의겸은 1535년생으로 김효원보다 일곱 살 위였는데, 당시 젊은 서생이 윤원형같이 악덕한 인물 집에서 묵는 것을 보고 혀를 차며 한심하게 여겼던 것이다.

그런데 김효원에 대한 심의겸의 평가를 듣고 있던 김계휘가 손을 내저으며 부정했다.

"아예 그런 말은 입 밖에 내지 마시오. 그 일은 어린 시절에 있었던 일 아니오?"

김계휘는 심의겸보다 아홉 살이 많았으며, 당시 사간원 대사간으로 존경받는 인물이었다. 하지만 그 말을 듣고도 심의겸은 김효원을 이조좌랑으로 삼지 않았다. 이후 명종이 죽고, 1567년 7월에 선조가 왕위에 올랐다. 김효원은 선조 즉위 이후 사간원 정언 등을 거쳐 선조 7년(1574년) 7월 8일에 이르러서야 비로소 이조좌랑이 되었다. 그리고 좌랑(정6품)이 된 지 한 달도 안 되어 정랑(정5품)이 되었다.

김효원이 정랑이 되었을 때, 심의겸은 대사헌을 거쳐 5위도총부 종2품 부총관에 올라 있었다. 이때 어떤 이가 김효원에게 비어 있던 이조좌랑 자리에 심의겸의 동생 심충겸을 추천했다. 당시 심충겸은 사간원 정언(정6품) 자리에 있었다. 그러자 김효원은 이렇게 말했다.

"천관(이조의 별칭)이 어찌 외척들의 집안 물건이냐?"

결국, 김효원의 반대로 심충겸은 이조좌랑이 되지 못하고 사간원 정언에서 사헌부 지평(정5품)으로 승진했다.

이후 명종의 왕비 인순왕후 심씨가 죽자, 심의겸은 선조의 후원을 받지 못하는 처지가 되었다. 그렇듯 심의겸이 끈 떨어진 갓 신세가 되자, 그동안 주변에 있던 인사들이 하나둘 떠났고, 심지어 그를 따르던 자들도 등을 돌려 비난하며 그간의 명성이 모두 허명이었다는 말까지 했다.

심의겸의 처지가 그렇듯 외로운 기러기 신세가 된 그때 김효원의 명성은 한껏 올랐다. 사람들은 그를 대단한 인물로 여기며 따랐고, 덕분에 명망은 점점 올라갔다. 그런 상황에서 누군가가 심의겸에 대한 말을 하자, 김효원은 이런 말을 했다.

"이 사람은 어리석고 고지식하여 쓸 곳이 없다."

이 말을 전해 들은 심의겸은 김효원을 몹시 미워했고, 이후 두 사람의 대립은 온 조정이 시끄러울 정도로 심해졌다. 결국, 이이가 중재에 나서서 두 사람을 모두 외직으로 내보냈던 것이다.

하지만 두 사람의 발령지를 본 사람들 중에 김효원을 지지하던 세력은 이이를 강하게 공격했다. 심의겸은 서울에서 가까운 개성 부윤으로 발령 났지만, 김효원은 함경도에 있는 부령의 부사로 발령 났기 때문이다. 따라서 결과적으로 이이가 심의겸 편을 든 꼴이 되었던 것이다.

원래 김효원은 함경도 경원 부사로 발령이 났는데, 이때 이조판서 정대년이 선조에게 이렇게 말했다.

"경원은 오랑캐 지방에 가까운 곳인데, 선비가 있을 곳이 못 됩니다."

그래서 부령 부사로 다시 발령을 낸 것인데, 부령 역시 변방이었기 때문에 김효원에게 너무 가혹한 처분이라고 말이 많았다.

이 때문에 이이는 두 사람의 발령지가 정해진 다음 날인 10월 25일에 선조에게 김효원의 임지를 바꿔줄 것을 청했다. 이때 이이는 이렇게 말했다.

"신이 전에 김효원의 일을 아뢴 말 중에 저의 의사를 충분히 나타내지 못한 곳이 있어 상의 비답에 미안한 곳이 많게 하였으므로 지금까지 황공하기 그지없습니다."

이이가 에둘러서 이렇게 표현했지만, 선조도 들은 말이 있었던 터라 이미 그 뜻이 무엇인 줄 알고 이렇게 대답했다.

"김효원의 읍을 개수할 것이니 그리 알라."

선조가 김효원을 다른 지역으로 보낼 것이라고 했지만, 이미 이 일로 인해 조정과 사림은 심의겸을 지지하는 파와 김효원을 지지하는 파로 나뉘어 몹시 시끄러웠다. 당시 상황을 실록은 이렇게 전하고 있다.

김효원과 심의겸의 두 당이 원수처럼 서로 공격하였다. 당초 심의겸이 김효원을 비방하자 김효원도 심의겸을 비난하여 각기 붕당이 나뉘었고 서로 알력하게 되었다. 김효원과 심의겸이 모두 외직으로 나가 있었으나, 심의겸 쪽이 김효원 쪽보다 나아서 김효원 쪽의 당하堂下 문신들 가운데 유명한 사람들이 많이 배격되었다. 이성중은 김효원과의 교분 때문에 논핵을 받아 철산 군수에 제수되었고, 정희적과 노준도 그렇게 되었다. 붕당이 나뉘어 서로 공격하는 것이 당나라 때의 우이牛李(당나라 말기에 우승유와 이길보가 붕당을 나눠 싸운 것)의 당과 같아서, 사림의 조용하지 못함이 마침내 이 지경에 이르렀다.

-《선조실록》9년(1576년) 3월 3일

동인의 공세에
밀려나는 서인

김효원과 심의겸의 대립은 점점 심해져 마침내 붕당을 형성할 지경에
이르렀는데, 이때 김효원을 지지하던 세력은 허엽, 이산해, 김우옹, 유
성룡, 이발, 정유길, 정지연 등이었고, 심의겸을 지지하던 세력은 박순,
김계휘, 정철, 윤두수, 구사맹, 홍성민, 신응시 등이었다. 이들은 조정
대신은 물론이고 명성이 자자한 사림 세력이었다. 이렇듯 패가 나뉜
뒤에 김효원을 지지하던 세력을 동인, 심의겸을 지지하던 세력을 서인
이라 했는데, 이는 김효원의 집이 한양 동쪽인 건천동에 있었고, 심의
겸의 집이 한양 서쪽의 정동에 있었던 데서 비롯된 것이다.

이들이 동인과 서인으로 갈라선 원인 중엔 박순과 허엽의 감정 다툼
도 한몫 했다. 박순이 우의정이 되었을 때, 대간으로 있던 허엽이 작은
허물을 들춰 지적한 일이 있었다. 이 때문에 박순은 우의정 자리를 내
놓고 물러난 적이 있는데, 이때 심의겸과 김효원의 다툼이 있자 감정
다툼을 벌이고 있던 박순과 허엽이 각각 심의겸과 김효원을 지지하고
나섰던 것이다.

사림이 동서 붕당으로 갈라지던 1575년 10월 당시 양쪽 진영을 대
표하던 당인들의 면면을 살펴보자면, 우선 동인이 된 허엽은 성균관
대사성에 올라 있었고, 이산해는 사간원 대사간이었으며, 유성룡은 이

조좌랑을 거쳐 명망을 얻고 있었다. 또한 정유길은 이조판서를 지냈으며, 정지연은 성균관 대사성을 거쳤고, 김우옹은 성균관 전적(정6품)이었으며, 이발은 예조좌랑을 거쳐 명성을 높이고 있었다. 또한 이들은 모두 조식과 이황의 제자로 영남 사림을 대표하고 있었다.

한편 서인을 형성하고 있던 인물들 중 박순은 당시 좌의정에 올라 있었고, 김계휘는 예조참판, 정철은 사헌부 집의(종3품)를 거쳤고, 윤두수는 우승지, 구사맹은 충청 감사, 홍성민은 호조참판, 신응시는 병조참지에 올라 있었다. 이들 서인들은 대부분 이이와 교분이 있는 인물들이었다. 하지만 이때까지만 해도 모든 관료들이 붕당에 참여한 것도 아니었고, 참여했다가 빠지는 사람도 있었다. 또한 양쪽 붕당을 오가는 사람도 있었고, 양쪽 모두를 싸잡아 비난하는 사람도 있었다. 그리고 이이는 양쪽에 편지를 보내 서로 다투지 말고 화해할 것을 여러 차례 요청했다.

그런 상황에서 선조 11년(1578년) 9월에 붕당의 다툼이 더욱 격해지는 일이 발생했는데, 동인들이 집단적으로 나서서 서인 윤두수와 윤근수 형제를 탄핵한 것이다.

당시 동인들이 서인들을 공격한 배경에 대해서 실록의 사관은 다음과 같이 기록하고 있다.

당시 사류들이 두 파로 나뉘어져서 전배前輩를 서인이라 하고 후배後輩를 동인이라 하였다. 후배들은 모두 당하堂下의 명사들로 관각館閣에 자리 잡고 있어서 그 성세가 매우 성대한 데 반해, 몇 사람 안 되는 전배는 조정에 몸담은 지가 오래되다 보니 결점이 점점 생겨서 번번이 후배에게 지적을 받고 있었으므로 당시 진취하려는 자들은 모두 동인 편에 붙었다. 그리하여 팔뚝을 걷어붙이고 놀이 삼아 담론을 하되 모두 동인은 정당하고 서인은 사특하다고 하였다. 뿐만 아니라 전배 중에 그들을 두려워하여 구차하게 몸을 사리는 자들은 도리어 선비에게 자신을 낮춘다는 명분을 세워 후배들에게 아부하곤 하니, 전배 중에 나이 젊은 후진은 전배들의 자제 두세 사람뿐이었다.

이렇듯 조정에서는 젊은 동인 세력들의 영향력이 한껏 커졌는데, 그나마 서인 중에 젊고 유망한 인물이 윤두수, 윤근수 형제의 조카 윤현이었다. 윤현은 당시 김성일과 함께 전랑직에 있었는데 자주 의견이 맞지 않아 부딪쳤다. 그 때문에 동인들이 윤현을 몹시 싫어했다.

그런 상황에서 무안 현감 전응정이 뇌물을 바친 사실이 발각되어 국문을 당했는데, 이후부터 조정은 뇌물 사건에 대해 매우 민감해졌다. 동인 김성일은 이런 상황을 이용하여 경연장에서 진도 군수 이수도 뇌물을 주었다고 선조에게 간했다. 그러자 사헌부에서 이수를 탄핵하여 신문하기에 이르렀다. 그때 선조가 뇌물을 준 자만 다스리고 받은 자를 다스리지 않는 것은 옳지 못하다고 전교하자, 사헌부와 사간원은 뇌물을 받은 자를 탄핵하지 않은 책임을 물어 동인의 영수 허엽을 탄핵하고 홍문관 부제학 자리에서 물러나게 했다. 이후 동인 측에서는 뇌물을 받은 자는 윤현, 윤두수, 윤근수라고 주장했다. 이수는 이들 윤씨들과 친척이었는데, 그 점을 이용하여 윤씨 세력을 공격한 것이다.

서인 김계휘는 젊은 동인 관료들이 윤씨 형제를 탄핵하려는 것을 만류했다. 김계휘는 비록 서인으로 인식되고 있었지만 재능과 덕망이 있어 동인의 젊은 사류들이 그의 의견을 중시했다. 하지만 김계휘가 윤두수 형제에 대한 탄핵을 만류하자, 동인들은 김계휘도 좋지 않게 여졌다. 그리고 기어코 윤두수 형제와 윤현을 탄핵하자, 김계휘는 몹시 분개했다. 당시 김계휘는 휴가를 받아 고향에 내려가 있었는데, 김성일 등이 윤씨들을 탄핵했다는 소리를 듣고 주변 사람들에게 이런 말을 했다.

"젊은이들이 마음 씀씀이가 공정하지 못하니 이들과 함께 일을 하지 못하겠다. 내가 차라리 죄를 얻고 물러나는 것이 좋겠다."

김계휘는 곧 도성으로 올라와 선조에게 아뢰었다.

"윤현, 윤두수, 윤근수 이 세 사람은 모두 어진 선비로 적당하게 등용된 자들이니 별로 대단한 과오가 없을뿐더러, 지금 그들이 뇌물을 받았다는 일에 있어서도 사실인지 아닌지 알 수 없습니다. 은밀히 죄에 빠뜨리려는 자들이 만들어낸 말이 아닌지 어떻게 알겠습니까? 우선 옥사가 이루어지기를 기다렸다가 죄를 다스려도 늦지 않을 터인데, 먼저 세 사람의 이름을 뽑아서 범연히 죄를 다스리고자 청한 것은 선비를 대우하는 도리가 아닙니다."

이런 김계휘의 상소에 대한 당시 동인들의 반응을 실록은 이렇게 적고 있다.

이에 후배들이 들고일어나 성을 내면서 김계휘가 나라 망칠 말을 하였다고 지적하고 마침내 논핵, 체직시켜 전라 감사로 내보냈다. 헌납 심충겸도 김계휘의 의논에 편들다가 또한 배척을 당하였다. 양사(사헌부와 사간원)가 분격하여 대사헌 박대립, 대사간 이산해가 윤현, 윤두수, 윤근수 세 사람의 죄악을 파헤쳐 마구 공격하였는데, 그것은 모두 장령 이발이 떠도는 말을 주워 모아 직접 써서 아뢴 것이었다. 이리하여 조정이 마침내 대단히 시끄러워졌는데 동인과 서인의 싸움이 붙었다고 지목하게 되었다. 정철(서인)과 이발(동인)의 논의가 또다시 크게 어긋나 동인과 서인이 다시 화합될 희망이 없게 되었다.

그런 상황에서 사헌부가 장세량이라는 장사꾼을 잡아들였다. 이수가 뇌물로 준 쌀을 장세량이 보관하고 있다는 말을 듣고, 사헌부의 동인 관료들이 다른 일을 핑계로 잡아들인 것이다. 장세량은 본래 진도의 공물을 받고 그 대신 쌀을 나라에 바치던 상인인데, 그의 집에 보관되어 있던 쌀은 공물의 값으로 바치는 쌀이었고 그것에 대한 증명서도 가지고 있었다. 그런데 진도의 하급 관리 중에 이수와 원한이 있는 자가 무고하여 장세량이 가지고 있는 쌀이 윤씨들에게 바치는 뇌물이라고 했던 것이다. 붙잡혀 온 장세량은 곧 의금부로 이송되었고, 이수와 대질신문을 받았다. 그들은 엄청난 고문을 당하며 자백을 강요당했지만 끝까지 승복하지 않았다.

하지만 선조는 장세량의 쌀이 뇌물이 맞다며 윤현, 윤두수, 윤근수 세 사람을 파직시켜버렸다. 그때 세간에서는 이수와 장세량에 대해 고래 싸움에 새우만 죽는 격이라고 했다. 그만큼 동인의 위세가 높아졌던 것이다.

백인걸 상소 대술 사건으로
비판받는 이이

이이는 원래 심의겸과 김효원이 대립할 때부터 중립적인 위치에 서 있었고, 어떻게 해서든 양쪽을 화해시켜보려고 부단히 노력했다. 그래서 양쪽 수장인 정철과 이발에게 편지를 보내 두 사람이 힘을 합쳐 나라의 일에 힘쓰라고 중재하기도 했다. 하지만 이발과 정철은 공히 이이가 일을 모호하게 만든다며 매우 불쾌하게 여겼다.

그런 가운데 어떤 이가 이이를 희롱하며 이런 말을 했다.

"천하에 어찌 두 가지 일이 모두 옳고, 두 가지 일이 모두 그른 법이 있는가?"

그러자 이이는 이렇게 대답했다.

"주나라 무왕과 은나라의 백이와 숙제는 둘 다 옳은 것이요, 춘추시대의 전쟁은 둘 다 잘못이다."

이이의 말인즉, 무왕이 은 왕조를 무너뜨리고 주 왕조를 세운 것은 백성을 위해 폭군 주왕을 내쫓았기 때문에 옳은 일인데, 백이와 숙제는 은 왕조의 신하로서 무왕을 섬기지 않았으니 신하의 도리에는 맞는다는 논리이다. 또한 춘추시대의 모든 전쟁은 서로 세력을 확장하기 위해 다툰 것이므로 어느 나라도 옳지 않다는 것이었다.

그런 가운데 윤씨 형제에 대한 뇌물 사건이 터졌고, 그 과정을 지켜보던 이이는 동인 세력이 지나치다는 생각을 하게 되었다. 하지만 여전히 동인과 서인의 화합을 모색하고 있었는데, 대사헌을 지내고 중추부 지사로 있던 백인걸이 1578년 6월에 이이를 찾아와 동인과 서인을 화합시켜야 한다고 말했다. 백인걸은 조광조의 제자로 당시 팔십이 넘은 나이였다. 당시 병을 핑계 대고 벼슬에서 물러나 황해도 해주에 살고 있던 이이는 백인걸의 뜻을 받아들여 동인과 서인의 화합을 주장하는 상소문의 초안을 잡아주었다. 그런데 백인걸이 이 사실을 주변에 말해버렸고, 결국 사간원 정언이자 동인인 송응형이 선조에게 그 내용을 고하며 이이를 비판했다.

"지난번 백인걸이 상소를 올려 시사를 논한 것 가운데 한 조목은 이이가 대신 쓴 것임을 조정 사이에서는 들어서 모르는 사람이 없음은 물론, 대신 쓴 초고를 직접 본 사람도 있습니다. 백인걸은 늙어 꼬부라진 사람이니 나무랄 것도 없습니다. 그러나 이이는 경연에 참여했던 옛 신하로서 지금은 산야에 물러가 살고 있으니, 생각하는 바가 있으면 숨김이 없이 직접 진달해야 할 것입니다. 그런데 무엇을 꺼려 감히 자취를 숨기고 거짓으로 꾸며서, 몰래 대술해서 전하의 귀를 미혹하려 했단 말입니까? 이는 실로 바른 도리로 임금을 섬기는 의리가 아니기 때문에, 신은 해괴함을 견디지 못하여 직접 들은 것에 의하여 그 죄를 논함으로써, 신하들이 비밀히 속이는 올곧지 못한 잘못을 바로잡고자 했던 것입니다. 그런데 동료들에게 저지당하였으니 신의 소견이 전달되지 못했습니다. 신의 자리를 옮겨주소서."

송응형은 송응개의 동생인데, 당시 승지로 있던 송응개는 이수의 뇌물 사건을 지나치게 확대하려다 승지 자리에서 밀려난 바 있었다. 송응형은 그것을 모두 서인 탓이라고 생각하고, 서인들과 친밀했던 이이를 탄핵하려 했던 것이다. 하지만 당시까지 이이는 중립을 지키고 있었기 때문에 사간원 관원들이 송응형의 의견을 따르지 않았다. 그래서 홀로 이이를 공격하며, 자신이 틀렸다면 다른 직으로 바꿔달라고 했던 것이다.

송응형이 선조에게 이이의 대술 문제를 들고나오자, 이이를 비판하는 것에 반대했던 사간원 대사간 권덕여, 사간 임국로, 헌납 이양중, 정언 홍세영 등이 함께 말했다.

"백인걸의 상소 가운데 시사를 논한 한 조목은 바로 이이의 손에서 나온 것이라고 하는데, 이 말이 사실이라면 이이는 참으로 그 책임을 피할 수 없을 것입니다. 다만 요즘 조정에서는 화평을 위주로 하고 있는데 만약 이 일로 인하여 기필코 논핵하려 든다면 시끄러움이 더욱 심할까 두렵습니다. 그리고 그를 논박함에 있어 파직시키려니 휴직하고 초야에 있는 몸이요, 추고하려니 공사公事에 간여된 것이 아니라서 별로 할 만한 일이 없습니다. 그래서 송응형과 논의가 불합했던 것입니다. 지금 그가 비판한 내용을 보니 자취를 숨기고 비밀히 속인 것이라고까지 배척했습니다만 신들은 그렇지 않다고 여깁니다. 신들을 체직(관직을 옮기는 것)시켜주소서."

선조는 이들 모두에 대해 체직하지 말라고 했다. 그때 홍문관의 관원들이 차자(간단한 서식의 상소문)를 올려 요청했다.

"대개 이이가 대술한 일이 도성에 시끄럽게 전파되고 있는 것을 신들도 들었습니다. 그러나 이이가 어찌 이와 같은 무리한 일을 하겠습니까? 혹 서찰을 서로 주고받은 일이 있었던 것이 사실보다 지나치게 전파되었을 것입니다. 그리고 권덕여 등이 따르지 않은 것은 참으로 공적인 마음에서 나온 것이요, 송응형이 탄핵하고자 한 것은 비록 뒤 폐단이 있다 하더라도 또한 다른 뜻이 있어서가 아니었으니, 어찌 논의가 합하지 않았다 하여 혹은 체직하고 혹은 내쳐서 조정이 안정되지 못하는 환란을 일으키고 신하들이 서로 공격하는 빌미를 만들 필요가 있겠습니까? 대사헌 이식 등은 말하지 않은 것으로 비판을 받고 있는데, 그것은 믿기 어려운 소문이라서 그렇게 한 것에 지나지 않은 것이니 무슨 잘못이 있겠습니까? 이식 이하와 권덕여 이하를 모두 자리에 나와 일을 보게 하소서."

홍문관의 요청을 듣고 선조는 이조판서 이문형을 불러 물었다.

"들으니 경이 백인걸의 집에 갔을 적에 백인걸이 저번 날의 상소는 바로 이이의 손에서 나온 것이라고 했다 했는데, 이 말이 사실인가?"

이문형이 대답했다.

"신이 백인걸의 집에 가서 만나보고 우연히 묻기를 '전일 상소 가운데 한 조목이 이이가 쓴 상소의 내용과 서로 동일한 곳이 있는데 왜 그런가?' 하니, 백인걸이 답하기를 '이이와 통하였다'고 하였습니다."

그 말을 듣고 선조는 비답을 내렸다.

"남을 시켜 상소하게 했다니 이는 실로 놀랍고 해괴한 일이다. 뜻이 비록 화평을 귀하게 여기는 것이지만 이치상 그 죄과는 숨기기가 어렵다. 그리고 홍문관의 요청대로 사헌부와 사간원의 간원들은 모두 나와서 직을 수행하게 하라."

선조는 불쾌한 태도를 보였지만 이이에게 죄를 주지는 않았다. 그러자 사헌부와 사간원 간원들과 송응형이 서로 체직을 원한다는 말을 올렸다.

이렇듯 백인걸의 상소 문제로 조정이 시끄럽게 되자, 동인 김우옹이 경연에서 선조에게 이렇게 말했다.

"송응형이 이이를 공격하여 조정을 흐린 잘못이 있고, 이이와 같은 군자를 함부로 탄핵했으니 잘못이 큽니다."

결국, 김우옹의 이 말에 근거하여 선조는 송응형을 파직시켰다. 그 일로 비난을 받게 된 사헌부 관원들이 자신들을 체직시켜달라고 요청했다. 하지만 선조는 그들에게 사직하지 말라고 했다.

그러자 홍문관에서 다시 차자를 올려 요청했다.

"대개 양사를 모두 나가게 한 뜻은 진정하고자 한 계획이었는데, 정언 송응형은 경솔히 소문을 믿고 자기의 뜻을 이루려고 하였습니다. 직에 나온 뒤에는 이런저런 말로 책임을 회피하면서 불평하는 말까지 있었으니 체직시키소서. 대사헌 이식은 당초 피하지 않아도 될 혐의를 억지로 피하였으니 일을 피하려는 태도가 현저했습니다. 그런데 간원이 재차 혐의를 피하려 할 때에 미쳐서는 처치를 잘못하여 공격하는 듯한 태도를 보였으니 아울러 체직시키소서."

결국, 홍문관의 요구대로 송응형과 대사헌 이식은 파직되어 다른 자리로 가야만 했다. 조정의 상황이 그렇게 되자, 백인걸은 모두 자기 탓이라며 다시 상소를 올려 말했다.

"시사를 논하고자 하였으나 글이 짧아서 뜻을 진달할 수가 없을까 저어하여 이이에게 보내어 윤색하게 한 것입니다. 신이 비록 변변찮으나 어찌 자신의 뜻이 아닌 것을 남이 시키는 대로 따랐겠습니까?"

이에 대해 선조는 이렇게 비답을 내렸다.

"경의 상소를 살펴보고야 비로소 사건의 전말을 알았으니 경은 안심하라."

백인걸의 상소 사건은 이렇게 마무리되었지만, 이 사건 후 이이는 서인으로 취급받았다. 백인걸의 상소 내용이 동인과 서인의 화합을 주문하는 내용이었지만, 동인들은 서인을 두둔하는 내용이 있다고 생각했고, 그것이 모두 이이의 뜻에서 나온 것이라고 여겼기 때문이다.

이이 또한 윤두수 뇌물 사건과 백인걸 상소 사건을 겪으면서, 동인들이 사간원과 사헌부, 홍문관 등을 장악하고 있으면서 권력을 독점하려 한다는 생각을 하게 되었다. 그래서 조금씩 서인 쪽으로 마음이 기울고 있었다. 하지만 이때까지만 해도 다들 이이를 서인이라고 공격하지는 않았다.

정철을 보호하려다
대사헌에서 밀려나는 이이

백인걸 상소 대술 사건이 있은 지 2년 3개월이 지난 선조 재위 13년 (1580년) 9월 24일에 선조는 이이를 정3품 당상관직인 홍문관 부제학으로 임명하여 불렀지만 이이는 병을 핑계하여 오지 않았다. 또 3개월 뒤인 12월 5일에는 같은 품계의 사간원 대사간으로 임명하여 불렀다. 그러자 이이는 서울로 올라와 숙배(궁중에 나와 임금에게 감사의 절을 하는 것)하며 사직을 요청했다. 이에 선조가 사직하지 말라면서 대궐로 불러 친히 그를 만났다.

선조는 이이를 만나자 반가워하며 물었다.

"오랫동안 서로 보지 못했는데 혹 하고 싶었던 말은 없는가?"

이이는 그 물음에 혼탁한 조정의 현실과 인재의 등용에 대해 언급하면서 자신의 친구 성혼에 대해 이야기했다.

"상께서 성혼을 특별하게 예우를 하신 것은 근세에 드문 일입니다. 전하께서는 그 사람을 꼭 쓰시려는 것입니까? 아니면 한번 만나보는 데 그치시려는 것입니까?"

선조는 이이를 만나기 13일 전인 12월 5일에 성혼과 정인홍의 명성을 듣고 둘 다 사헌부 장령(정4품)으로 임명하여 등용했다. 재야에 있던 유생을 사헌부의 장령으로 등용하는 것은 대단히 우대한 것이었다.

이이의 물음에 선조가 말했다.

"성혼의 어진 덕은 나도 이미 들어서 알고 있다. 다만 그의 재능이 어떤지를 알지 못할 뿐이다."

그러자 이이는 성혼에 대해 이런 평가를 했다.

"재능도 한 가지로 논할 수 없습니다. 혼자서도 능히 경세제민經世濟民의 책임을 맡아볼 사람이 있고 선을 좋아해서 능히 많은 아랫사람을 포용해 쓸 수 있는 사람이 있습니다. 성혼의 재능을 천하를 능히 경륜할 만하다고 평가한다면 지나칠지도 모르나 그 위인이 본디 선을 좋아합니다. 선을 좋아하면 천하도 다스릴 수 있으니 이 사람이야말로 어찌 쓸 만한 재목이 아니겠습니까? 다만 몸에 고질이 있어 필시 법을 맡은 헌관憲官의 직책은 감당할 수 없을 것이니, 이 사람을 반드시 한가한 자리에 붙인 후에 때때로 경연 자리에 입시하게 하면 선한 도를 개진하는 데 도움이 있을 것입니다."

이렇듯 선조를 친견한 후에 이이는 대사간의 직책을 맡았다. 이 무렵에도 동인과 서인으로 나눠진 붕당의 다툼은 끊이지 않았다. 특히 동서 분당의 빌미를 제공한 심의겸과 김효원에 대한 말들이 많았다. 특히 김효원에 대해서는 서인들이 고의로 등용을 막고 있다는 악소문이 돌았다. 그래서 1581년 5월 24일에 서인에 속해 있던 영의정 박순이 경연 자리에서 이런 제의를 했다.

"동인과 서인에 대한 말들은 항간의 잡담이니 조정에서는 거론하지 말아야 합니다. 어찌 이것 때문에 쓸 만한 사람을 버릴 수 있겠습니까? 김효원은 그 재능이 쓸 만한 사람인데 버리는 것은 아깝습니다. 요즘 동인과 서인에 대한 말들이 아직도 다 사라지지 않았기 때문에 논박을 입은 자와 한직에 밀려난 자는 다 동인과 서인에 관한 말들을 구실로 삼고 있습니다. 이제 만약 김효원을 쓰지 않는다면 이것으로 문제를 삼는 자가 더욱더 많아질 것입니다."

박순의 말대로라면 김효원이 동인이라서 서인들에 의해 등용되지 못하고 있다는 소문이 돌고 있으니, 그런 소문을 없애기 위해서라도 김효원을 등용하자는 말이었다. 하지만 선조의 반응은 시큰둥했다.

"김효원을 쓰지 않는다 하더라도 어찌 쓸 만한 사람이 없겠는가?"

그 말에 이이가 선조를 설득했다.

"한 사람을 쓰고 안 쓰는 것이 비록 큰 관계가 있는 것은 아니더라도, 동서의 설이 사라지지 않는다면 사류가 서로 돌아보며 의심하고 꺼려 안정될 때가 없을 것이니 상께서는 반드시 동서의 구별을 말끔히 씻으시어 털끝만 한 흔적도 없도록 하셔야 합니다. 김효원이 만약 재능이 없다면 버린다 해도 무엇이 아깝겠습니까마는, 오늘날 김효원의 재능이 쓸 만한데도 동서의 설에 구애받아 쓰지 않는다면 사류들이 불안해할 근본이 될 것입니다."

이이의 그 말에 홍문관 부제학 유성룡과 수찬 한효순도 김효원은 쓸 만한 인재라고 하면서 등용할 것을 요청했고, 홍문관 관리들이 모두 차자를 올려 김효원을 등용할 것을 요청했다. 하지만 선조는 끝까지 탐탁해하지 않았다.

당시 유성룡, 이발, 김우옹, 백유양 등 동인들은 김효원을 사간으로 등용할 것을 주청했다. 선조는 이에 대해 매우 화를 내면서 말했다.

"조정이 평화롭지 못하게 한 것은 다 잘못이다."

김효원이 심의겸과 다투는 바람에 붕당이 생겨 조정이 평화롭지 못하게 되었다는 뜻이었다. 그러자 유성룡 등이 이렇게 설득했다.

"김효원이 관직에 임하여 직무를 다하다가 고립되어 곤경을 겪었는데도 화합하지 못하게 했다고 지목하시는 것은 신하를 위해 권면하는 말이 아닙니다."

하지만 선조는 여전히 김효원이 사간원에 들어오는 것을 반대했다. 그 때문에 동인들이 선조에 대해 매우 실망스러워했다.

그로부터 두 달이 채 못 된 그해 7월에 사헌부와 사간원이 합사하여 심의겸을 탄핵했다. 이때 이이는 대사헌이 되었고, 정인홍은 장령의 자리에 그대로 있었다. 심의겸을 탄핵한 배경에 대해 이건창이 쓴《당의통략》은 다음과 같이 전하고 있다.

이이가 대사헌이 되자, 정인홍이 이이에게 청하기를

"내가 들은바 심의겸이 일찍이 상을 당했을 때 다시 벼슬하기를 시도했다는데, 이것으로 보아 이런 사람들과 함께 조정의 공사를 논할 수 있습니까? 원컨대 공이 탄핵하면 저도 따르고 싶습니다."

하니, 이이가 말하였다.

"그것은 오래된 일이오. 떠돌아다니는 말만 가지고는 믿을 수도 없고 또 심의겸이란 사람이 지금에 있어서는 어미 없는 새끼나 썩은 쥐와 같을 따름인데, 어찌 놓아두지 아니합니까?"

이에 정인홍이 벼슬을 버리고 귀향하려 하자, 이발이 이이를 설득하며 말하였다.

"그대는 선비들이 그대에게 유감이 있는 것을 아시오? 지금 그대가 진실로 한 사람의 의견을 단절한다면 선비들이 오직 그대 말만을 들을 것이며, 동인과 서인도 다시 합할 것입니다. 그대는 의겸만을 아끼고 정인홍이 떠나가는 것은 홀로 아까워하지 않습니까?"

이런 사연 때문에 심의겸을 탄핵하는데, 이이가 동참했다는 것이다. 그 탄핵한 내용은 이러했다.

"심의겸은 폐부肺腑 같은 외척으로 세상일을 빙자하여 조정의 권력을 농락하면서 기세를 크게 부려 6~7년 이래로 조정의 여론을 분열시켰으니, 그 나라를 혼미 속에 빠뜨리고 조정을 오도한 죄가 큽니다. 바라건대 좋아하고 싫어하는 면을 분명히 보이시어 인심을 진정시키소서."

그러자 선조는 이런 대답을 하며 심의겸을 파직시켰다.

"그대들도 또한 스스로 자신의 일을 살펴서 신하가 붕당을 지으면 종말에는 반드시 주멸된다는 것을 경계하라."

이렇듯 심의겸의 탄핵에 이이가 동참함으로써 동인과 서인의 화해 분위기는 조성된 듯했다. 그런데 이이가 정인홍의 청을 받아주면서 심의겸을 탄핵할 때에 정인홍에게 내건 조건이 있었다. 그것은 심의겸과 관련하여 더 이상 다른 사람을 끌어들이지 않겠다는 것이었다. 그런데 정인홍은 그 약조를 어기고 심의겸을 탄핵하면서 '그가 사류들을 끌어들여 세력을 키우려 하였다'는 내용을 추가했다.

이 내용 때문에 선조가 정인홍을 불러 물었다.

"여기에 언급한 사류들이란 어떤 사람들인가?"

그러자 당황한 정인홍은 물러가서 동료들과 의논하여 아뢰겠다고 대답했다. 하지만 선조는 용납하지 않았다.

"계사(보고서)를 올렸으면 의당 자신이 알고 있을 것 아닌가? 속히 대답하라."

선조가 다그치자, 정인홍은 머뭇거리다 대답했다.

"이른바 사류들이란 의겸과 윤두수, 윤근수, 정철 등 여러 사람들인데 이들이 서로 체결하여 원하는 바를 들어주고 그 일을 위해 형세를 엿보았습니다."

정인홍의 이 말은 엄청난 파장을 일으켰다. 특히 정철을 심의겸의 당여라고 한 것이 큰 문제가 되었다. 이이는 당장 정인홍을 불러 따졌다.

"정철은 의겸의 당여가 아니다. 몇 년 전에 사론이 과격하였기 때문에 정철이 불평스러운 말을 했던 것이지 의겸을 편든 것이 아니다. 정철은 지조가 있는 선비인데 지금 외척과 체결하여 서로 세를 키우기 위해 도왔다고 한다면 이것은 너무도 억울한 일이다. 내가 지난번 상소에 정철의 사람됨에 대해 극구 찬양하였는데 오늘날 정철이 올바르지 못한 사람을 편들었다고 한다면, 이는 내가 말을 번복하는 사람이 되는 것이다. 그러니 그대가 잘못 말했음을 고하고 정철을 위하여 사실을 밝힌 뒤에야 형편상 직무를 수행할 수 있을 것이다. 그렇지 않으면 내가 자리에서 물러나야 할 것이다."

이이의 말을 듣고 정인홍은 임금에게 가서 자신의 실수를 인정하며 말했다.

"정철이 의겸과 정분이 서로 두터웠으나 윤두수 형제들처럼 사적으로 서로 체결하지는 않았습니다. 그런데 신이 의겸의 사당私黨이라고 하였으니 사실과 크게 틀렸습니다. 체직시켜주소서."

그러자 이이는 사헌부 집의(종3품) 남언경이 없는 가운데 장령 권극지, 지평 홍여순과 유몽정 등을 불러놓고 정인홍을 대변하며 이런 말을 했다.

"정철이 의겸과 정분이 두텁다고는 하지만 취향이나 마음가짐은 현저히 달랐다. 그런데 인홍이 창졸간에 주상 앞에서 대답하게 되었으므로 사실과 틀리게 말을 했을 뿐 사적인 의도가 있었던 것은 아니다. 그렇다면 마땅히 이것으로 출사하게 할 것을 청해야 한다."

이이의 말에 유몽정은 동조했지만 권극지와 홍여순은 도리어 반론을 제기했다.

"정철이 의겸과 정분이 두터웠던 것은 사실이오. 의겸이 세력을 잃은 이후 정철이 늘 그 점을 원망하고 불평하였소. 그런데 어떻게 현저히 다르다고 할 수 있겠소?"

그런 말을 한 뒤에 권극지와 홍여순은 임금에게 자신들의 뜻을 전달했다.

"정철은 의겸과 정분이 친밀했습니다. 인홍이 곧바로 소문에 의거하여 전하의 물음에 답했을 뿐 실지로 실수한 것이 없었습니다. 때문에 신들이 이 말로 출사시킬 것을 계청하려고 하였는데, 동료들이 정철의 심사는 의겸과 현저히 다르다고 하였습니다. 출사시킬 것을 청하는 것은 같지만 주된 의도는 달랐습니다. 신들은 구차스럽게 동조할 수가 없으니 체직시켜주소서."

선조는 그들에게 물러가 기다리라고 했다. 그러자 이이와 유몽정이 찾아와 아뢰었다.

"정철이 의겸과 정분이 두텁다고 하지만, 정철은 강직하고 고결한 선비로 취향과 심사가 현저히 달랐으므로 본디 사당私黨이 아니었습니다. 다만 정철이 도량이 좁은 탓으로 사람들과 영합하는 일이 없었고 중의에 동조하기를 좋아하지 않았습니다. 따라서 사류들이 정철의 마음을 제대로 알지 못하면서 그의 형적만을 보고 의심하게 되는 것 역시 인정상 모면할 수 없는 것입니다. 정인홍이 이미 정철에 대해 알지 못하였고 이러한 곡절도 살피지 못한 상황에서 갑자기 주상께 대답하였으므로, 정철이 의겸과 체결하였다고 하여 마치 사당인 것처럼 하였습니다. 그의 말이 사실과 어긋나기는 했지만 그의 실정은 바로 소문에 의거하였을 뿐 그 사이에 사사로운 의도가 있었던 것은 아닙니다. 이것으로 출사하게 할 것을 청하려고 하였는데 권극지, 홍여순이 고집하며 따르지 않았고, 신들도 각자 소견을 고수하여 의견이 통일되지 못하였습니다. 형편상 직에 있기가 어려우니 사면시켜주소서."

그러자 선조는 정철의 마음을 이해한다며 사직하지 말라고 했다. 그런데 새롭게 사간원 정언이 된 윤승훈이 이이를 비판하며 선조에게 자신의 뜻을 피력했다.

"대사헌 이이 등이 정철이 의겸과 정분은 두터웠지만 취향이나 심사는 현저히 다르다고 하였습니다. 대체로 사람들이 벗을 사귀는 데 있어 반드시 뜻이 같고 취향이 맞은 다음에야 가장 서로 친밀해지는 것입니다. 그런데 정분이 두텁다고 한 이상 어떻게 심사가 같지 않을 수 있겠습니까? 이것은 정철을 구하기 위하여 말답지 않은 말을 한 것입니다."

이에 선조는 윤승훈을 훈계하며 말했다.

"그대의 말이 망령스럽다. 정철이 의겸과 세를 합하려 했다면 이는 신하로서 절의를 잃은 것이다. 전일 사헌부가 와서 말할 때도 말했지만, 그 허실에 대해서는 상세히 알 수 없다. 남의 시비를 논함에 있어서는 각자의 의견이 있는 것이고 옛날 현자들이 사람을 알아봄에 있어서도 역시 각자 같지 않았으니, 오직 당시 임금들의 소견이 어떠한가에 달려 있을 뿐이었다. 이이의 의견도 일리가 있는 것인데 이것을 가지고 각자 대립하여 기필코 격퇴시키려고 하니 그대는 도대체 어떻게 된 사람인가?"

하지만 윤승훈은 뜻을 굽히지 않고 계속 이이의 처사가 잘못되었다고 지적했다. 그때 이이는 자신이 윤승훈 같은 인물과 동급으로 취급되고 있는 상황에 대해 몹시 마음이 상해 있었다. 그래서 이이가 선조에게 이런 말을 올렸다.

"저 윤승훈이 무슨 식견을 지녔겠습니까? 사류들의 취향을 관망하여 붙좇으려는 계책에 불과한 것입니다. 지금 승훈을 체직시키게 하였으나 사론이 이러한 이상 앞으로 이런 논의를 하는 자가 잇따라 일어날 것이니 양사가 어떻게 안정될 수 있겠습니까? 아예 신들을 체직시킴으로써 사론을 하나로 통일시키는 것보다 나은 것이 없습니다. 대단치 않은 일로 분분하게 아이들 장난하듯 피하여 나라의 체모를 크게 손상시켰는데, 이것이 어찌 신들이 좋아해서이겠습니까? 형편상 어쩔 수 없었기 때문입니다. 속히 신들을 체직시켜주소서."

선조는 이이의 말을 듣고 윤승훈을 외직으로 내보냈다. 그러자 홍문관에서 이이와 나머지 사헌부 관료들도 체직시켜야 한다고 주장했다. 선조는 이이는 절대로 체직할 수 없다고 잘라 말했다.

이에 사헌부에서 이런 말을 올렸다.

"이이에 대해 전하께서 사람들의 말로 인해 동요되거나 의심하는 뜻을 갖지 않는 것은 지극하십니다. 그러나 옥당(홍문관)과 간원에 대해서는 준엄한 문책을 가하시고 다분히 미안스러운 전교를 내리시니, 너그럽게 말을 받아들이는 도리에 크게 손상되는 점이 있습니다. 그리고 인심을 진정시키기 어려울 뿐만 아니라, 도리어 이이 등으로 하여금 나아갈 수도 물러갈 수도 없는 궁지에 빠지게 하여 자리를 잡을 수 없게 만드는 것이 됩니다. 대간은 조금이라도 사람들의 말이 있을 경우 자기의 직에 그대로 있을 수 없는 것이 이미 규례로 되어 있습니다. 속히 체직을 명하소서."

사헌부의 간청이 있었지만 선조도 물러서지 않았다.

"정철의 잘잘못에 관해서는 이제 그만두는 것이 좋을 것이다. 그런데 그대들이 자신의 의견을 끝까지 주장하여 이이 등을 격퇴시키려고 하니 그야말로 무슨 심사인가? 충직스러운 신하가 경망스러운 자들에게 공격당하는데도 내가 그들의 속셈을 말하여 타이르지 않고 오직 고개를 끄덕여 승낙만 할 뿐이라면, 이는 바로 어리석고 우매한 임금인 것이니 그대들이 원하는 것이 아닐 것이다. 대간은 조금이라도 사람들의 말이 있으면 그 직에 그대로 있을 수 없다고 하였는데, 이것 역시 그렇지 않다고 본다. 이른바 사람들의 말이란 오직 사리에 어떠한지를 살펴볼 뿐이다. 사람들의 말이 진실로 사리에 맞지 않는다면 아무리 많은 사람이 공박하더라도 어찌 그 직에 그대로 있을 수 없겠는가? 그리고 규례를 끌어낸 것은 무슨 도리인가? 그대들이 지금 세워야 할 계책은 속히 이이 등을 출사하게 하여 그들과 함께 협력하여 국사에 마음을 다하는 것보다 더한 것이 없을 것이니, 이것이 진실로 좋은 계책인 것이다. 그렇지 않으면 반드시 나의 의심을 일으켜 좋지 못한 일이 있게 될 것이니 조심하라."

이렇듯 선조가 화를 내며 신하들에게 조심하라는 말까지 할 정도로 충돌이 격화되었다. 그러나 사헌부 관원들도 전혀 물러날 뜻이 없었다. 결국, 선조는 사헌부의 뜻을 이기지 못하고 이이를 체직하여 대사헌에서 물러나게 하고 윤승훈을 신창 현감으로 내보냈다.

이이를 내쫓으려는 동인 세력과
보호하려는 선조

선조는 대사헌에서 물러난 이이를 호조판서로 기용했다. 그리고 이듬해인 1582년 9월 13일에 이이를 다시 승진시켜 의정부 우찬성(종1품)으로 삼았다. 이때 전라도 감사로 있던 정철이 도승지로 임명되어 조정으로 돌아왔다.

하지만 이이는 그때 병이 깊었다. 그럼에도 선조는 1583년 1월에 이이를 병조판서로 기용하여 병권을 맡겼다. 그는 병이 심하여 사직을 청했지만 선조는 허락하지 않았다. 선조는 이이에 대한 믿음이 대단했다. 이이에 대한 선조의 믿음이 두터웠던 배경엔 종친 경안군 이요의 역할이 컸다. 이요는 1583년 4월 17일에 선조를 면대하면서 유성룡, 이발, 김효원, 김응남 등이 붕당을 이루는 동인의 괴수들이라고 했고, 그들을 억제해야 한다고 주장했다. 이 때문에 사헌부와 사간원에서 이요가 혼란의 불씨를 만든다며 파직하라고 했다. 이에 선조는 이렇게 대답했다.

"요가 아뢴 내용도 자못 일리가 있는 말들이었다. 내가 비록 매우 부족하고 어리석기는 하나 그렇다고 아주 어리석은 임금은 아니다. 이번 일은 요에게 하등의 죄를 내릴 이유가 없는 것이다. 지금 이 말이 어찌하여 내 귀에 들어왔겠는가?"

이 사건 이후 선조는 전랑이 물러나면서 다음 전랑을 추천하는 제도를 없애버렸다. 또한 전랑이 높은 벼슬자리를 추천하는 제도도 없애버렸다. 이 때문에 젊은 선비들로 이루어진 동인들이 두려워했고, 이때 유성룡은 이조전랑 자리에서 물러나기까지 했다.

그런 상황이 지속되는 가운데 이이가 병조판서에 올라 있었는데, 선조는 이이를 아주 신뢰한 나머지 이이가 병조의 일을 자의적으로 처리하고 사후에 보고해도 나무라지 않았다. 그러자 동인들로 채워져 있던 사헌부와 사간원 양사가 1583년(선조 16년) 6월 11일에 선조에게 이이를 파직시킬 것을 요청했다.

"군정軍政은 중대한 일인데 아뢰지도 않고 마음대로 행하였고, 또 예

궐하여 대죄하지도 않았습니다. 아울러 부름을 받고 궐내에 왔으면서
도 내조에만 들르고 끝내 지척 사이에 있는 승정원에 들러 교지를 받
지도 않았습니다. 이로써 임금을 업신여긴 죄가 크니 파직을 명하기
바랍니다."

간원들은 여러 날에 걸쳐 논박을 하면서 지속적으로 이이를 파직해
야 한다고 주장했으나 선조는 받아들이지 않았다.

그러나 이이는 양사로부터 탄핵을 받은 터라 계속해서 사직의 상소
를 올렸다. 그럴 때마다 선조는 이이를 타이르며 사직하지 말 것을 당
부했고, 영의정을 비롯한 정승들도 이이의 사직을 반대했다. 그런 가
운데 이이는 6월 17일에 이런 상소를 올렸다.

"신은 죄를 짓고 황공하여 감히 출사를 못 하였습니다. 병권을 제
마음대로 하거나 임금을 업신여기는 일은 바로 신하로서는 일죄(사형)
에 해당되는 죄입니다. 지난번 대신들이 신을 위하여 각자 상소를 올
리면서도 대간의 말이 지나치다고 지적하지는 않았습니다. 신이 이렇
게 큰 죄를 짓고서 병조 수장의 위치에 처하여 장수들을 호령한다면,
그것이 사방에 전해졌을 때 반드시 해괴하게 여길 것이니 사면령을 내
려주소서."

그러자 사헌부에서는 지평 이경률 이하 간관들이 자신들이 이이에
대해 지나친 말을 했다며 모두 다른 부서로 보내달라고 했다. 그러자
그들의 상관인 장령 성영은 이렇게 말했다.

"대간의 말은 차라리 과격할지언정 부드럽고 약해서는 안 됩니다.
이경률 등은 잘못이 없으니 모두 출사하도록 하소서."

선조는 성영의 말을 받아들여 사헌부 관원들이 모두 나와서 직무를
수행하라고 했다.

이때 이이 또한 계속해서 사직의 상소를 올렸다. 이러한 이이의 태도에 대해 사헌부와 사간원 간관들이 다시 그의 파직을 청했다.

"이이는 자신을 반성하여 허물을 살피기에 겨를이 없어야 할 것인데도 오히려 자기가 먼저 의심하고 시기하여 분노를 깊이 품어, 여러 날 올린 상소의 내용들이 평온하지 않고 대간이 논핵한 것을 꼭 허구 날조한 것으로 돌리려 하고 있습니다. 심지어 대신들이 대간을 물리치지 않은 것을 그르게 여기고, 또 좌우와 여러 대신에게 물어 경중을 헤아려주기를 바라는 것이 마치 무슨 승부를 결정하려는 것 같았습니다. 이것은 결국 말을 한 자를 몰아내고 자기의 뜻을 마음대로 하려는 것에 불과한 짓입니다.

대간이란 말을 하는 것이 직책이므로 귀에 거슬리는 말을 하면 임금이라도 그대로 들어주어야 하는 것입니다. 그런데 더구나 신하의 반열에 있는 자가 자기의 허물을 듣기를 싫어하여, 자기가 옳다고 강변하고 말을 한 대간들을 속 좁은 자들로 몰아 입을 열지 못하게 하니, 이는 매우 대간을 멸시하고 공론을 가볍게 여긴 것입니다. 파직하도록 명하소서."

하지만 여전히 선조는 이이를 파직하지 않겠다고 버텼다. 그러자 홍문관이 나서서 이이를 강력하게 비판했다.

"대간이 이이의 직을 파할 것을 청한 것은 당연한 결과이니 이이로서는 자기의 죄를 인정하고 허물을 살피기에 겨를이 없어야 할 것입니다. 그런데도 오히려 거취를 놓고 다투기 위하여 필설을 놀려 공의와 맞붙어 싸우려고 합니다. 그 첫 번째 근거로는 시론時論이 자기를 미워하여왔다고 하고, 두 번째는 좌우에 물어보라는 등의 애절하고 괴로운 말들로 임금의 귀를 동요시킴으로써 죄를 대간 쪽으로 돌려보내고야

말겠다는 심산입니다. 이는 바로 온 세상에 사람이 없는 것으로 보고 대간쯤은 손바닥이나 사타구니 사이에다 버려버리겠다는 생각으로 그 얼마나 공론을 무시한 처사입니까? 공론이 있는 곳이면 비록 만승萬乘을 가진 존귀한 몸으로도 오히려 몸을 굽혀 따라야 하는 것인데, 재상의 반열에 있는 자가 이렇게 공론을 무시하고 거리낌이 없을 수 있습니까? 이를 그대로 두면 그 폐단은 장차 온 세상 사람들이 오직 그 사람 밑에 가서 명을 듣기에 분주해서 그 사람의 말이라면 어길 자가 없게 될 것입니다."

언론 삼사 중에 가장 진중한 성향을 가진 홍문관까지 이이를 비판하고 나서자, 선조는 매우 혼란스러워했다. 그래서 이렇게 대답했다.

"그대들이 올린 글의 뜻은 알겠다."

그리고 박순, 김귀영, 정지연 등 삼정승에게 교지를 내려 말했다.

"병조판서에 대하여 경들이 비록 유임하여 쓸 것을 청하더라도 이이가 출사할 이치는 만무하다. 지금 병조의 업무가 매우 많으니 우선 그를 체직시켜서 그의 마음을 편안하게 해주는 것이 어떻겠는가?"

결국, 선조도 언론 삼사의 의견을 받아들일 수밖에 없었던 것이다. 하지만 선조는 정승들에게 자신의 의견을 별도로 피력하는 비망기를 내렸다. 그 글에서는 이이가 이번 일이 있기 전부터 신진 사림들과 대립하고 있었는데, 마침 이이가 실수를 하게 되자 이 틈을 노려 기필코 그를 제거하려 했다고 쓰고 있었다. 그리고 이런 말을 덧붙였다.

"다른 공경대부들이 임금의 부름을 받고도 오지 않았던 자들이 많았지만 그들을 임금을 업신여겼다고 논한 경우는 듣지 못하였다. 그런데 왜 대간의 말이 유독 이이에 대해서만 그렇게 직설적으로 공격하는가?

그가 말[馬]을 바치게 한 일을 사전에 아뢰지 않았던 것도 허다한 사무를 집행하는 과정에서 때맞추어 아뢰지 못했던 것뿐이지, 어찌 멋대로 권세를 부리기 위하여 한 짓이었겠는가? 대체로 권세를 멋대로 하고 임금을 업신여긴다는 것은 신하로서는 극죄極罪의 명칭이므로 분명히 짚고 넘어가지 않을 수 없는 일이다. 임금이란 상대가 비록 소민이라도 사실 이상의 죄명을 그의 몸에 가벼이 가할 수 없는 것인데, 하물며 재상이겠는가? 이왕 권세를 멋대로 하고 임금을 업신여겼다고 말했으면, 왜 그의 죄를 분명히 밝혀 유사有司로 하여금 왕법을 적용하게 하여 만세토록 신하 된 자를 경계하지 않고 고작 파직을 청한다는 말인가? 이것이 바로 이이로서는 마음으로 승복이 되지 않아 부끄러움을 안고 주저하면서 누차 사직을 청하고 있는 것이다.

그리고 말하는 과정에서 과연 자기변명에 관계되는 말이 있기는 하였으나, 그것 역시 어찌 언관에 대하여 분한 마음을 갖고 기만하고 누르기 위해서였겠는가? 대간에게 소중한 것은 공론을 담당하는 것뿐이니, 자기의 사사로움을 달성하기 위하여 배척하고 공격한다면 그것이 어디 대간으로서 할 일인가? 경들이 만약 이이를 일러 나라를 그르친 소인이라고 한다면 마땅히 죄를 분명히 밝혀 그를 물리쳐야 할 것이다. 그렇게 하지 못하면 그를 공격하는 자가 소인인 것이다. 임금이 소인을 등용하고서 나라가 잘 다스려지는 이치가 어디에 있는가? 오늘이야말로 옳은 자와 그른 자를 가려낼 수 있는 때가 아니겠는가? 경들로서는 확실히 가려내지 않고 어물어물해서는 안 될 것이다. 조정이 각기 유파끼리 분당되어 나랏일이 날로 글러가고 있는데도 대신들이 그것을 밝혀내지 못한다면 나랏일이 장차 어떻게 되겠는가?"

선조의 이 말을 듣고 옥당 관원들이 모두 사직을 청했다. 이에 대해 선조는 사직하지 말라고 하면서도 홍문관을 맡고 있던 권덕여와 홍진을 강하게 비판했다.

"권덕여와 홍진은 일찍이 내 앞에서 이이의 충직함에 대하여 칭찬하였었는데, 소인을 그토록 찬예했던 그들 자신은 과연 어떠한 사람들인지 알 수가 없구나. 홍진 같은 별 볼 일 없는 무리야 책할 것도 없겠으나, 권덕여는 연로한 사람으로서 신진 선비들에게 붙어 다니는 것을 부끄러워하지 않다가 이제 와서는 이이를 소인으로 지목하고 나서니 그야말로 앞뒤가 뒤바뀐 자가 아닌가?"

그렇듯 왕과 신하들이 언쟁을 벌이자, 영의정 박순이 이렇게 말했다.

"이이가 어찌 끝까지 출사하지 않기야 하겠습니까? 그러나 현재 급한 임무들이 많으니 우선은 체직시키는 것이 합당하겠습니다."

영의정 박순의 의견에 대해 선조는 다소 한탄조의 비답을 내렸다.

"병조판서는 갈아야 한다. 이이는 이미 나라를 그르친 소인이 되어버렸는데 무슨 영명이라는 것이 또 있겠는가? 내 비록 어두운 임금이나 소인과 함께 일하는 것을 좋아할 리야 있겠는가? 이이야 자기 고향으로 잘 돌아가서 흰 구름 사이에 높다랗게 누워 있다 한들 그 누가 그를 얽매어둘 수 있겠는가?"

선조의 비답을 전해 듣고 사헌부와 사간원 관원들이 모두 자리를 비워버렸다. 또한 권덕여는 사직을 청하고 물러가 죄를 내리기를 기다렸다. 그래서 도승지 박근원을 필두로 한 승정원 승지들이 선조에게 양사의 관원들을 모두 출사하게 하고, 권덕여도 출사하여 직무를 볼 수 있게 해달라고 했다. 하지만 선조는 권덕여를 쉽사리 용납하지 않았다.

그런 상황에서 성혼이 이이를 대변하는 글을 올렸다.

"송末의 구양수나 유지도 논핵을 당하고는 모두 글월을 올려 자신을 변명했지만 그들 역시 반드시 소인이었던 것은 아닙니다. 더구나 이이가 말한 것은 그 목적이 출사하기 위함이었고 자신을 변호하기 위함이 아니었는데도 삼사의 논의가 크게 일었고, 게다가 또 나라를 그르친 소인이라든가 방자하여 거리낌이 없다는 죄까지 뒤집어씌웠습니다. 처음은 경미한 죄였는데 거기에다 왕을 업신여긴 죄와 나라를 깔보는 죄명을 씌웠고 이제는 또 그 죄명으로 법에 의거하여 죄를 청하려고 하니, 이는 그를 꼭 죽을 땅으로 몰아넣고야 말겠다는 심산인 것입니다.

오늘날 조정의 의논이 어찌 모두 다 고의적으로 이이를 죄주기 위해서 이렇게 되었겠습니까? 이렇게 된 것은 집단을 이루는 무리들이 이 시기를 타 빨리 공격을 하여 되도록 이이를 몰아내려 하는 것이고, 거기에 오랜 원한을 가진 자들이 가세하여 권세의 기반을 잡으려고 함으로써 이렇게 된 것에 불과합니다."

성혼의 상소문에 관한 말을 듣고 장흥 부사 송응개가 상소하여 논박했다. 송응개는 이이와 심의겸은 같은 당인이며, 사실은 이이가 서인의 우두머리라고 했다. 그 핵심 내용을 옮겨보면 이렇다.

"이이는 원래 하나의 중으로서 임금과 어버이를 버리고 인륜에 죄를 지었습니다. 그는 변신하여 환속한 뒤에 권력 있는 가문의 가축이 되었던 것을 이 세상의 청의淸議는 용서하지 않고 있습니다. 그가 처음 높은 관청에 뽑혀 알성급제 할 때에 관청에 있는 많은 선비들은 그와 동렬이 되는 것을 수치로 여겨 사귀기를 불허했는데, 마침 심통원이 자기의 심복을 보내 앞뒤에서 분주히 소통의 길을 열어놓음으로써 비로소 행세할 수 있었습니다. 급기야 출세한 후에는 심의겸의 추천을 받아 청요직의 길이 트였으므로 그와 심복 관계를 맺어 생사를 함께하게 되었으니, 그가 일생 동안 가진 마음을 더욱 알 만합니다. 또 박순은 입을 모아 이이를 찬양하고, 성혼도 박순이 찬양하는 사람이며, 성혼 또한 심의겸과 친분이 두터운 사이입니다."

송응개의 말을 듣고, 선조는 화가 나서 말했다.

"네 말이 설사 다 옳은 말이라 하더라도 이제 와서야 말한 것은 불충이다. 너의 직위를 내놓고 물러나라."

성혼의 상소를 듣고 사헌부 간관들도 모두 사직을 청했다. 선조는 사직하지 말라고 했지만 사헌부 관원들은 업무를 보지 않았다. 또한 승정원 승지들은 좌의정 김귀영을 힐난한 선조에 대해 비판했다. 정승들의 이이의 파직에 대한 의견을 듣고 선조가 김귀영을 아첨하고 비위나 맞추려 한다고 힐난했기 때문이다. 이에 선조는 정승으로서 자신의 의견을 분명하게 드러내지 않는 김귀영에 대해 충고를 한 것일 뿐 다른 뜻은 없었다고 해명했다.

그때 정언 이주가 상소하여 이이를 비판하고, 박순과 심의겸, 성혼 등이 모두 한 패거리라고 했다.

이후 동인 중 한 명이었던 우의정 정지연이 상소를 올려 이이에 대한 조정의 의논을 중재하려 했다. 그는 병이 깊어 조정에 나오지 못하는 상황이었는데, 이이를 탄핵하는 일로 삼사와 왕이 서로 언쟁을 벌이고 동인과 서인이 나뉘어 다투는 양상이 되자, 중재에 나섰던 것이다. 또한 병이 깊어 자신은 물러나겠다고 했다.

그러나 정지연의 중재 노력에도 불구하고 사헌부와 사간원 관원들은 박순, 심의겸, 이이, 성혼을 한꺼번에 비판하는 글을 올렸다. 그리고 이이를 두둔하는 영의정 박순을 파직하라고 요청하자, 선조는 윤허할 수 없다고 버텼다. 이때 양사의 글을 주도한 인물은 허엽의 아들 허봉이었다. 허엽과 박순은 서로 악감정이 있었기 때문에 허봉이 양사를 충동질했던 것이다.

이렇듯 젊은 동인 세력과 이이의 싸움이 동인과 선조의 싸움으로 비화되자, 동인의 핵심 인물 중 한 명인 성균관 대사성 김우옹이 상소를 올려 중재에 나섰다.

이이는 명민한 학문과 해박한 지식으로 밝은 시대를 만나 전하께서 마음 깊이 그를 의지하여 그와 함께 난국을 타개해보려 하였고, 이이 역시 스스로 세도世道를 책임져서 물과 물고기와 같이 한 조당에 앉아 계책을 내면 실현되고 말만 하면 다 들어주시는 참으로 천 년을 두고도 만나기 어려운 지우였습니다.

그런데 애석하게도 그는 뜻만 컸지 재주가 소략했고, 도량이 얕고 소견이 편협하여 자기에게 후한 사람에게 가렸으며, 또 자기 소견에만 얽매여 일국의 공론을 모아 천하를 위한 일을 해내지 못했고, 다만 자기 개인의 견해를 내세워 온 나라의 인정을 거슬렀으며 선비들에게 인심을 잃은 지 오래였습니다. 그런데도 깨닫지 못하고 오히려 빈번히 긴 글을 올려 강압으로 상대를 이기려고 하였으며, 하는 일들도 경솔하고 조급한 데가 있어 거의 인망에 부응하지 못하였습니다. 그러므로 선비들 마음이 비로소 이이에 대하여 실망을 느끼게 되었으니, 그것은 역시 어느 개인의 비판에 한정된 것은 아니었습니다.

그러나 이이의 본심이야 무슨 딴것이 있었겠습니까? 요컨대 조정을 안정시켜 세상일을 목적대로 달성해보려는 것이었지만, 그의 의견에 편협된 바가 있어서 그 허물이 이 지경에 이른 것입니다. 사류들도 이이의 본심을 모르는 바가 아니어서 그의 의견의 편협함을 걱정한 나머지 서로의 가부를 맞추어 결국 화합하여 하나가 되는 곳으로 돌아가게 하려는 것이었을 뿐, 당초부터 그를 공격하는 데 뜻을 둔 것은 아니었습니다.

그러니 전하께서 이 점을 깊이 유념하시고 공평하게 처리하시어, 이이에 대하여는 그의 본심을 이해하시되 반면 속 좁은 병이 있음을 아시고, 삼사에 대하여는 그들의 지나친 주장들을 억제하되 반면 사류들의 근본 심정을 살피시어 정성껏 깨우치시고, 막힘없이 마음을 활짝 열어 너무 꺾지도 막아버리지도 말고 너무 날카로운 점만 슬며시 잘라버리면 아마 잘되어갈 것입니다.

그러나 김우옹의 상소에도 불구하고 사헌부와 사간원은 연일 박순을 파직하라는 요청을 하였다. 그들은 이이와 성혼은 심의겸의 문객이자 친구이고, 박순은 그들과 결탁하여 힘을 얻고자 했다고 비판했다. 홍문관 역시 같은 논조로 비판의 글을 올렸고, 좌의정 김귀영에 대해서는 변호했다. 또한 사간 이희득은 김우옹이 어중간한 상소를 올렸다면서 비판하는 글을 올리기도 했다.

이러한 조정의 논쟁은 급기야 성균관 유생들에게로 번졌다. 성균관 유생 유공진 등 470명과 전라도와 황해도 유생 400여 명이 상소하여 이이와 성혼은 어진 신하라고 두둔하고 나선 것이다.

성균관 유생들에 의해 힘을 얻은 선조는 그해(1583년) 8월 28일에 이이와 박순, 성혼을 비난한 도승지 박근원은 강계로, 장흥 부사 송응개는 회령으로, 창원 부사 허봉은 종성으로 귀양 보내버렸다. 이것을 계미년에 세 명을 내쳤다고 해서 '계미삼찬'이라고 부른다.

이이의 죽음과 서인에게
등 돌리는 선조

세 사람을 유배 보낸 선조는 이이에 대해 자주 이런 말을 했다.

"이이는 진실로 군자이다. 이이와 같다면 당이 있는 것이 근심이 아니라 오직 당이 적을까 근심이다. 나도 주희의 말대로 이이나 성혼의 당에 들어가고 싶다."

선조의 이 말은 붕당을 공식적으로 인정하는 꼴이 되었다. 붕당에는 이른바 진붕과 위붕이 있고, 왕도 진붕의 일원이 되어야만 나라가 제대로 돌아갈 수 있다는 주희의 말을 선조가 인정한 셈이었다.

선조는 그런 말을 한 뒤, 1583년 9월 8일에 이이를 이조판서에 제수하여 조정으로 나오라고 했다. 이이는 그때 파주에 머물면서 병을 치료하고 있었다. 또한 이조판서에 제수되기 사흘 전인 9월 5일엔 사직상소를 올렸었다. 선조는 그런 이이의 마음을 이해한다면서 이번에는 이조판서에 제수한 것이다. 선조는 스스로의 말대로 아예 이이의 당이 되기로 결심한 것이다.

이이는 10월 22일에 궁궐로 들어와 선조를 알현하고 박근원과 송응개, 허봉 등을 유배에서 풀어줄 것을 청했다. 이이는 박근원과 송응개는 본래 간사한 자들이지만, 허봉은 다소 가볍긴 하나 간사한 사람은 아니라는 평도 했다. 하지만 선조는 단호하게 말했다.

"내 뜻이 이미 정해졌으니 경은 말할 것이 없다."

그러자 이이는 여러 명이 죄를 지었는데, 세 사람만 죄를 주는 것은 온당치 않다고 설득했다. 선조는 이이의 의견을 긍정적으로 받아들였다. 그리고 이이는 그 자리에서 정여립과 정구를 천거했다.

그런데 이 자리에서 선조가 동인 김우옹에 대해서 묻자, 이이는 이렇게 대답했다.

"착한 사람이라고 할 수는 있으나 시비가 분명하지 못한 사람입니다."

선조가 또 삼사에 있던 자들을 모두 다시 기용해야 하느냐고 묻자, 기용해서는 안 된다고 했다. 이런 이이의 의견에 따라 백유함을 이조 전랑에 됐는데 이때부터 조정이 서인들로 채워졌다.

이렇듯 이이는 이 무렵부터 아예 동인 세력을 배척하는 경향을 보였다. 그 무렵인 12월 11일에 해주 사는 유학 박추가 김성일, 우성전, 이경률 등이 동서 분당의 주역이라고 비판하는 상소를 올렸다. 당시 해주 유생들 중 상당수가 이이의 제자들이었는데 박추도 그중 한 명이었다.

박추의 상소문을 읽고, 선조는 이런 비답을 내렸다.

"바른말을 상소하여 가상히 여기는 바이다."

선조가 그렇듯 이이의 의견에 따라 조정 인사를 단행했을 때, 이이는 건강이 더욱 악화되어 조정에 나오지 못했다. 그리고 이듬해인 1584년 1월 16일, 49세를 일기로 생을 마감했다.

이이가 죽은 다음 해인 1585년 6월 1일에 선조는 노수신을 영의정에 임명했다. 노수신이 계미삼찬으로 쫓겨난 세 신하를 용서해달라고 하자, 선조는 노수신의 요청을 받아들이면서 이렇게 전교했다.

"송응개, 허봉 두 간인이 묵은 감정을 품고 간사한 꾀를 일으키며 편당을 만들어 선창하여 어진 선비를 모함하고 배척하자, 경망스러운 무리들이 뒤따라 향응하여 조야朝野가 크게 혼란되고 국가 기강을 흔들리게 하였다. 구형九刑으로 다스린다면 도저히 용서할 수 없어 이미 두 사람에게 유배의 형벌을 가하여, 훗날 신하로서 개인감정을 품고 나라를 병들게 하는 자의 경계가 되게 하였다. 스스로 만든 죄는 벌을 모면할 수 없는 법이나 다만 경이 석방을 청하므로 내가 뜻을 굽혀 따르니, 석방시켜 고향으로 돌아가 편의대로 살도록 하라."

이때 박근원은 이미 석방된 상태였다. 그리고 송응개와 허봉은 유배에서 풀려나자, 얼마 지나지 않아 죽었다.

선조가 계미삼찬의 세 신하를 풀어주는 것을 보고, 동인 세력은 선조의 마음이 이이에게서 멀어졌다고 판단했다.

동인들이 선조가 이이에게서 마음이 떠났다고 판단한 것은 노수신에게 던진 선조의 이런 물음 때문이었다.

"송응개 등이 이이를 간사하다고 말했는데, 이이는 과연 간사한 사람인가?"

노수신이 대답했다.

"이이는 자신에게 아첨하는 것을 기뻐했던 사람입니다."

이후로 동인들은 자신들이 장악하고 있던 사헌부와 사간원, 홍문관 삼사를 통해 이이, 성혼, 박순, 정철, 신응시, 박응남, 김계휘, 윤두수, 윤근수, 박점, 이해수, 홍성민, 구봉령 등을 모두 심의겸의 당이라고 하면서 탄핵했다. 특히 이발은 이런 말로 선조의 환심을 사기도 했다.

"신은 일찍부터 경제에서는 이이를 인정하였고 도학에서는 성혼을 추앙하여 평소에 두텁게 사귀었으나 지금은 공론이 중요하고 사사로운 감정은 가벼운 것입니다. 옛 친구도 생각해야 하지만 나라를 저버릴 수는 없습니다."

선조는 이발의 이 말을 듣고 그를 신뢰했다고 전한다. 그러자 이이의 제자 조헌이 장문의 상소문을 올려 이이와 성혼, 박순을 두둔하고 나섰다. 그 내용이 워낙 길어 모두 거론할 수 없으나, 핵심 내용은 그의 상소문 중에 있는 다음 부분이라 하겠다.

이이가 이조판서가 되어서는 공평한 마음으로 사람들을 다루면서 어떤 사람에게 한 가지 착한 점이 있으면 마치 자기가 가진 것처럼 여겼고, 자기의 과실을 말하는 자가 있으면 서슴없이 요직에 앉혔습니다. 유성룡, 김응남, 이발 같은 이들이 모두 그들입니다. 그러나 그들의 심중을 훤히 알고 나서 다시는 추천을 하지 않으니 갑자기 그들이 반기를 들고나왔습니다. 이리하여 그들은 이이가 살았을 때에는 배척하기를 도모하고 죽은 뒤에는 온갖 험담으로 헐뜯었는데, 지금에는 그 뿌리가 더욱 커져 이이의 얼굴을 아는 자는 모두 외지로 쫓아내고 성혼의 이름을 아는 자는 한결같이 관직에서 쫓아내 초야에 있게 하여, 위로는 정승에서부터 아래로 위포(벼슬하지 않은 선비)에 이르기까지 몸 둘 곳이 없게 합니다. 어찌 일찍이 군자가 정치를 하면서 한 시대의 충현들을 공격하여 이렇듯 모두 제자리를 잃게 한 적이 있었습니까?

당시 조헌은 공주 교수로 있었는데, 상소의 내용이 너무 길어 선조가 수십 일 동안 비답을 내리지 않았다. 그러자 조헌이 또다시 장문의 두 번째 상소를 올렸다. 선조는 이 상소문을 읽고도 역시 비답을 내리지 않았고, 세 번째 상소문에도 비답을 내리지 않았다. 그리고 조헌이 네 번째 장문의 상소문을 올렸을 때 비로소 한마디 했다.

"수많은 말을 구하여 정성스럽게 상소한 것은 가상하다."

하지만 선조는 조헌의 상소문을 매우 귀찮게 여겼다. 내용이 긴 데다한 번도 아니고 네 차례에 걸쳐 지속적으로 상소를 해대는 꼴이 몹시 싫었던 것이다. 그래서 조헌의 상소문을 모두 불태우라고 지시했다.

그러자 사간원과 사헌부, 홍문관이 모두 나서서 조헌의 상소에 문제가 많으니 죄주기를 청했는데, 선조는 이런 말을 했다.

"내가 뛰어나지는 못하지만 일개 조헌 따위에게 동요되지는 않는다. 내가 그의 소장을 태워버린 것을 옳지 못하게 여긴다면 그 비판을 달게 받고 앞으로는 조심하겠다."

그런데 조헌이 다시 대궐로 올라와서 또 장문의 상소문을 올렸다. 심지어 조헌은 도끼를 지고 거적자리를 깔고 궐문 앞에 엎드려 있기까지 했다. 이에 삼사가 모두 나서서 조헌의 관작을 삭탈하고 유배시키라고 했다. 선조는 처음에는 삼사의 제의를 거부했으나 여러 차례 계속되자 못 이기는 척 허락했다.

유배 명령이 떨어지자 조헌은 그날 밤에 바로 유배지로 향했다. 압송하던 관원이 다음 날 아침에 가자고 했지만, 왕명은 한시라도 거역할 수 없다며 굳이 밤길을 재촉했다. 이후 걸어서 함경도 길주까지 2,000리를 걸어가면서 한 번도 쉬지 않았다. 발과 다리가 부르트고 부어 매우 고통스러운 상황이 되었으나, 조헌은 조금도 멈추지 않고 계속 걸어갔다. 춘천 부사 권덕여가 그 모습을 보고 이렇게 말했다.

"진짜 철로 만든 인간이다. 채원정도 이보다 더할 순 없다."

채원정은 송나라 사람으로 임금의 유배 명령이 떨어지자, 가족조차 만나보지 않고 바로 유배 길에 올라 3,000리 길을 한시도 쉬지 않고 걸었다고 한다. 그래서 발이 터지고 부어 만신창이가 되었지만 전혀 흐트러짐이 없었다고 한다. 권덕여는 조헌이 송나라의 채원정보다 더 지독하다고 말했던 것이다. 당시 조헌의 유배지에 따라갔던 아우 조전과 두 명의 하인은 병을 얻어 죽었다고 한다.

조헌은 1589년 12월 5일에 유배에서 방면되는데, 이때 방면 길에서 또다시 동인 대신들을 공격하는 상소를 올리자, 선조는 화를 내며 이런 말을 내뱉는다.

"조헌은 간귀다. 아직도 두려워할 줄 모르고 조정을 경멸하여 더욱 거리낌이 없이 날뛰니, 앞으로 또다시 마천령을 넘게 될 것이다."

조헌 외에도 이이의 제자 이귀도 이이와 성혼이 심의겸과 결탁했다는 비판은 매우 억울한 일이라는 내용의 상소를 올렸다. 선조는 이귀를 직접 만나 이렇게 해명했다.

"그대의 상소를 보니 그대의 말도 옳다. 그러나 대간이 이이와 성혼을 함께 거론한 것은 아마 우연히 그렇게 된 것일 것이다. 대저 심의겸을 옳다고 하는 자는 사악한 주장이요, 이이와 성혼을 그르다고 하는 자도 옳은 주장은 아니다. 그러므로 내가 일찍이 '만약 옳다고 여길 경우 그 그른 것까지도 옳다고 하거나, 그르다고 여길 경우 그 옳은 것까지도 그르다고 하는 것은, 이것이 바로 편당을 짓거나 음흉하고 편파적인 자들이 하는 짓이다' 하였으니, 내 뜻은 모두 여기에 들어 있다."

선조의 그런 비답이 있자, 이귀의 상소문에서 비판의 대상이 되었던 대사헌 이식이 선조에게 아뢰었다.

"이이가 심의겸의 문하에서 출세한 것은 온 나라가 다 아는 것이어서 그가 의겸과 깊고 밀접하게 결탁한 실상은 절대로 숨길 수가 없습니다. 그런데 생원 이귀가 스승이자 벗을 비호해야 한다는 것만을 알고 군주를 기만해서는 안 된다는 것을 생각하지 않고서 교묘하게 말을 날조하고, 부당하게 그를 구원하기 위해 도리어 신들이 속이고 날조하였다고 하였습니다. 대저 군주를 기망하는 것은 큰 죄로 법에 있어 용서받을 수 없는 일인데 신이 어찌 감히 뻔뻔스레 얼굴을 들고 조정에 설 수가 있겠습니까? 빨리 명을 내려 신을 체직시켜주소서."

하지만 선조는 사직하지 말고 물러가라고 했지만 이식은 사직하고 물러나버렸다. 사헌부에서 이식이 물러날 이유가 없다며 출사하게 해달라고 하자, 선조는 그렇게 하라고 했다.

이귀의 상소문에 올랐던 대사간 이발도 역시 사직을 청했다. 그러나 선조는 이발에 대해 신뢰를 표시하며 그대로 직분을 수행하라고 했다. 이조판서 이산해도 이귀의 상소를 거론하며 출사하지 않았다. 선조는 이산해에 대해서도 역시 출사하여 직무를 수행하라고 했다.

결국, 선조는 동인 신하들을 모두 신뢰하고 서인들을 배척하는 모양새를 취했다. 이후로 한동안 동인들이 조정을 장악했다.

반역죄로 고발당하는 정여립

선조가 동인 세력을 주축으로 조정을 운영하고 있는 동안, 내쫓긴 서인들은 동인들에게 이를 갈며 반전의 기회를 노리고 있었다. 그러다 그들의 시선을 잡아챈 인물이 정여립이었다. 정여립은 과거에 급제하여 등용된 이후 이이와 성혼에게 학문을 배워 서인으로 거명되던 인물이었으나 이이가 죽고 나서 갑자기 동인 이발과 가까워졌다. 그리고 경연장에서 스승 이이를 노골적으로 비판하다가 선조의 미움을 받았다. 이후 동인들은 여러 차례 정여립을 천거하며 좋은 자리에 두고 쓸 것을 선조에게 요청했으나 선조는 스승을 비판하고 당을 바꾼 정여립을 받아들이지 않았다. 그래서 정여립은 벼슬을 버리고 고향 전주로 내려갔고, 그곳에서 나름대로 세력을 키우고 있었다.

정여립은 당시 전주 본향에 머물면서 금구현과 진안의 별장을 왕래하며 승려나 무사 또는 풍수쟁이나 초야에 묻혀 사는 선비 등 여러 계층의 사람들을 사귀며 지내고 있었다. 당시 정여립은 44세의 중년이었는데, 그의 학문이 뛰어나고 세상을 보는 눈이 대단하다는 소문이 자자하여 많은 이들이 제자나 친구가 되기 위해 몰려들었다. 정여립은 그들과 함께 대동계라는 모임을 조직하고, 주기적으로 모여 함께 활을 쏘고 술을 마시며 세상 돌아가는 이야기를 하는 것을 즐겼다.

하지만 서인들은 정여립의 대동계를 조정을 장악할 반전의 기회로 인식했다. 선조 22년(1589년) 10월 1일, 황해도 관찰사 한준과 재령 군수 박충간, 안악 군수 이축, 신천 군수 한응인 등 황해도의 관리들이 선조에게 홍문관 수찬을 지낸 정여립이 모반을 계획하고 있다는 보고서를 올렸다. 그들은 모두 이이의 제자이거나 친분이 있는 자들로 서인 세력이었다. 그들 뒤에는 이이와 친구였던 송익필과 정철이 버티고 있었는데, 그들 두 사람은 전면에 나서지는 않았다.

한준 등이 정여립을 모반 혐의로 고발할 당시, 전라도와 황해도를 중심으로 정여립이 반역을 꾀할 것이라는 소문이 파다하게 퍼져 있었다. 그 소문의 근거가 된 것이 바로 대동계였다.

정여립은 관직을 그만두고 고향으로 내려간 뒤에는 신분에 구애되지 않고 여러 계층의 사람들을 사귀었다. 이런 인맥을 바탕으로 대동계를 만들었는데, 대동계의 조직원들은 무사, 승려, 공노비와 사노비, 초야에 묻혀 사는 선비, 전직 관료 등 그 출신이 다양했다. 그는 대동계의 계원들과 매월 15일에 모임을 가졌는데, 모임에서는 대개 활쏘기를 하거나 술을 먹고 세상 돌아가는 이야기를 나누었다. 또한 계원들은 정여립이 명령을 내리면 어디라도 달려갈 준비가 되어 있을 만큼 정여립의 열렬한 신봉자들이었다.

정여립은 이렇듯 자신과 뜻을 같이하는 사람들에 대해 집 안에 거처를 마련해주고 함께 머물렀는데, 그들은 신분이나 남녀에 관계없이 같은 공간을 사용했다고 한다.

정여립과 함께 대동계의 중심인물로 꼽힌 인물은 떠돌이 시인 지함두와 승려 의연이었다.

《일월록》에 따르면 지함두는 본명이 경함으로 한양 출신이었다. 그는 젊었을 때 가까운 친척과 간통한 사실이 발각되어 이름을 고치고 도망자 신세로 살았다. 그런데 그는 제법 글을 읽고 시도 잘 지었기 때문에 스스로 처사라고 하면서 세상을 떠돌아다니며 살았다. 그는 정여립과 친해진 뒤에는 그의 편지를 가지고 다니면서 지방 수령들을 찾아다니며 대접을 받곤 했다. 당시 정여립의 위세가 얼마나 대단했던지 전라 감사 이광조차도 지함두가 정여립의 편지를 지니고 다니는 것을 보고 속세를 떠난 높은 대사로 여기며 대접할 정도였다고 한다.

또 한 명의 대동계 중심인물인 승려 의연은 원래 전라도 운봉 사람인데, 스스로 중국 요동 사람이라고 말하고 다녔다. 그 역시 지함두처럼 세상을 떠돌며 살았는데, 이런 말을 퍼뜨리고 다녔다고 한다.

"내가 요동에 있을 때 동쪽 나라에 왕기가 서렸음을 알아보고 한양에 이르니, 왕기는 전라도에 있고, 전라도에 오니 그 기운이 전주 남문 밖에 있다."

이는 전주 남문 밖에서 새로운 왕이 일어날 것이라는 요설을 퍼뜨린 격이었는데, 은근히 정여립이 왕이 될 것이라는 소문을 낸 것이다.

지함두와 의연은 황해도 지역에 이런 소문도 퍼뜨렸다.

"정팔룡은 신비하고 용맹한 사람인데, 마땅히 왕이 되어 계룡산에 도읍을 정할 터이고 머지않아 군사를 일으킬 것이다."

당시 세간에 널리 퍼져 있던 《정감록》의 내용 중에 이씨가 망하고 정씨가 일어날 것이라는 예언이 있었는데, 이 내용에 의지하여 정팔룡이라는 가상 인물을 만들어 퍼뜨린 소문이었다. 그런데 팔룡은 원래 정여립의 별칭이었는데, 사람들은 그런 사실까지는 몰랐다.

또 황해도 지역에는 이런 소문도 돌았다.

"호남 전주 지방에 성인이 일어나서 우리 백성을 구제할 것이다. 그때는 수군과 보병의 병역, 친족과 이웃에게 지우는 부역, 달아난 자들을 쫓는 일 등을 모두 감면할 것이고, 공노비와 사노비, 그리고 서얼을 벼슬시키지 않는 법을 모두 없애게 된다."

이런 소문이 돌고 정여립의 집에 잡다한 사람들이 모여들게 되자, 혹 무슨 반역 모의라도 하지 않을까 염려하는 사람들이 많았다. 정여립의 형 정여복도 그중 한 명이었는데, 정여복은 동생 여립에게 편지를 보내 '문하에 무뢰한 자제들을 거하게 하고 접하면 반드시 후환을 끼치게 될 것이다'라고 경고했다. 하지만 정여립은 형이 자신의 답장을 근거로 삼아 관아에 고발할지도 모른다는 생각에 답장을 보내지 않고 직접 찾아와서는 자신은 전혀 다른 뜻이 없다고 했다. 장성에 사는 선비 정운룡도 처음에는 정여립의 명성을 듣고 학문을 나눴으나, 정여립이 하는 말들을 듣고 깜짝 놀라 장성 현감 이계에게 고발하려다 증거가 없어 그만둔 일도 있었다. 정여립의 사위 김경일도 민간에 떠도는 말을 듣고 정여립을 찾아가 모반 계획에 대해 물었다. 그때 정여립은 이렇게 대답했다.

"나를 원수로 여기는 자가 이런 말들을 지어낸 것이니 절대로 입에 담지 말고 또 문자로 드러내지도 말라."

이렇듯 정여립에 대한 소문이 악화되자, 대동계 내부에서도 이탈하는 자들이 속출했다. 승려 도잠과 설청은 정여립과 친분이 매우 두터운 사람들이었는데, 혹 반역당으로 몰릴까 두려워 대동계를 이탈하여 도망쳐버렸다.

정여립이 모반을 할 것이라는 소문이 전라도 지역과 황해도 지역에 파다하게 퍼지자, 정여립은 결국 혁명을 실천하려는 의지를 드러낸다. 이미 소문이 났고, 곳곳에서 고발하려는 움직임까지 있는 마당에 아무리 아니라고 변명해봤자 소용없다는 판단에서였다.

정여립의 계획은 이랬다. 대동계의 계원들을 중심으로 초겨울쯤에 서남 지방에서 동시다발적으로 군대를 일으킨 뒤, 강과 나루터에 얼음이 얼면 곧바로 한양을 침범하여 무기고를 불태우고 강에 있는 창고를 점령한다는 것이었다. 그런 상황에서 도성 내부에 심복들을 배치하여 내응하도록 하고, 자객들을 이용해 대장 신립과 병조판서를 죽이고, 왕의 지시를 사칭하여 각 지역의 병마사와 관리들을 죽인다는 계획이었다. 또 사헌부에 청탁을 넣어 전라 감사와 전주 부윤을 탄핵하여 파면하고 그 틈을 노려 거사를 감행하기로 했던 것이다.

이런 계획은 황해도 지역의 대동계 계원들에게도 전달되었는데, 승려 의엄이란 자가 그 내막을 파악하고 재령 군수 박충간에게 비밀스럽게 말했으나, 박충간은 증거도 없고 함부로 고발했다가 자신이 오히려 당할까 봐 고변하지 못했다. 그런데 당시 안악의 군수로 있던 이축에게 고변이 들어왔다. 고변한 사람은 이축의 친척 동생인 진사 남절이었다. 그래서 이축은 남절에게 진상을 좀 더 살펴보라고 지시했다. 남절은 정여립의 제자임을 자처하고 다니는 조구를 주목했다. 당시 조구는 여러 사람들과 어울리며 술을 사곤 했는데, 함께 어울린 사람들에게 후추와 부채를 나눠주곤 했다. 그리고 조구의 집에는 정여립의 호 '오산'이라고 적힌 여러 편지들이 있었는데, 남절이 그것을 이유로 조구를 몰아세우자 조구가 정여립의 반역 계획을 털어놓았다.

남절로부터 정여립의 거사 계획을 들은 이축은 재령 군수 박충간, 신천 군수 한응인과 연명하여 황해도 감사 한준에게 보고했다. 그리고 한편으로 재령 군수 박충간이 정여립의 대동계 계원으로 파악된 이수를 잡아다가 신문했더니, 역시 조구와 같은 말을 했다. 이후 박충간은 직접 선조에게 정여립의 역모에 대한 장계를 올렸고, 황해도 감사 한준도 역시 같은 내용의 장계를 올렸다.

정여립의 죽음과
쫓겨나는 동인

그 무렵, 정여립에게도 박충간과 한준이 자신을 조정에 고발했다는 말이 전해졌다. 대동계 계원인 변숭복이 조구가 고변했다는 말을 듣고 말을 달려 정여립에게 알린 것이다. 정여립은 곧 관군이 들이닥칠 것이라 판단하고 야밤에 달아났다. 정여립이 대동한 인물은 자신의 아들 옥남과 변숭복, 심복 박연령의 아들 박춘룡이었다.

정여립이 달아난 뒤 금부도사 유담이 정여립의 거처인 금구와 전주 두 곳을 기습했으나, 이미 자취를 감춘 후였다. 유담은 집안사람들을 모두 심문하여 정여립의 행방을 찾았지만 아무도 알지 못했다.

정여립은 그때 진안현의 죽도에 숨어 있었다. 죽도에도 정여립의 서재가 있었는데, 근처 지리를 잘 알고 있었기 때문에 거기에 숨었던 것이다.

정여립을 잡지 못했다는 보고가 올라오자 도성이 발칵 뒤집혔다. 선조는 곧 비상사태에 대비하라는 엄명을 내렸고 민심은 뒤숭숭했다.

그때 조정은 이산해, 정언신 등의 동인들이 정승 자리에 있었고 이발과 백유양 등이 조정의 의논을 이끌었는데, 이들은 정여립을 고변한 자들이 모두 이이의 제자들이라며 정여립의 반역 사건은 모두 꾸며진 일이라고 주장했다. 정언신은 어전에서 하늘을 쳐다보고 웃으면서 "정여립이 어찌 역적이 될 수 있단 말인가?"라고 말하기도 했다. 그는 고변한 자들을 모두 잡아서 죽여야 한다고 주장하기까지 했다.

서인들 중에도 상당수가 이런 말을 하기도 했다.

"정여립이 마음씨는 부정할망정 어찌 반역이나 배반할 이치가 있을까?"

그 무렵, 역적모의에 참가했다는 백성 두 사람이 잡혀 왔는데, 황해도 감사 한준이 잡아 큰칼을 씌워 도성으로 압송시킨 자들이었다. 선조가 두 사람을 직접 국문을 했는데, 두 사람 모두 거지나 다름없는 궁핍한 자들이었다. 그래서 선조가 웃으면서 주변에 이렇게 말했다.

"여립이 비록 반역을 도모했다고는 하나 어찌 이런 무리와 공모했겠는가?"

그러면서 그들에게 물었다.

"너희들이 반역을 모의했느냐?"

그러자 그들이 대답했다.

"반역하는 것은 모르옵고, 반국을 하고자 하였습니다."

선조가 그 말을 듣고 의심쩍게 물었다.

"반국은 무슨 뜻이냐?"

"반국은 먹고 입는 것이 넉넉한 것입니다."

그 말을 듣고 선조는 헛웃음을 쏟아내며 그들을 놓아주려 했다.

그로부터 10여 일 뒤에 죽도 주민의 신고로 정여립이 은신하고 있다는 사실이 밝혀졌다. 그러자 신고를 받은 진안 현감 민인백이 관군을 거느리고 죽도의 은신처를 에워쌌다. 민인백은 정여립을 절대 죽이지 말라고 부하들에게 명령했다. 선조가 생포해서 잡아 오라고 어명을 내렸기 때문이다.

그러나 정여립은 포위망이 좁혀오자, 더 이상 달아날 길이 없다고 판단하고 죽기로 결심했다. 그래서 함께 동행한 변숭복을 먼저 죽이고, 자신의 아들 정옥남과 박연령의 아들 박춘룡을 칼로 내리쳤다. 그리고 마지막으로 칼을 땅에 거꾸로 꽂아놓고 칼날에 목을 그어 자살했다. 정여립이 죽을 때 황소울음 같은 괴성이 들렸다고 한다. 《동소만록》에는 정여립이 자살한 것이 아니라, 선전관 이용준과 현감 민임백이 두들겨 패서 죽인 뒤 자살했다고 거짓으로 보고했다고 전하고 있어, 정여립의 죽음에는 의혹이 남아 있다.)

하지만 정옥남과 박춘룡은 죽지 않고 살아 있었기 때문에 도성으로 압송되었고, 정여립의 시신과 변숭복의 시신은 도성으로 옮겨져 백관들이 둘러서서 보는 가운데 저자에서 갈가리 찢겼다.

이후 정옥남과 박춘룡에 대한 국문이 시작되었고, 결국 그들의 입을 통해 반역을 모의한 것이 사실임이 드러났다. 그 내용은 조구와 이수가 말한 내용과 같았다. 그래서 선조가 친국을 하여 정옥남에게 물었다.

"너의 집에 왕래하던 자들은 누구누구였느냐?"

옥남이 대답했다.

"모주는 길삼봉이고 고부에 사는 한경, 태인에 사는 송간, 남원에 사는 조유직과 신여성, 황해도에 사는 김세겸, 박연령, 이기, 이광수, 박익, 박문장, 변숭복 등 10여 명이 항상 찾아왔습니다. 그리고 지함두와

중 의연은 어디 사람인지 모릅니다."

정옥남이 모의의 주범으로 지목한 길삼봉은 수십 년 전에 나타났다가 사라진 화적 두목이었다. 그래서 실제 존재하는지 여부도 알 수 없는 자였다. 어쨌든 선조는 군사를 풀어 정옥남이 지목한 자들을 모두 잡아들였다.

황해도에서 이광수가 잡혔고, 박연령은 중국으로 달아나려고 횡성으로 갔다가 그곳에서 잡혔다. 정여립의 친척 이진길, 형 정여복과 그의 형제, 한경, 조유직과 신여성도 잡혀 왔는데, 그들은 곤장을 맞으면서도 끝까지 반역 모의는 없었다며 결백을 주장하다 죽었다. 의연은 도망 다니다가 김제의 어느 대숲에서 잡혔는데 결국 사살되었다. 하지만 모주 길삼봉은 끝내 찾지 못했다.

그런데 당시 조식의 제자 최영경이 삼봉이라는 호를 썼는데, 그 삼봉이라는 호 때문에 길삼봉으로 지목되었다. 하지만 그가 길삼봉이라는 어떤 증거도 없었다. 그런 가운데 사간원에서 최영경이 정여립과 가장 친밀했다고 말하면서 관직을 삭탈할 것을 주청했다. 최영경은 사림에서 천거되어 사헌부 정5품 지평을 지낸 바 있었다. 선조는 처음에는 사간원의 요청을 거부하다가 결국 최영경의 관직을 삭탈하고 신문하라고 했다.

최영경을 신문한 위관은 정철이었는데 유성룡이 정철에게 최영경에 대한 신문은 어떻게 되느냐고 물었다. 그랬더니 술에 취해 있던 정철은 손으로 자기 목을 긋는 시늉을 하면서 말했다.

"그 사람이 내 목을 찍어 넘기려 했소."

이는 과거에 최영경이 늘 박순과 정철은 모두 머리를 베어 달아야 된다고 말했기 때문이다. 정철은 그 말에 원한을 품고 문초했다.

당시 최영경을 신문한 위관들은 정여립의 종들을 잡아다 놓고 최삼
봉이라는 사람이 너희 집에 왕래하는 것을 보았느냐고 추궁하여 결국
은 최영경을 길삼봉으로 몰아가려 했다. 하지만 최영경이 길삼봉이라
는 증언은 얻지 못했다.

그런 상황에서 성혼이 정철에게 편지를 보내 최영경을 살려주라고
간곡하게 부탁했다. 덕분에 최영경이 풀려나게 되었는데, 성혼이 아들
문준을 보내 최영경을 위로하는 말을 전했다. 그런데 최영경은 성혼이
자신을 구해준 것을 모르고 문준에게 이런 말을 했다.

"내가 너의 늙은이(성혼)에게 밉게 보여서 이렇게 되었다."

이 말을 들은 성혼의 문인 구성과 조흡은 분노하여 최영경을 다시
국문할 것을 선조에게 요청했다. 선조도 최영경을 좋아하지 않기 때
문에 사헌부 관원들인 그들의 요청을 받아들여 최영경을 다시 잡아들
여 국문토록 했다. 최영경은 감옥에서 온갖 고문을 당하다 죽었다. 사
람들은 당시 정여립 사건에 연루되어 죽은 사람 중에 최영경이 가장
억울하게 죽었다고 했다.

그리고 지함두도 잡혔는데 그는 잡힌 뒤에 이렇게 소리쳤다고 한다.

"패공이 죽었으나 어찌 천하에 패공이 될 만한 사람이 또 없겠는가?"

패공은 곧 한고조 유방을 가리키는 것으로 비록 정여립은 죽었지만
다시 나라를 일으킬 사람이 또 없겠느냐는 말이었다.

이렇듯 정여립과 대동계의 핵심 인사들이 모두 죽고 관련된 백성 수
백 명이 죽게 됨으로써 정여립 사건은 종결되는 듯했다. 하지만 그것
으로 끝난 것이 아니었다.

정여립이 반역의 우두머리인 것이 기정사실화되자 조정은 엄청난
소용돌이에 휘말렸다. 《패일록》은 당시 상황을 이렇게 적고 있다.

큰 변고가 일어나니, 서인들은 기뻐 날뛰고 동인들은 기운이 죽어갔다. 이것은 임금이 서인을 싫어하여 이산해를 이조판서 자리에 10년 동안이나 두는 사이에 서인들은 모두 한산한 자리에 있게 되어 기색이 쓸쓸하더니, 여립의 역변이 일어난 후에는 갓을 털고 나서서 서로 축하하였으며, 동인들은 스스로 물러나고 서인은 그 자리에 올라서 사사로운 원한을 보복하기에 꺼리는 바가 없었다.

《괘일록》의 기록대로 서인들은 영수 정철을 필두로 조정으로 돌아와 위관이 되어 정여립 사건을 직접 취조했고, 그동안 정여립을 비호한 이발 등의 동인 대신들을 싸잡아 공격하기 시작했다.

그러자 우의정 정언신이 소를 올려 스스로 위관을 사퇴하면서 이런 말을 했다.

"신은 역적과 처음부터 길이 다르고 나이도 같지 않으며, 또 서울과 지방에 멀리 떨어져 살아서 서로 왕래하는 교분이 없음은 나라 사람들이 다 아는 바입니다."

이 소는 정언신의 아들 정율이 지은 것인데, 그 후에 정언신이 정여립에게 보낸 편지들이 발각되면서 정율은 자살했다.

또 이조판서 이양원도 스스로 소를 올려 사직했는데, 그는 황해도사를 지내고 물러나면서 정여립을 천거한 바 있었다.

이렇듯 동인들이 몸을 웅크리고 두려움에 떨고 있을 때 선조는 정철을 우의정에 앉혔다. 정철은 우의정에 오른 지 나흘 만에 동인 세력의 중심인 정언신, 정언지, 홍종록, 정창연, 이발, 이길, 백유양 등을 역당으로 몰았다. 선조는 그들을 친국했는데 이들의 이름이 정여립의 조카 정집의 공초에 올랐기 때문이었다. 정집의 공초에 '정언신 등이 역모에 동참하여 장차 내응하려 하였다'고 했기 때문에 그들이 역당으로 몰린 것이다.

백유양이 정여립에게 보낸 편지에 선조에 대해 비난하는 말이 있었는데, 선조는 그중 가장 심한 것을 골라내 국청에 내려보냈다. 백유양은 정여립에게 보낸 편지에서 선조를 '시기심이 많고 모질고 고집이 세다', '조금도 임금의 도량이 없다'고 평가하고 있었다. 이 때문에 선조는 백유양을 역적으로 규정하고 처단하라고 했다. 하지만 정철이 만류하자 무섭게 화를 내면서 대신이 권력을 제 마음대로 한다고 소리쳤다. 결국 백유양은 국문을 당하다 곤장을 맞아 죽었으며, 그의 아들들인 진민과 흥민도 곤장을 맞아 죽었다. 그들 형제가 붙잡혀 온 것은 정철이 백유함, 이춘영 등과 함께 내시 이몽정으로 하여금 선조에게 이런 말을 하게 했기 때문이다.

"외방 공론에 의하면 길삼봉의 거처를 백진민 형제가 소상히 안다고 합니다."

그때 진민 형제는 아버지 묘에서 시묘살이를 하고 있었는데, 느닷없이 들이닥친 의금부 관원들에 의해 붙잡혀 가서 매를 맞다 죽었던 것이다. 정철과 함께 이들 형제를 죽인 백유함은 백유양의 사촌동생이었는데, 서로 의견을 달리하여 죽이는 데 앞장섰다.

백유함은 또 이발과 이길 형제와도 사촌지간이었다. 그러나 이발과 이길이 정여립과 친분이 두터웠다고 고발하여 국문을 당하게 했다. 이때 위관이었던 정철은 이발이 정여립과 사귀긴 했으나 그저 인간적으로 좋아했을 뿐 정여립의 나쁜 부분은 몰랐으니 용서하자고 했다. 하지만 그 말에 선조는 더 화가 나서 이발을 몹시 강하게 국문토록 했고 결국 이발은 감옥에서 죽고 말았다. 그의 아우 이길 또한 국문 중에 죽으니, 형제의 모친이 일흔이 넘은 나이로 통곡을 멈추지 않았다고 한다.

이후로도 이 사건과 관련하여 지속적으로 고발하는 자들이 늘어나 동인의 연루자가 1,000여 명에 이르게 되었다.

이렇듯 정여립 사건은 동인의 중요 인물들을 죽게 만들어 동인 정권이 밀려나고 서인 정권이 들어서는 계기로 작용했다. 그런 까닭에 이 사건을 서인들에 의해 조작된 것으로 보는 시각도 있다. 황해도에서 정여립의 반역을 고변한 사람들 대다수가 서인 세력이고, 황해도에 율곡의 제자가 많았기 때문에 서인들에 의한 조작설을 전혀 터무니없는 주장이라고 일축할 수는 없는 듯하다. 또한 정여립이 어리석지 않다면 스스로 왕이 된다거나 전주에서 왕이 난다는 말을 고의로 퍼뜨렸다는 기록들도 쉽게 납득할 수 없는 부분이다.

이산해의 모략에 걸린 정철

서인이 정여립 사건으로 조정을 장악하긴 했지만 그들의 권력은 오래 가지 못했다. 선조 24년(1591년) 윤3월 14일에 사헌부와 사간원 양사가 정철을 탄핵했다. 당시 정철은 좌의정을 지내고 돈령부영사가 되어 있었다.

"영돈령 정철이 조정의 기강을 마음대로 하여 그 위세가 세상을 뒤덮었으니 파직시키소서."

그러자 선조는 양사의 의견을 받아들여 정철을 파직시켰다. 또한 이틀 뒤에 이런 전교를 내렸다.

"옛적에 대신을 파직 축출하면 조당^{朝堂}에 방을 붙였는데, 이는 그 죄상을 국인들에게 자세하게 보여줌으로써 뒷사람을 징계하기 위함이었다. 지금 정철의 파직 승전^{承傳}도 고사에 따라 조당에 방을 붙이라."

선조는 정철을 파직시켰을 뿐 아니라 아예 방을 붙여 알리라고 했다. 정철뿐 아니라 도승지 이항복도 파직시켰다. 이항복의 죄목은 선조의 교지만 알리고 조당에 방을 붙이지 않은 것이었다.

도대체 정철이 무슨 죄를 지었기에 선조는 양사의 파직 요청이 있자마자 윤허한 것일까? 실록은 그 이유를 자세하게 밝히지 않았다. 하지만 《송강년보》와 《일월록》 등에는 이 사건의 속사정이 자세하게 기록되어 있다.

사건의 시작은 1590년 5월 29일에 유성룡이 우의정이 된 시점으로 거슬러 올라간다. 당시 이조판서였던 동인 유성룡이 우의정이 되자, 서인의 영수 좌의정 정철을 찾아가 이런 말을 했다.

"우리가 국가의 중한 책임을 맡았으니, 마땅히 큰일을 해야 할 것이오. 지금 후궁들의 왕자는 많고 국본(세자)은 아직 정해지지 않았으니, 세자 세울 계책을 정부에서 세워야 할 것이오."

즉, 건저^{建儲}(세자를 세우는 일)에 관한 논의를 할 것을 제의한 것이다. 유성룡의 제의를 듣고 정철이 말했다.

"하지만 영상이 잘 들을까 모르겠습니다."

당시 영의정은 동인 이산해였다. 이에 유성룡이 말했다.

"우리 두 사람이 하자고 하면 영상이 어찌 듣지 않을 수 있겠소?"

그러자 정철은 쾌히 수락했고, 두 사람은 영의정 이산해를 찾아가 건저 문제를 의논할 날짜를 정했다. 또한 정철은 부제학 이성중, 대사간 이해수와도 건저 문제를 상의했다. 그런데 이산해는 기약한 날에 약속 장소에 나오지 않았다. 두 번째로 다시 기약 일을 잡고 모이자고 했지만 역시 이산해는 나오지 않았다. 이산해는 겉으로는 조정의 의논에 동의하는 척하면서 뒤로는 모략을 꾸미고 있었다.

당시 선조는 인빈 김씨를 몹시 총애하고 있었는데, 이산해는 인빈의 오빠 김공량과 친밀했기 때문에 선조가 인빈 소생 신성군을 좋아한다는 사실을 알고 있었다. 그래서 하루는 이산해가 김공량과 술을 마시기로 약속하고 먼저 자신의 아들 경전을 김공량의 집에 가게 했다. 그리고 곧이어 종에게 급히 경전의 뒤를 쫓아가 이렇게 말하도록 했다.

"대감께서 막 오시려고 하다가 별안간 어떤 소문을 듣고는 문을 닫고 눈물만 흘리고 계시니 어찌 된 연유인지 모르겠습니다."

그 말을 듣고 이경전이 급히 일어나 집을 다녀와서는 김공량에게 이런 말을 했다.

"부친께서 정 정승(정철)이 장차 세자 세우기를 청하고, 세자가 세워지면 신성군 모자를 없애버리고자 한다는 말을 들으신 까닭에 어찌할 줄을 모르고 계십니다."

그러자 김공량이 급히 입궐하여 인빈에게 그 말을 전했더니, 인빈이 선조를 찾아가 울면서 하소연했다.

"정 정승이 우리 모자를 죽이려 한답니다."

선조가 그 말을 듣고 놀라 물었다.

"무슨 까닭으로 너희 모자를 죽인다고 하더냐?"

"먼저 세자를 세우기를 청한 뒤에 죽인다고 한답니다."

선조가 인빈의 말을 사실로 믿고 정철에 대해 분노하고 의심했는데, 이런 내막을 전혀 몰랐던 정철은 경연 자리에서 세자 세우는 문제를 의논하자고 제의했다. 그러자 선조가 무섭게 화를 내며 소리쳤다.

"내가 지금 살아 있는데 네가 세자 세우기를 청하니, 어쩌자는 것이냐?"

선조가 워낙 무섭게 화를 낸 탓에 유성룡은 더 이상 말을 보태지 못하고 있었고, 이산해는 움츠린 자세로 지켜보기만 했다. (《당의통략》에서는 이때 이산해는 병을 핑계하고 나오지 않았다고 한다.) 그때 부제학 이성중과 대사간 이해수가 이렇게 말했다.

"이 일은 정철만이 홀로 하는 말이 아니라 신 등도 모두 같이 의논한 것입니다."

하지만 선조의 분노는 가시지 않았다.

그런 상황에서 사헌부와 사간원 양사에서 정철을 탄핵했다.

"정철의 성품이 편벽하고 의심이 많아서 저와 뜻이 같은 이는 좋아하고 다른 이는 미워할뿐더러, 좋아하는 사람들만 등용시켜 개인의 당을 펼칩니다. 그런 까닭에 그 문하에 모여드는 무리가 밤낮으로 저자를 이루고 조정의 기강을 제 마음대로 희롱하며 함부로 합니다. 따라서 그의 위엄에 온 세상이 눌려 있으므로 감히 말하는 이가 없습니다. 궐내에서 인사행정을 할 때도 사사로이 전랑을 불러 벼슬자리 추천에 대해 지휘하여 정사를 지체시키기도 했습니다. 또 외직에 있는 자신의 동지들을 끌어들이려 하는가 하면, 자신이 좋아하지 않는 사람들에 대해서는 대간을 시켜 작은 죄로도 탄핵시키기도 합니다. 청컨대 파직시키소서."

이때 이미 정철은 스스로 사직을 청했기에 백유함만 파직하라고 했다가 며칠 뒤에 다시 정철을 파직하고, 조당에 방을 붙이게 한 것이다.

쫓겨나는 서인,
돌아오는 동인

그렇게 정철이 밀려나자 동인은 양사를 시켜 서인들을 본격적으로 공격했다.

"정철, 백유함, 유공진, 이춘영의 죄는 극히 간사스럽고 흉악합니다. 즉시 이들의 죄를 바로잡지 못했으니 체직하여주소서."

이에 선조가 비답을 내렸다.

"정철의 다른 죄는 고사하고라도 그가 뒤로 호남 지방의 유생들을 움직여 저와 반대되는 뜻을 가진 자는 일대에 이름난 사대부라고 할지라도 모두 역적으로 몰아 기필코 죽이려고 했다. 그 간사한 꾀가 이뤄지지 못하고 저희들의 속마음이 모두 드러나서 사세가 궁하게 되자, 또 대간을 시켜 임금을 협박하여 마침내 저희 뜻대로 하였다. 이 한 가지 일만 가지고도 옛날의 간신들 중에 그 유례를 찾아보기가 드물 것이다. 따라서 그 마음씨가 참혹하고 독하기가 칼날보다 더하니 생각하면 기가 막힌다."

선조가 그렇듯 정철을 미워하는 마음을 드러내자 양사가 정철, 백유함, 유공진, 이춘영 등을 유배 조치하라고 요청했다. 선조는 즉시 양사의 요청을 수락했다. 결국 정철은 진주, 백유함은 함경도 경성, 이춘영은 부령, 유공진은 희천으로 유배지가 배정되었다. 그런데 선조가 나서서 정철은 강계(평안북도), 백유함은 경흥, 유공진은 경원, 이춘영은 삼수로 옮기라고 했다. 아예 변방으로 내쫓은 것이다.

서인에 대한 탄핵은 거기서 그치지 않았다. 이틀 뒤인 6월 25일에 양사가 정철의 도당인 윤근수, 홍성민, 이해수, 장운익 등의 관작을 삭탈하라고 요청했다. 선조는 이 요청을 즉시 윤허하고, 윤근수는 온성으로 유배 보냈다.

이후에도 서인들에 대한 축출 작업은 계속되었다. 7월 2일엔 양사가 정철에 붙은 황정욱, 황혁, 유근, 윤두수, 이산보, 이흡, 임현, 김권, 황신, 구만 등의 파직을 요청했고 선조는 허락했다.

이후 7월 17일에 선조는 이런 전교를 내렸다.

"간신 정철의 모함에 얽혀 배척받은 사람이 있으면 모두 발탁하여 서용하라."

7월 20일에 정철을 강계로 압송하던 도사 이태수가 평안도 순안에 이르러 정철의 병이 위중하여 제때에 압송할 수 없다고 장계를 올렸다. 이에 선조는 화를 내며 전교했다.

"이태수는 조정을 두려워하지 않고 간적 압송을 엄하게 수행하지 않음으로써 제멋대로 행동하게 하였다. 머뭇거리면서 지체하여 7일 노정에 거의 20일이 걸렸으니 잡아다가 추국하고 다른 도사를 보내어 압송하게 하라. 정철은 성품이 교활하고 간독하여 배소配所에 도착하면 잡된 사람들과 서로 통하여 어떤 죄상을 저지를지 모르니 엄하게 위리(담을 쳐서 나오지 못하게 하는 것)하게 하라."

정철과 서인들에 대한 선조의 증오가 극에 이른 것을 안 동인들은 서인 잔당들을 제거하기 위해 더욱 몰아쳤다.

"홍성민, 이해수, 윤두수, 황혁 등은 정철에게 붙어 당이 되어 간악한 짓을 하였으니 그 죄가 백유함의 무리보다 더합니다. 멀리 찬축하도록 명하소서. 상호군 박점은 정철에게 붙어 당이 되어 이조참의가 된 뒤 음험하고 간사한 무리들을 끌어들여 요직마다 채우고 흉악한 기염을 도와 선동하였으니 삭탈관직을 명하소서. 충청 감사 이성중은 사류 중의 한 사람으로서 정철의 문하에 왕래하면서 그 모의에 참여하였으니 파직시키소서. 사인 우성전은 괴이한 의논을 내어 공론이 행해질 수 없게 하기를 좋아하였고 정철의 무리가 되어 편들었으니 파직시키소서. 황혁은 조정에 죄를 얻었습니다. 국혼을 개돼지 같은 집과 행할 수는 없으니 개정하소서."

이에 선조가 이런 비답을 내렸다.

"홍성민과 이해수는 아뢴 대로 하라. 윤두수, 황혁은 이미 파직했으니 멀리 찬출할 필요는 없다. 박점과 이성중은 아뢴 대로 하라. 우성전은 평소부터 남의 입에 많이 오르내린 사람이고, 역적의 공초와 서찰에 나온 적이 한두 번이 아니다. 이 사람은 10여 년 가까이 외방에서 배회하다가 요즈음 한두 번 입시하였는데, 사람 됨됨이가 매우 음험할 뿐 아니라 정철에게 붙어 한 무리가 되었다고 한다. 파직으로 그칠 수 없으니 삭탈관직하라. 혼사는 필부라도 신의를 저버려서는 안 될 일인데 하물며 천승千乘의 임금에랴. 개정할 수 없다. 윤두수는 윤허한다. 황혁은 삭탈관직하여 문외출송(한성 4대문 밖으로 쫓아내는 것) 하라. 국혼의 일은 윤허하지 않는다. 홍성민은 부령에 유배하고 이해수는 종성에 유배하라."

남인과 북인으로 갈라선 동인

선조의 마음이 그렇듯 완전히 서인에게서 떠나자, 동인들은 정여립 사건에 대한 복수전을 감행하기 시작했다. 그 서막을 연 사람은 김성일이었다. 8월 8일에 부제학 김성일이 정여립 사건 때 억울하게 죽은 최영경의 원한을 풀어달라고 탄원했다.

"최영경이 언젠가 '정철은 본래의 성품이 소인이다'라고 한 적이 있었는데, 정철이 이 때문에 마음에 감정을 품었다가 결국은 그를 옥중에서 병사하게 하였습니다."

김성일의 그런 탄원은 양사로 옮겨 붙었다. 사간원과 사헌부 양사에서 공동으로 최영경을 쫓아내게 한 당시의 언관들을 파직시킬 것을 요청했다.

사축 최영경은 본시 산림처사로서 효도와 우애 등의 행실은 진실로 흠이 없으나, 안정함을 지키는 데 어두운 탓으로 함부로 세상일을 말했고 벗을 택하는 데 실수하여 범한 것이 전혀 없다고 할 수는 없습니다. 그러나 그를 가리켜 길삼봉이라 한 말은 전혀 근거가 없습니다. 그가 평소에 정철의 간사한 정상을 드러냄에 있어 조금도 가차 없이 하였기 때문에 정철의 무리가 역적의 변을 틈타 모함할 계책을 짜내었습니다. 그리하여 근거 없는 말을 지어내어 서로 주거니 받거니 하는 한편 일부러 중외(中外)에 널리 전파시킴으로써 화를 일으킬 수 있는 소지를 만든 다음, 먼저 대간으로 하여금 영경이 역적과 친하다는 이유를 들어 저들의 당을 시켜 삼봉이라고 진고하게 함으로써 드디어 옥사를 조작한 것입니다. 막상 추국하였으나 조금도 단서를 찾지 못하여 그들의 모함이 허사로 돌아가게 되자, 간당들이 한편으로는 저희들의 모의가 부실한 것을 두려워하고, 한편으로는 원수 갚지 못하게 된 것을 분하게 여겨 말을 바꾸어 다시 죄목을 만들었습니다. 그리하여 멀리 찬출할 것을 청하기도 하고 다시 국문할 것을 청하기도 하다가 끝내는 옥중에서 병사하게 하고야 말았으니, 혈기를 가진 사람은 누구든지 통한해하지 않는 이가 없습니다. 간당들은 또한 자기들의 흉모가 탄로될까 두려워 다시 자살설을 퍼뜨림으로써 그 흔적을 엄폐했던 것입니다. 이 사건 전후의 언관들은 간적들의 지시를 받아서 시종 모함한 그 계책이 교활하고도 참혹합니다. 당시의 언관들을 삭탈관직하고 파직시키소서. 다시 국문할 것과 멀리 찬출할 것을 청하고 자진했다고 할 때 참여한 언관들도 모두 삭탈관직하시고, 당초 무고(誣告)한 사람들도 아울러 잡아다가 국문한 뒤 율에 의해 죄를 정하소서.

마침내 동인들이 정여립 사건에 대한 복수를 위해 최영경의 죽음을 들춰냈지만, 선조는 일이 너무 확대되어 복수극이 자행될까 염려하며 이런 비답을 내렸다.

영경 한 사람 때문에 이와 같이 추죄하는 것은 옳지 않다. 영경은 이미 역적 이발의 무리와 사귀었으니, 당초 관작을 삭탈할 것을 계청한 것은 별 잘못이 없다. 뒷날 석방한 뒤에 다시 논집한 것은 지나친 듯하지만, 그가 역적에게 가서 만나보았다는 말이 홍정서로부터 나왔고 언관이 이러한 통분할 말을 들었으니, 사세가 부득이 발론하지 않을 수 없고 또한 조사하여 신문하지 않을 수 없었던 것이다. 그러나 그 책임은 장관에게 있고 이미 모두 죄를 받았으니 지금은 별로 할 일이 없다. 동참했던 대간을 어찌 모두 파직해야 할 이유가 있겠는가? 진정으로 고한 사람을 추국함은 옳지 않다는 것을 대신도 이미 말했으니 그 말이 마땅하다. 군이 추국할 필요 없다. 모두 윤허하지 않는다. 대개 영경은 죽음을 스스로 자초한 것이니 깊이 애석하게 여길 것이 못 된다. 이 사람 때문에 이렇듯 의논이 분분한 것도 옳지 못하다. (선조는 1594년 5월 4일에 최영경을 신원하고 5월 23일에 대사헌 벼슬을 추증한다.)

하지만 선조는 최영경을 무고한 자들까지 두고 보지는 않았다. 최영경이 길삼봉이라고 무고한 양천경, 양천회, 강견, 김극관, 김극인, 조응기 등을 붙잡아 와 국문했다. 국문 결과 그들이 정철의 지시에 따라 최영경을 길삼봉이라고 고발했음이 밝혀졌고, 결국 그들은 무고죄로 장을 맞고 유배되었다. 그러나 그들에게 지시를 내린 정철이 주범이고 그들은 지시를 받은 종범으로 처리됐다. 이들은 유배되기 전에 엄청난 매를 맞았기 때문에 유배 도중 양천경, 양천회, 강견은 장독으로 죽었다.

9월 16일에 양사는 역시 최영경의 죽음과 관련된 자들을 벌줄 것을 요청했다.

"의주 목사 김여물, 금산 군수 임예신, 이산 현감 김공휘는 모두 정철을 종처럼 섬긴 사람들로서, 최영경이 곧 길삼봉이라는 말을 만들어 내어 서로 주고받은 사실이 양천회 등의 초사招辭에서 밝게 드러났습니다. 아울러 파직하고 서용하지 마소서. 석성 현감 양자징은 그의 아들 천회가 잡혀 온 뒤에 옥바라지를 핑계하고 관고의 물품을 공공연하게 실어 날랐습니다. 파직시키소서."

선조가 양사의 요청을 허락하자 이번에는 칼끝이 다시 정철에게로 향했다. 최영경을 죽이고 자살설을 퍼뜨린 정철을 죽여야 한다는 것이었다. 하지만 당시 동인들은 이미 세력이 남인과 북인으로 갈라져 있었기 때문에 의견이 일치되지 않았다. 정철을 죽이려는 강경파는 이산해를 주축으로 형성된 북인이었으며, 죽일 것까지는 없다는 온건파는 유성룡을 주축으로 형성된 남인이었다.

이들이 남인과 북인으로 갈라지게 된 것은 우성전과 이발의 갈등에서 비롯되었다. 정인홍이 사헌부에 들어가 우성전을 탄핵하려 했는데, 이것은 이발이 정인홍을 사주한 것이었다. 그러자 유성룡과 김성일, 이경중, 이덕형 등은 우성전을 두둔하며 탄핵에 찬성하지 않았다. 그 때문에 이들 사이에 틈이 벌어져 같은 동인임에도 서로 사이가 좋지 않았다.

그 뒤 정여립 사건이 발생했는데, 이 사건과 연루되어 이발이 죽임을 당했다. 그런데 이때에 유성룡이 이발을 구원하기 위해 나서지 않았기 때문에 정인홍이 유성룡을 몹시 비난했다. 이렇게 되면서 동인은 거의 분당이 되어 남인과 북인으로 분열하게 된 것이다.

이후 우성전과 유성룡, 김성일, 이덕형 등을 남인이라고 하고, 정인홍, 이산해, 홍여순 등을 북인이라고 했는데, 이는 우성전의 집이 남산 아래에 있었고, 이발의 집이 북악 아래에 있었기 때문이다.

하지만 이때만 하더라도 이들을 묶어 동인이라고 불렀는데, 건저의建儲議 사건으로 정철이 유배되고 서인이 밀려나는 과정에서 정철에 대한 처리 문제로 다툼이 일어나면서, 완전히 남인과 북인으로 굳어지게 된 것이다. 정철을 내쫓는 과정에서 북인들은 우성전도 함께 묶어 탄핵하여 유배 보내버렸다. 이후 남인과 북인의 대립이 더욱 심화되었다.

남인과 북인은 같은 영남 사류였지만 학맥이 달랐다. 남인은 퇴계 이황의 제자들이었고, 북인은 남명 조식의 제자들이었다. 건저의 사건으로 서인들이 대거 쫓겨난 뒤에는 남인과 북인이 조정을 장악했다. 이후 동인이라는 명칭은 완전히 사라졌다.

3

임진왜란과 붕당 투쟁

세자로 결정되는
광해군

선조 25년(1592년, 명나라 만력 20년) 4월 13일, 일본이 대군 20만을 거
느리고 조선을 침략했다. 일본의 침략 당일에 부산포와 동래가 무너졌
고, 일본군은 파죽지세로 치고 올라와 경상도 일대를 순식간에 장악했
다. 일본의 침략 소식을 듣고 조정은 비상회의를 소집하여 대응 방안
을 마련했다. 그 결과를《선조수정실록》은 다음과 같이 전한다.

> 이일을 순변사로 삼아 중로^{中路}에 내려보내고, 성응길을 좌방어사로
> 삼아 좌도^{左道}에 내려보내고, 조경을 우방어사로 삼아 서로^{西路}에 내려보
> 내고, 유극량을 조방장으로 삼아 죽령을 지키게 하고, 변기를 조방장으
> 로 삼아 조령을 지키게 하고, 전 강계 부사 변응성을 기복(상중에 있는 신
> 하에게 상복을 벗고 벼슬을 받게 하는 것)시켜 경주 부윤으로 삼았다. 그러나
> 모두 현재 소유한 병력이 없어 단지 스스로 군관을 뽑아 대동하도록 하
> 였다. 이로부터 함락되고 패배하였다는 보고가 잇따라 이르니 도성의

인심이 크게 흔들렸다. 당시 사방에서 군사를 징발하였으나 아직 이르지 않으므로, 이일이 기병과 군관 60여 인을 대동하고 길을 떠나 4,000여 명의 군사를 수습하고 길을 재촉하여 달려갔다.

하지만 이일은 상주에 내려가 일본군과 싸웠으나 대패하여 부하들을 모두 잃고 홀로 도주했다. 그러자 선조는 신립을 삼도순변사로 제수하고 직접 보검을 내리며 명령을 내렸다.

"이일 이하 그 누구든지 명을 듣지 않는 자는 경이 모두 처단하라. 중외中外의 정병을 모두 동원하고 자문감의 군기軍器를 있는 대로 사용하라."

그러나 신립도 패전하고 말았다. 그 상황을 실록은 다음과 같이 기록하고 있다.

신립이 충주에 이르렀을 때 제장들은 모두 조령의 험준함을 이용하여 적의 진격을 막자고 하였으나 신립은 따르지 않고 들판에서 싸우려고 하였다. 27일 단월역 앞에 진을 쳤는데 군졸 가운데 '적이 벌써 충주로 들어왔다'고 하는 자가 있자, 신립은 군사들이 놀랄까 염려하여 즉시 그 군졸을 목 베어서 엄한 군령을 보였다. 적이 복병을 설치하여 아군의 후방을 포위하였으므로 아군이 드디어 대패하였다. 신립은 포위를 뚫고 달천 월탄가에 이르러 부하를 불러서는 '전하를 뵈올 면목이 없다'고 하고 빠져 죽었다. 그의 종사관 김여물과 박안민도 함께 빠져 죽었다.

한편, 그 무렵에 병조참의 심충겸이 각 도의 군사를 징발하여 성 밖에 주둔시켜 도성을 고수하는 뜻을 보이자고 선조에게 요청했다.

하지만 박충간이 지방의 군사들을 모두 징발하면 지방의 방비가 없어 자기 고장을 지킬 수가 없다고 반대하여 무산되었다.

이후 충주에서 신립이 패전했다는 소식이 들려오자, 선조는 영의정 이산해의 견해에 따라 파천(임금이 난리를 피하여 도성을 떠나는 것)하여 서쪽으로 몽진을 가자고 제의했다. 그러자 영중추부사 김귀영이 종묘와 능과 원이 모두 이곳에 있는데 어떻게 떠나느냐며 도성을 고수하여 지방의 원군을 기다려야 한다고 극력 주장했다. 또 우승지 신잡은 이렇게 말했다.

"전하께서 만일 신의 말을 따르지 않으시고 끝내 파천하신다면, 신의 집엔 팔십 노모가 계시니 신은 종묘의 대문 밖에서 스스로 자결할지언정 감히 전하의 뒤를 따르지 못하겠습니다."

또 수찬 박동현도 파천을 반대하며 아뢰었다.

"전하께서 일단 도성을 나가시면 인심은 보장할 수 없습니다. 전하의 연(가마)을 멘 인부도 길모퉁이에 연을 버려둔 채 달아날 것입니다."

그 말을 듣고 선조는 얼굴빛이 변하며 내전으로 가버렸다.

당시 상황을 실록은 이렇게 기록하고 있다.

이때 대신 이하 모두가 입시할 적마다 파천의 부당함을 아뢰었으나, 오직 영의정 이산해만은 그저 울기만 하다가 나와서 승지 신잡에게 옛날에도 피란한 사례가 있다고 말했으므로 모두가 웅성거리면서 그 죄를 산해에게 돌렸다. 양사가 합계하여 파면을 청했으나 상이 윤허하지 않았다. 이때 도성의 백성들은 모두 뿔뿔이 흩어졌으므로 도성을 고수하고 싶어도 그럴 형편이 못 되었다.

상황이 이렇게 되자 선조는 파천하여 북쪽으로 피란하기로 결정하고, 징병 체찰사로 삼은 이원익을 불러 이런 전교를 내렸다.

"경이 해서 지방을 잘 다스렸으므로 지금까지 경을 흠모한다고 한다. 지금 인심이 흉흉하여 땅이 솟고 기와가 무너질 지경에 이르렀으므로 윗사람을 위해 죽는 의리가 없어졌으니, 경은 황해도로 가 부로父老들을 모아 선왕의 깊은 사랑과 두터웠던 은혜를 일깨워줌으로써 그들의 마음을 단결시키는 한편, 군사들을 소집하여 혹시라도 이반자가 생기지 않도록 단속하여 거가(임금의 수레)를 영접하라."

이원익이 선조의 명을 받들어 그날로 길을 떠났다. 그때 우부승지 신잡이 요청했다.

"사람들이 의심하여 불안해하고 있으니 세자를 책봉하지 않고는 이를 진정시킬 수 없습니다. 일찍 대계를 정하시어 사직의 먼 장래를 도모하소서."

함께 그 자리에 있던 신하들도 공히 세자를 세워 인심을 안정시키라고 했다. 그러자 선조가 빈청에 모여 있던 영의정 이산해와 좌의정 유성룡을 불러들여 세자 세울 문제를 의논했다.

"나라의 위태로움이 이와 같아 세자를 세우려 하니, 경들은 누구를 세울 만하다고 생각하는가?"

선조의 그 물음에 두 대신이 공히 대답했다.

"이것은 사신들이 감히 아뢸 바가 아니고 마땅히 성상께서 스스로 결정하실 일입니다."

하지만 선조는 쉽게 세자를 결정하지 못하고, 계속해서 두 대신에게 세자로 누가 마땅하냐고 물었다. 여러 차례 같은 말을 반복했지만 대신들은 똑같은 대답만 했다. 그래서 영의정 이산해는 자리를 피하려고 물러섰는데, 우부승지 신잡이 이산해를 붙잡으며 말했다.

"오늘은 기필코 결정이 내려져야 물러갈 수 있습니다."

그쯤 되자 선조는 마침내 결심이 선 듯 웃으면서 말했다.

"광해군이 총명하고 학문을 좋아하여 그를 세워 세자로 삼고 싶은데 경들의 뜻에는 어떠한가?"

그 말에 이산해와 유성룡이 대답했다.

"종묘사직과 생민들의 복입니다."

결국, 다음 날인 4월 29일에 광해군이 세자로 세워졌다. 이때 광해군을 세자로 책봉한 것은 전란 중에 혹 분조(조정을 나눔)할 일이 있을 것을 염려하여 시행한 조치였다.

쫓겨나는 이산해와
북인들

파천이 결정되었다는 소문은 순식간에 도성으로 번졌고, 그 때문에 신하와 종친들이 파천을 반대하며 대궐 앞에 집결하여 울면서 합문을 두드렸다. 선조는 그들을 안심시키기 위해 이런 전교를 내렸다.

"가지 않고 마땅히 경들과 더불어 목숨을 바칠 것이다."

하지만 그것은 거짓말이었다. 선조는 그날 밤 서인 윤두수를 불러들여 어가를 호종하게 하고, 김귀영과 윤탁연에게는 임해군 이진을 맡기고, 한준과 이개에게는 순화군 이보를 맡겨 함경도로 떠나게 했다. 그리고 다음 날인 4월 30일 새벽에 도망치듯 인정전을 빠져나왔다. 하지만 인정전 앞에는 모든 관료와 수많은 백성들이 진을 치고 있었다. 당시 상황을 실록은 신랄하게 기록하고 있다.

새벽에 상이 인정전에 나오니 백관들과 인마人馬 등이 대궐 뜰을 가득 메웠다. 이날 온종일 비가 쏟아졌다. 상과 동궁은 말을 타고 중전 등은 뚜껑 있는 교자를 탔었는데 홍제원에 이르러 비가 심해지자 숙의(종2품 후궁) 이하는 교자를 버리고 말을 탔다. 궁인들은 모두 통곡하면서 걸어서 따라갔으며 종친과 호종하는 문무관은 그 수가 100명도 되지 않았다. 점심을 벽제관에서 먹는데 왕과 왕비의 반찬은 겨우 준비되었으나 동궁은 반찬도 없었다. 병조판서 김응남이 흙탕물 속을 분주히 뛰어다녔으나 여전히 어찌해볼 도리가 없었고, 경기 관찰사 권징은 무릎을 끼고 앉아 눈을 휘둥그레 뜬 채 어찌할 바를 몰랐다.

어가는 그날 저녁에 임진강 나루에 도착했는데, 그 상황은 이렇게 기록되어 있다.

저녁에 임진강 나루에 닿아 배에 올랐다. 상이 시신侍臣들을 보고 엎드려 통곡하니 좌우가 눈물을 흘리면서 감히 쳐다보지 못하였다. 밤은 칠흑같이 어두운데 한 개의 등촉도 없었다. 밤이 깊은 후에 겨우 동파東坡까지 닿았다. 상이 배를 가라앉히고 나루를 끊고 가까운 곳의 인가도 철거시키도록 명했다. 이는 적병이 그것을 뗏목으로 이용할 것을 염려한 때문이었다. 백관들은 굶주리고 지쳐 촌가에 흩어져 잤는데 강을 건너지 못한 사람이 반이 넘었다.

다음 날 선조는 동파관을 떠나 판문에 도착하여 점심을 먹었다. 그리고 풍덕에 이르니 군수 이수형이 길에 나와 선조를 배알하고 준비해 둔 음식을 올렸다. 덕분에 백관들도 밥을 얻어먹었다. 이수형은 군량과 말먹이까지 모두 준비해 왔으며 쌀 다섯 섬을 바쳤다. 선조는 쌀을 호위병들에게 나눠줬다. 그리고 저녁에 개성에 도착했다.

개성에서 한숨 돌리게 되자, 다시 조정은 파벌을 나눠 싸웠다. 우선 사헌부와 사간원 관원들이 모두 파천을 주장한 영의정 이산해를 삭탈 관직해야 한다고 주장했다. 우부승지 신잡과 병조정랑 구성은 선조를 만나 이산해를 아예 목 베어야 한다고 주장했다. 대사헌 김찬, 집의 권협, 사간 이곽, 장령 정희번과 이유중, 지평 이경기, 헌납 이정신 등도 모두 이산해를 죽여야 한다고 했다.

그러자 선조는 이렇게 말했다.

"파천을 결정한 날 간하여 말리지 못한 죄는 영상이나 유성룡이 같은데, 어찌하여 지금 유독 영상만 논하고 성룡은 언급하지 않는가? 만약 영상을 죄준다면 성룡까지 아울러 파직해야 할 것이다."

선조가 이산해를 두둔한 것은 파천에 대한 의지는 자신으로부터 나왔고 이산해가 선조의 마음을 읽고 추진했던 까닭이었다.

그러자 대사간 이헌국이 유성룡에게 죄를 주는 것은 반대했다.

"모든 죄를 산해에게 돌리자는 게 중론입니다. 성룡의 경우는 자못 애석하게 여깁니다."

그때 정언 황붕이 이산해를 비판하지 않고 머뭇거렸다. 황붕은 이산해의 처조카사위였다. 그 모습을 보고 병조정랑 구성이 벌떡 일어나 황붕의 옷을 잡고 비난했다.

"너는 산해에게 빌붙어서 청현직에 올랐지만, 그래도 임금이 지척에 계신데 감히 사사로운 보은을 하기 위해 임금을 속일 수 있는가?"

그러자 황붕이 대꾸했다.

"말하지 않으려고 한 것이 아니라 다른 사람의 말이 끝나기를 기다려서 아뢰려고 한 것뿐이다."

이후 황붕과 구성은 선조 앞에서 멱살잡이까지 했다. (이 일로 구성은 언관을 비난했다 하여 이틀 뒤에 파직되었다.) 이헌국이 그들을 간신히 뜯어 말린 후, 신잡이 선조에게 다시 요청했다.

"백성들의 뜻도 이산해를 죽이라고 하고 있습니다."

하지만 선조는 거부했다.

"죄를 줄 수는 없다. 천지 귀신이 위에 있거늘 누구는 죄주고 누구는 보호하다니 이럴 수가 있는가?"

사실, 선조는 이산해를 죽일 수 없었다. 이산해를 죽일 명분은 파천을 한 것인데, 실제 파천을 가장 강하게 원한 것은 선조 자신이었기 때문이다. 따라서 이산해를 파천의 죄를 물어 죽인다면 자신의 목을 치는 것과 진배없었던 것이다. 또 개인적으로 선조는 이산해는 좋아하고 유성룡은 몹시 싫어했다.

신하들도 그런 사실을 모르지 않았다. 하지만 이충원은 선조에게 이런 말을 했다.

"산해는 오랫동안 인심을 잃었고 유성룡은 사람마다 촉망하는데 함께 파직하신다면 인심이 반드시 놀랄 것입니다."

선조는 그 말에 발끈했다.

"군사의 일을 완만히 하여 실패시킨 죄는 성룡이 더 무겁다."

이렇게 말하면서 선조는 계속 이산해와 유성룡을 모두 죄주어야 한다고 주장했다. 이는 곧 두 사람 모두에게 죄를 주지 않겠다고 한 것이나 마찬가지였다. 그만큼 선조는 이산해를 존중했다. 선조는 이산해에 대해서는 한 번도 이름을 부른 적이 없었다. 반드시 영의정이라는 호칭을 사용했다.

선조가 이산해를 지키기 위해 유성룡을 함께 묶어 처벌해야 한다고 주장하니, 모여 있던 신하들이 이런 말을 했다.

"공평하게 죄를 주는 것은 지당한 말씀이지만, 하루 동안에 대신을 모두 사직시키는 것은 옳지 못합니다."

하지만 선조는 여전히 물러서지 않았다.

"삼사의 장관과 정2품 이상을 모두 불러들이라."

신하들이 모두 모이자 선조는 이산해와 유성룡에게 모두 죄주는 문제를 물었다. 이에 이헌국이 이산해에게 파천의 책임이 있는 이유를 설명했다.

"신이 듣기로는 당초 성상께서 파천할 뜻이 계셨고 삼사의 장관이 합문 밖에 청대했고 종실도 왔었습니다. 이때 신잡이 입대했다가 나오면서 '성상께서 파천하라는 전교가 계셨다'고 했는데, 영상(이산해)은 아무 말도 없었고 좌상(유성룡)이 '파천 계획은 사람들이 모두 분하게 여기는데 이 무슨 말씀인가?' 하니, 영상이 밖으로 나오면서 '옛날에도 잠깐 피한 적이 있었는데 어찌해서 꼭 만류해야 하는가?' 했습니다. 이 때 간관이 이 말을 듣고 즉시 논계해서 만류하려고 하였는데 변보邊報가 잇따라 들어오는 바람에 미처 간쟁하지 못했던 것입니다."

그러자 선조는 대사헌은 왜 파천하자는 이산해의 주장을 비판하지 않았는지 따졌다. 그러자 대사헌 김찬이 변명했다.

"파천 계획은 처음엔 미처 듣지 못했다가 이튿날 대가(임금의 수레)가 출발하려 한다는 말을 듣고 간쟁하려고 성상 앞으로 나아갔습니다. 하지만 마침 상께서 좌상에게 물으셨고 좌상은 집의 권협의 말이 과격하다고 하였습니다. 신은 그때 좌상의 말이 잘못이라고 여기면서 속으로 탄식했을 뿐입니다."

이런 대화를 살펴보면 파천을 해야 한다고 가장 먼저 주장한 사람은 이산해가 아니라 선조였다. 이산해는 단지 선조의 파천 교지를 거부하지 못했던 것뿐이다. 선조 자신도 그 사실을 잘 알고 있었기 때문에 계속 이산해를 두둔하는 것이었다.

그래서 선조는 계속 이런 주장만 했다.

"어쨌든 변란에 대응하지 못하고 적의 칼날을 받게 한 죄는 대신이 함께 져야 된다."

선조는 유성룡을 비난하며 이런 말을 덧붙였다.

"미리 막지 못하고 적으로 하여금 마치 무인지경에 들어오듯 하게 하였으니 대신들이 어떻게 죄를 면할 수 있겠는가? 나는 이 적들을 한없이 우려했는데 도리어 내가 한 말을 비웃었으니 이 점에 대해서는 성룡 혼자 그 죄를 받아야 된다. 민폐가 된다고 하여 예비하지 않아 방비가 허술하게 만든 것은 모두가 성룡의 죄이다."

그리고 결국, 이산해와 유성룡을 동시에 파직시켰다. 남인과 북인의 영수가 모두 밀려나게 된 것이다. 선조는 유성룡을 유배시키려 했으나 유배되지 않고 파직에 그쳤다. 이항복과 홍이상이 극력으로 구원한 덕이었다. 이후로 매일같이 양사가 이산해를 유배시킬 것을 청하자, 선조는 여러 차례 거부하다가 결국 유배시키는 데 동의했다.

다시 돌아온
정철

임진왜란이 발발한 뒤, 선조는 유배시켰던 윤두수와 윤근수 형제를 불러들였다. 그런데 선조가 개성에 도착했던 5월 1일 개성 남문루에 나가 백성들을 위로하며 안심시키는 말을 전했는데, 이때 개성의 백성 대표들이 나와 요청했다.

"이산해가 나라를 망해 먹었으니 당장 내쫓고 정철을 불러들이소서."

개성 백성들이 정철을 불러들여 정승을 삼아야 한다는 주장을 한 데엔 또 다른 이유가 있었다. 정철이 서인의 영수이고, 서인들은 왜적이 쳐들어올 것이니 방비를 해야 한다고 주장했기 때문이다. 그 사연은 조선이 일본의 요청에 따라 통신사를 보내던 때로 거슬러 올라간다.

1590년(선조 23년) 3월 6일, 일본의 요청에 따라 황윤길을 통신사로 하여 부사 김성일, 서장관 허성 등이 일본으로 떠났다. 그리고 그들이 일본에서 돌아오자 선조는 황윤길을 불러 일본의 실정에 대해 물었다. 이에 황윤길은 왜적이 반드시 침범할 것이라고 대답했다. 그런데 통신 부사로 갔던 김성일은 황윤길이 일본 정세에 대해 과장해서 말하는 바람에 민심만 동요시켰다고 비난했다. 김성일은 도요토미 히데요시가 인물 됨이 형편없어서 조선을 쳐들어올 자가 못 된다고 했다. 당시 황윤길은 서인이었고 김성일은 동인이었다. 조정을 대개 동인이 장악하고 있었기 때문에 황윤길의 말은 힘을 얻지 못했다. 그런데 서장관으로 따라갔던 허성은 동인이었지만 왜군이 반드시 쳐들어올 것이라고 말했다. 그때 유성룡이 이런 말을 했다.

"설령 수길秀吉(히데요시)이 쳐들어온다고 하더라도 그 모양과 행동을 들어볼 때 아무 두려울 것이 없을 것 같습니다."

그 말을 듣고 선조는 그때까지 왜군의 침입에 대비하여 성을 수리하고 병력을 정비하던 일을 멈추라고 했다.

유성룡은 그 일이 걱정이 되었는지 김성일에게 이런 질문을 했다.

"자네 말이 황윤길의 말과 다른데, 만약 왜놈들이 정말 오게 된다면 어떻게 하겠는가?"

그러자 김성일은 이렇게 대답했다.

"저인들 왜놈들이 오지 않으리라고 장담할 수 있겠습니까? 다만 황윤길의 말이 너무 심해서 마치 왜군이 사신의 뒤를 따라오는 것 같이 말하여 민심이 흉흉해지므로 왜군이 오지 않을 것이라고 한 것입니다."

그런데 이때 서인들은 황윤길의 말에 따라 왜군이 쳐들어올 것이니 방비를 해야 한다고 극력으로 상소했다. 특히 조헌은 왜적이 기필코 공격해 올 것이라고 주장했다. 하지만 당시 서인들은 세력을 잃었기 때문에 그저 인심을 요란시키는 것이라고 하면서 조정에서 묵살해버렸다.

개성의 백성들이 이산해를 내쫓고 정철을 불러들이라고 한 것은, 당시 왜군들이 쳐들어올 것이니 방비를 해야 한다는 서인들의 주장이 맞았기 때문이다.

하지만 선조는 정철을 사갈蛇蝎과 같은 간적이라고 말한 적도 있으니 불러들일 생각이 없었다. 선조는 정철과 같은 서인 세력인 윤두수와 윤근수는 그렇게 미워하지 않았지만, 정철은 죽도록 미워했다. 그럼에도 선조는 백성들의 요구를 묵살할 수 없었다. 백성들이 거둬준 쌀로 겨우 끼니를 이어가고 있던 마당이라 어쩔 수 없이 그들의 요청을 수용했다.

"즉시 정철을 석방하라."

이어 정철에게 중추부영사 벼슬을 내리고 이렇게 전하도록 했다.

"경이 충효 대절을 알고 있으니 속히 행재소(임금이 임시로 머무는 곳)로 오라."

그런 다음 최흥원을 영의정으로, 윤두수를 좌의정으로, 유홍을 우의정으로 삼았다. 이로써 동인 계열은 정승이 아예 없게 되었다. 그리고 왜란이 일어나던 당시에 병조판서를 북인 홍여순에서 서인 김응남으로 교체하고, 서인 심의겸의 동생 심충겸을 병조참판으로 삼은 터였다. 김응남은 남인인지 서인인지 당색이 분명하지 않은 인물이었으나 심충겸은 명확한 서인이었다.

정철이 행재소에 당도한 것은 거의 열흘쯤 지난 뒤였는데 행재소에 도착하자마자 뜰에 엎드려 통곡했다. 당시 선조는 평양성에 머물고 있었다. 선조가 그를 보자 이렇게 물었다.

"내가 강계로 가려 하는데, 그곳 사정이 어떤가?"

강계는 정철이 머물던 평안도 북계의 유배지였다. 정철은 강계가 지세가 좁고 척박하여 행재소로 적당하지 않다고 말했다.

그러자 정철을 힐뜯는 사람들은 이런 말을 퍼뜨렸다.

"정철이 강계가 매우 나쁘다고 말한 것은 주상을 원망하는 뜻에서다."

실록은 정철에 대해 이런 말이 나돈 것은 정철을 미워하는 자들이 그만큼 많았기 때문이라고 기록하고 있다.

요동으로 달아나려는 선조와
반대하는 대신들

선조가 평양에 머무르고 있는 동안 그나마 좋은 소식이라곤 이순신의 수군이 왜군을 격퇴하고 있다는 내용뿐이었다. 삼도의 군사가 용인에서 왜군과 싸워 패배했고, 왜군이 대동강 남쪽까지 밀고 올라왔다는 보고도 있었다. 그런 상황에서 선조는 그토록 미움을 감추지 않았던 유성룡을 다시 복직시켜 부원군에 봉하고, 이항복을 병조판서로, 이덕형을 대사헌으로 삼았다. 그리고 좌의정 윤두수와 도원수 이원익에게 평양성을 지키도록 하고 6월 13일에 영변으로 떠났다. 선조가 안주를 거쳐 영변으로 들어갈 때 비가 억수같이 쏟아졌다. 그리고 영변부의 성으로 들어갔는데, 백성들은 모두 산골짜기로 피란했고 관리 대여섯 명만 성을 지키고 있었다.

선조와 함께 영변으로 들어간 대신은 영의정 최흥원과 우의정 유홍, 중추부영사 정철 등이었다. 그들은 모두 서인 계열이었고, 평양성을 지키고 있던 윤두수도 서인이었다. 부원군 유성룡은 평양에 그대로 머물면서 중국 관원을 접대하고 있었다.

이렇듯 영변의 사정이 행재소를 차릴 만하지 않자, 선조는 박천을 거쳐 가산을 지나 정주로 가겠다면서 세자 광해군을 영변에 머물게 하려 했다. 하지만 대신들의 생각은 달랐다.

영의정 최흥원이 먼저 선조의 정주행을 만류했다.

"상께서 정주로 이주하고 싶으시더라도 우선은 여기에 머무르소서."

그러나 선조는 무조건 정주로 가야 한다고 우겼다.

"이 일에 대한 내 생각은 이미 정해졌다. 세자는 여기에 머무를 것이니 여러 신하들 중에 따라오고 싶지 않은 사람은 오지 않아도 좋다."

그러자 정철이 선조에게 물었다.

"세자가 지금은 여기에 머물다가 결국엔 정주로 갈 것입니까?"

하지만 선조는 광해군을 대동할 생각이 없었다.

"구성이나 강변 등지로 가야 할 것이다."

정철이 세자를 두고 가는 것을 반대하며 아뢰었다.

"세자가 여기에 머무르면 힘이 분산되어 조정이 모양을 이루지 못할 성싶고 인심도 역시 요동할 것입니다."

그러나 선조는 자신의 안위만을 걱정할 뿐이었다.

"호종하는 관원을 여기에 많이 머물게 하고 나는 가벼운 행장으로 옮겨갈 것이다."

하지만 대신들은 선조가 정주로 들어가는 것을 계속 반대했다. 선조는 그 때문에 짜증을 냈다.

"일이 이 지경에 이르렀는데 다시 갈 만한 곳이 있겠는가? 그러니 말하여보라. 만약 있다면 내가 따를 것이다."

그 말에 대신들이 왜적의 기세가 꺾이면 북도로 갈 수 있다고 했다. 하지만 선조는 여전히 정주로 갈 생각을 접지 않았다. 그리고 마침 행재소에 가산 군수 심신겸이 와 있다는 소리를 듣고, 내관을 시켜 가산까지 거리가 얼마나 되는지 물었다. 심신겸은 가산까지 90리고 큰 강이 둘 있다고 했다. 또 가산에서 의주까지는 촌락이 모두 비어 있어 연기도 나지 않는다고 했다.

그즈음에 정철이 자신이 머무르던 강계는 사람들이 모두 방어할 수 있으니 그곳으로 가자고 했다. 이 말을 두고 신하들 사이에선 정철이 왕을 강계로 데려가려는 것은 자신이 고생한 것을 되갚으려 하는 짓이라는 말이 돌았다.

선조는 여전히 정주를 고집했다.

"아랫사람들은 어느 곳이든 못 갈 곳이 없겠지만 나는 정주로 피해야겠다. 평양이 함락당하면 함경도도 온전하지 못할 것이다."

그때 영의정 최흥원이 이런 말을 했다.

"우리나라에는 피할 만한 곳이 없습니다. 그러나 현재 요동으로 들어갈 것을 의논하고 있는데 요동으로 일단 들어가면 조종祖宗의 종묘와 사직을 장차 누구에게 부탁하시겠습니까?"

최흥원은 또 이렇게 덧붙였다.

"중국이 우리를 받아주지 않고 왜적이 또 뒤에서 핍박하면 어떻게 하시겠습니까? 지금 정주로 이주한다는 분부가 있자 인심이 동요되고 있으니 잘 생각하여 처리하는 것이 좋겠습니다."

그때 신하 하나가 이런 말을 보탰다.

"이 지경에 이르러 어찌할 수는 없습니다마는 전일에 왜적과 통신한 일이 있었으니 중국에서 그다지 믿어주지 않을 성싶습니다."

그 말에 선조는 절망적으로 말했다.

"그렇다면 요동에 들어갈 수 없단 말인가? 왜적의 문서 중에 그들의 장수를 8도에 나누어 보내겠다고 하였으니 우리나라 지방에서는 피할 만한 곳이 없을 성싶다."

사간원과 사헌부 관원들이 합계하여 왜적의 형세를 먼저 살피고 피하기를 청했지만, 선조는 무작정 영변을 떠나 북쪽으로 가야 한다고 우겼다. 그러나 대신들은 정주로 가는 것이 마땅하지 않다며 움직이지 않았다. 신하들은 정철의 의견에 따라 강계로 갈 생각으로 이런 말을 했다.

"지금 여기에 들어온 대신들이 밖에 있을 적에 모두들 만약 강계로 가려면 운산이 좋다고 하였습니다. 오늘 밤새도록 가면 운산에 도착할 수 있을 것입니다."

당시 중전과 후궁들은 운산에 머물고 있었다. 하지만 선조는 강계로 가고 싶어 하지 않았다.

"여러 신하들의 뜻은 모두 나를 인도하여 강계로 가려는 것인가?"

그리고 이렇게 덧붙였다.

"당초에 일찍이 요동으로 갔었더라면 좋았을 것인데, 의논이 일치하지 않아 이와 같은 지경에 이르게 되었다. 나는 처음부터 항상 왜적이 앞에서 나타난 뒤에는 피해 가기 어렵다는 일로 말하곤 하였다."

하지만 그런 한탄은 소용없었다. 왜군이 당장 평양을 무너뜨리고 짓쳐 올 상황이었다. 선조는 행재소에 와 있던 운산 군수 성대업을 불러 길을 묻자 성대업이 대답했다.

"강계는 서쪽으로는 의주로 가는 길이 있고 동쪽으로는 적유령이 있는데 길이 좀 넓어서 적을 방어하기가 어려우니, 따로 매우 험준한 한 곳이 있습니다."

그 말을 듣고 선조는 여전히 요동으로 가자고 했다. 최흥원이 요동의 인심이 매우 사납다고 하자 선조는 이런 말을 했다.

"그렇다면 어찌 갈 만한 지역을 말하지 않는가? 내가 천자의 나라에서 죽는 것은 괜찮지만 왜적의 손에 죽을 수는 없다."

이 일로 의견이 분분하자, 선조는 여전히 요동을 고집했다.

"의논이 많으면 좋지 않은 것이다. 지금 백방으로 생각해봐도 내가 가는 곳에는 왜적도 갈 수 있으므로 본국에 있으면 발붙일 땅이 없을 것이다."

최흥원이 요동으로 가는 것을 반대하자, 선조는 무슨 일이 있더라도 압록강을 건널 것이라고 고집했다. 하지만 신하들은 여전히 요동으로 가는 것은 무리라고 했다.

그날 밤 선조는 세자에게 임시로 국사를 맡기겠다고 전교했다. 대신들이 반대했지만 선조는 끝까지 세자에게 국사를 맡기겠다고 고집했고, 결국 세자가 임시로 국사를 대신하도록 결정되었다.

다음 날 선조는 세자 광해군을 정주로 보내라고 하면서 자신은 요동으로 들어가기 위해 박천으로 향했다.

그 무렵, 명나라에서 원군이 온다는 말이 전해졌다. 그리고 명 황제의 허락 없이 요동으로 가는 것은 불가능하다고 하자, 선조도 정주로 갔다. 그때 중국에 갔던 이덕형이 6월 17일에 의주로 돌아와 명나라 군대가 6월 20일경에 도착할 것이라고 전했다.

6월 18일에 명나라 선봉대 기병 1,000명이 압록강을 건너 의주에 도착했다. 그들은 6월 17일에 선조를 만났다. 당시 명나라에서는 조선이 가짜 왕을 앞세워 왜군을 인도하여 명나라를 치려 한다는 말이 돌았다. 그러자 명나라 사신으로 온 적이 있던 송국신이 자신이 조선 왕의 얼굴을 아니 만나보고 오겠다고 했다. 송국신이 실제 조선에 와서 왕을 만나 가짜가 아니고 진짜라는 것이 확인되자, 그는 조선이 왜군의 길잡이 노릇을 한다는 소문이 헛소문이라고 확신하고 돌아갔다.

그 무렵, 평양성이 왜군에게 함락되었다. 평양성을 지키고 있던 좌의정 윤두수가 행재소로 달려와 군율에 따라 처벌받겠다고 했다. 하지만 선조는 나라의 형세가 기울어 생긴 일이라며 윤두수를 죄주지 않았다.

그 무렵, 명나라 부대가 하나둘 도착하자 윤두수는 임금이 요동으로 가지 않는다고 백성들에게 알려야 한다고 주장했다. 그러자 선조는 용천을 거쳐 의주로 향했다.

6월 22일에 선조가 의주로 들어갔을 때, 명나라 군사들이 먼저 들어와 민가를 약탈했기 때문에 백성들이 산으로 피해 달아났고, 그 바람에 의주성이 텅 비어버렸다. 이때까지만 해도 선조는 요동으로 들어가는 것을 포기하지 않았다. 그래서 윤근수와 유성룡이 강력하게 요동행을 반대했다. 하지만 선조는 여전히 요동으로 피신하는 것에 대해 미련을 버리지 않았다. 그래서 요동으로 갈 문제에 대해 빨리 의논하여 결정하라고 성화를 부렸다. 이에 대신들은 강경하게 버티며 반대했다.

"당초에 요동으로 가자는 계책이 어디에서 나왔는지 모르겠습니다. 이 의논을 들은 뒤로는 신민들이 경악하였으나 달려가 하소연할 곳도 없었으니, 그 안타깝고 절박한 실정이 난리를 만난 초기보다 심하여 허둥지둥 마음이 안정되지 않고 있습니다. 지금 비록 왜적들이 가까이 닥쳐왔지만, 하삼도가 모두 완전하고 강원, 함경 등도 역시 병화兵禍를 입지 않았는데 전하께서는 수많은 신민들을 어디에 맡기시고 굳이 필부의 행동을 하려고 하십니까?

그리고 명나라에서 대접하여 허락할는지의 여부도 예측할 수 없으며 일행 사이에 비빈도 뒤떨어져 갈 수 없는데, 요동 사람들은 대부분 무식하여 복색도 다르고 말소리도 전혀 다르니 비웃고 업신여기며 무례하게 굴면 어떻게 저지하겠습니까? 비록 요동에 도착한다 하더라도 그곳의 풍토와 음식을 어떻게 견디시렵니까? 생각이 이에 이르자 눈물이 절로 흐릅니다. 요동으로 가는 문제는 신들은 결코 다시 의논할 수 없습니다."

유성룡, 윤두수, 정철 등이 강경하게 반대하자, 선조는 결국 요동행을 포기했다. 하지만 그들에 대한 선조의 감정은 매우 악화되었다.

그러나 선조는 쉽사리 속내를 드러내지는 않았다. 마침 중국에서 참장 곽몽징을 보내 은 2만 냥을 보내오자, 신하들에게 나눠주기까지 했다.

그리고 요동으로 가는 것이 불가능하다고 판단한 선조는 이번에는 배를 타고 남쪽으로 가겠다고 했다. 전라도 지역에 아직 왜군이 들어가지 못했기 때문에 그곳으로 가자는 말이었다. 하지만 윤두수가 평양에 왜적이 있어 바닷가로 가게 되면 필시 왜적의 공격을 받을 수 있다면서, 황해도 감사에게 먼저 바닷길을 정탐하고 오게 하는 것이 좋겠다고 했다. 그러자 선조는 그렇게 하면 너무 더뎌서 안 된다며 우선 준비라도 하자고 했다.

그래서 윤두수는 선천과 곽산의 바닷길을 경유하여 남쪽으로 가자고 했다. 하지만 선조는 선천이나 곽산을 경유하지 않고 수로를 따라가고 싶다고 했다. 의주에서 바로 배를 이용하여 남도로 가자는 말이었다. 또 충청도나 전라도에 정박하면 군사들을 모집할 수도 있을 것이라는 말도 덧붙였다. 그 말에 윤두수는 장산곶 근처의 뱃길이 너무 험하여 평소에도 그 근처에서 배들이 파손되곤 한다고 했다. 그래서 용천을 경유하여 안악에 정박했다가 육로로 올라가 해주를 지나서 아산에 도착하는 것이 좋겠다고 했다. 선조도 그 의견에 따르기로 하고, 속히 떠날 준비를 하라고 했다. 그런데 명나라에서 명나라 군대를 의주 근처에 두려고 한다는 소식을 듣고, 선조는 의주에 계속 머물겠다고 했다. 마침내 선조는 요동으로 피란 가는 것을 중단하고 명나라 군대를 믿고 의주에서 전쟁을 지휘하기로 결정한 것이다. 이로써 요동으로 몸을 피하는 것을 두고, 선조와 유성룡과 정철, 윤두수, 최흥원 등의 대신들 사이에 벌어지던 대립이 마침내 끝났다. 하지만 선조는 이때의 감정을 속에 품고 지내며 특히 서인들을 몹시 미워하게 되었다.

죽은 뒤
관직까지 삭탈당한 정철

선조는 오랜 피란 생활을 마감하고, 재위 26년(1593년) 10월 1일에 서울로 돌아와 정릉동 행궁에 머물게 되었다. 전날을 벽제역에서 지낸 선조는 새벽부터 서둘러 출발하여 저녁에 정릉동 행궁에 도착했던 것이다. 도성을 도망치듯이 빠져나간 지 1년 6개월 만이었다.

선조는 한양으로 귀환하자마자, 자신을 호종했던 대신들을 내치기 시작했다. 도착한 다음 날 영의정 최흥원을 꾸짖는 교지를 내렸다. 어가가 한양에 입성할 때 굶주린 백성을 구제할 곡식을 실어서 들여올 것을 전교했는데, 전혀 조치를 취하지 않았고 다른 업무도 형편없었다는 이유였다. 하지만 아직 조정이 제대로 꾸려지지 않은 관계로 영의정에서 물러나게 하지는 않았다. 좌의정 윤두수도 사직을 청했지만 같은 이유로 사직시키지는 않았다.

이후 사헌부의 수장을 심희수로 교체하고 도승지에 김늑을 임명했는데, 이들은 모두 이황의 학파인 남인들이었다. 그리고 최흥원을 물러나게 하고 도찰체사로서 전시 상황을 지휘하고 있던 남인의 영수 유성룡을 불러들여 영의정으로 삼았다.

당시 서인의 위세는 이미 꺾일 대로 꺾여 있었다. 서인의 위세가 본격적으로 꺾인 것은 서인의 영수 정철이 유배와 전란에 시달리다 병을 얻어 1593년 12월에 죽음을 맞이하면서부터였다.

정철이 죽자, 1594년 5월에 승정원의 요청에 따라 최영경에게 벼슬이 추증됐다. 이는 최영경이 정철의 모략에 걸려 억울하게 죄를 뒤집어쓰고 죽었다는 중론에 따른 것이었다. 최영경의 죽음에 대해 선조는 자살이 아니라 타살이 매우 명확하다는 말을 이렇게 남겼다.

"다만 최영경이 독물에게 해를 당한 것만은 분명하다. 내가 석방해주라고 명했는데도 필경 면하지 못하고, 끝내는 옥중에서 죽어 자살했다는 명목까지 가해졌으니 천지에 그 원통함이 극진할 것이다. 아, 나는 조석 사이에 물러날 사람이므로 내가 있을 때에 그의 원통함을 풀어주어서 백 년 뒤에 지하에서 보더라도 부끄러움이 없게 하려는 것이다. 나의 뜻은 여기에 있을 뿐이다."

임금이 직접 최영경이 독극물에 의해 타살되었고, 자살로 위장되었다고 했으니, 이 일을 주도한 정철에 대한 탄핵은 불가피한 것이었다. 사헌부, 사간원 양사에서는 정철의 관직을 소급하여 삭탈해야 한다고 주장했다.

"고故 영돈녕부사 정철은 그 바탕이 단정 선량하지 못하고 성품도 본래 음험하고 야박하였는데, 역적의 변을 만나자 감히 옛 감정을 풀 계획을 세우고 무고한 사람을 배척 무함하였으며 작은 원한도 반드시 갚았습니다. 그는 항상 최영경이 자기를 간사한 사람이라고 배척한 것에 원한을 품고 있었는데, 이 기회를 틈타서 기필코 사지에 빠뜨리려고 마음을 다하여 무함하고 온갖 방법으로 죄에 얽어 넣었습니다. 그리하여 산림에서 곤궁한 속에서도 도를 지키던 훌륭한 선비를 마침내 원통하고 억울하게 죽도록 만들었으므로, 나라 사람들이 탄식하여 눈물을 흘리지 않는 사람이 없었으니, 망설이지 마시고 빨리 정철의 관직을 추삭할 것을 명하소서."

하지만 선조는 죽은 정철의 관직을 추삭(죽은 뒤에 관직을 삭탈하는 것)해달라는 요청은 받아들이지 않는다. 만약 정철의 관직을 추삭할 경우, 서인들이 대대적으로 쫓겨나는 사태가 일어나 붕당 간에 전면전이 일어날 수도 있다는 염려를 하고 있었던 것이다.

정철의 관직 추삭을 주도하던 인물은 남인 김우옹이었다. 그러자 서인 정엽과 신흠이 정철을 두둔하며 김우옹을 공격했는데, 선조는 정철을 두둔한 정엽과 신흠을 파면시켜버렸다.

그 일로 선조의 마음을 확인한 사헌부, 사간원 양사는 무려 6개월 동안 정철의 관직을 추삭할 것을 지속적으로 요청했고, 선조는 마지못해 승낙하며 전교를 내린다.

"이처럼 다급한 때에 서로 버티고 있기가 어려우니, 억지로 따르겠다."

정철의 관직이 추삭되자, 정철의 아들 정진명이 아버지를 변론하는 상소를 올렸다. 정진명의 상소를 읽은 선조는 무섭게 화를 내며 정진명을 옥에 가둬버렸다.

정승 자리에서
밀려나는 윤두수

그렇듯 정철의 관직이 추삭되고 정진명이 갇히자, 이번에는 남인 중심으로 형성된 사헌부, 사간원 양사가 서인의 영수 윤두수를 정조준했다.

1594년 10월 20일 사헌부가 먼저 좌의정 윤두수를 탄핵하는 글을 올렸다.

"좌의정 윤두수는 성품이 본래 음험하고 행동도 탐오하여 전에도 여러 번 중한 논박을 당하여 청론淸論에 버림을 받은 지 오래되었습니다. 때문에 감정을 가지고 기회를 이용하여 정철의 사주를 받아 선사善士를 해치고 자진하였다는 말까지 지어내었으니, 그의 마음 씀의 참혹함은 이미 입에 담을 수조차 없습니다. 속히 그를 체직하소서."

하지만 선조는 전란이 계속되는 중이라 한 명의 인재도 귀한 판에 정승을 내쫓는 것은 조정을 흔드는 일이라 판단하고, 사헌부의 요청을 거부했다. 다음 날엔 사간원이 똑같은 이유로 윤두수를 탄핵하자, 강한 어조로 반대했다.

"이처럼 어려울 때 대신을 경솔히 논핵하는 것은 옳지 못하니, 시끄럽게 하지 말라."

그로부터 이틀 후인 10월 23일엔 홍문관까지 나서서 윤두수를 논죄해야 한다고 주장했다. 10월 25일엔 사헌부와 사간원 합계로 윤두수의 체직을 청했다. 그쯤 되자 선조도 더 이상 윤두수를 보호할 뜻을 접었다.

"이러한 때에 대신이 논박을 받는다는 것은 매우 불행한 일이다. 이미 논핵을 당하였으니 공직에 있기가 어려울 것 같다. 위아래가 서로 버티는 것은 소요스러울 뿐만 아니라, 군국軍國의 일도 염려스럽게 될 것이다. 어떻게 해야 할지 비변사에 물으라."

그런 뒤에도 여러 차례 양사에서 윤두수를 체직할 것을 청하자, 10월 29일에 영의정 유성룡과 각 조의 참판들과 승지, 사헌부와 사간원의 관원들을 불러놓고 윤두수의 문제를 의논했다. 이 자리에서 사헌부 장령 유영순은 윤두수를 거세게 비판하며 이런 말을 했다.

"신들이 윤두수를 체직하여 면직시키는 일을 가지고 여러 날 논계하였으나, 성상의 하교는 항상 '중임을 맡은 대신을 가벼이 체차(관직을 바꾸는 짓)할 수 없다'고 하시면서 망설이시므로, 신들은 민망하고 답답함을 견딜 수 없습니다. 두수의 죄상은 논계할 것도 없으나 탐욕스럽고 비루한 정상이 난후亂後에 더욱 심하여, 충청도와 전라도 사람들이 도적이라고까지 지목하고 있습니다. 군무軍務에 대한 계획도 뇌물의 많고 적은 것만을 보아서 하는데, 어떻게 체찰사의 직임을 맡기겠습니까?"

사간원 정언 정경세가 유영순의 말에 몇 마디 더 보탰다.

"신들은 대신이기 때문에 논박하여 보고한 것인데, 위에서는 대신이기 때문에 어렵게 여겼습니다. 그러나 두수가 털끝만큼이라도 나라에 유익함이 있었다면 신들이 아무리 생각이 없어도 어찌 감히 가벼이 논박하겠습니까?"

유성룡도 이미 윤두수가 탄핵을 당했으니, 체찰사로서 제대로 활동할 수가 없을 것이라는 견해를 비쳤다.

영의정 유성룡까지 윤두수가 정승 자리를 유지하는 것이 불가하다는 말을 하자, 선조는 결국 윤두수를 좌의정에서 밀어내 중추부판부사로 삼았다.

윤두수에 이어 우의정 유홍도 정승에서 밀려났다. 그리고 유성룡은 1598년 임진왜란이 종결되던 시점까지 영의정 자리에 있었다. 유성룡이 영의정으로 있는 동안 김응남, 정탁, 이원익, 이덕형 등이 정승으로 발탁되었는데, 이들 또한 대개 남인 계열로 분류된다. 김응남은 이이를 존경하기는 했으나 한때 이이를 탄핵하는 일에 나섰다가 제주 목사로 좌천된 바 있는 인물이었고, 정탁은 이황과 조식의 문인이었으며 북인의 강경파 정인홍과 대립한 관계로 남인으로 분류되는 인물이었다. 이원익은 붕당에 연연하지 않았으나 유성룡과 친밀했고, 이덕형은 북인의 영수 이산해의 사위였으나 유성룡과 함께 남인이 된 인물이었다. 말하자면 조정은 1594년부터 1598년까지 약 4년 동안 동인 계열, 그것도 주로 남인들이 장악하게 된 것이다.

유성룡을 내쫓고
관작을 삭탈시키는 북인

임진왜란이 끝날 무렵에 이르러 유성룡이 건강에 문제가 생겨 여러 차례에 걸쳐 사직을 청했지만 선조는 받아들이지 않았다. 그런 상황에서 1598년 10월 3일에 대사헌 정창연과 집의 송일이 유성룡을 탄핵하며 자신들이 사직하겠다고 말했다.

"영의정 유성룡으로 말하면 수상首相으로서 임금이 망극한 슬픔을 당했는데도 당초부터 사신 가기를 자청하지 아니하였고, 상의 명령을 받고도 오히려 꺼리며 회피하고 있으니, 자신을 비호하는 데는 매우 치밀하고 국가에 충성하는 데는 매우 소홀합니다. 그런데 신들이 정직하게 일을 논하지 못하여 공론이 소멸되게 하였는데, 지금 비망기의 하교를 들어보니 신들의 죄가 매우 큽니다. 신들을 파직시키라 명하소서."

유성룡을 파직시키지 않으면 자신들이 사직하겠다는 것이었다. 당시 명나라 사신으로 온 정응태가 선조가 왜적을 끌어다가 황제를 배반했다는 말로 선조를 모함했는데, 조선 조정에서는 정응태의 말이 사실이 아니라는 점을 밝히기 위해 명나라에 진주사를 보내야 될 상황이었다.

그래서 선조는 유성룡으로 하여금 명나라에 다녀올 것을 명했지만, 유성룡은 자신이 병이 깊어 중국에 가는 것이 불가능하다며 영의정에서 물러나겠다고 했다. 이에 대해 사헌부에서 유성룡을 공격했던 것이다.

그가 중국에 진주사로 가지 못하는 사연은 사헌부의 탄핵이 있기 8일 전인 9월 25일에 올린 사직 상소에 잘 나타나 있다.

그 내용을 요약하면 유성룡 자신은 몸이 쇠약하여 가지 못하니 윤두수, 이항복, 이호민 중에서 보내기로 했는데, 그들이 모두 본업이 바빠 갈 수 없었다. 그래서 선조가 우상 이덕형을 보내고자 했는데 사헌부에서는 유성룡이 병을 핑계로 중국을 가지 않는다고 비판했고, 이 때문에 사직을 청한다는 내용이다.

하지만 이후로 사헌부와 사간원에서 연이어 유성룡을 파직시켜야 한다는 주장이 이어졌다. 사간원 정언 이유홍이 10월 4일에 올린 글이 그 내용을 간략하게 잘 요약하고 있다.

> 간사한 자가 허위를 조작하여 온 나라가 원한을 품고 있으니 진주사가 떠나는 것은 한시가 급하였습니다. 영의정 유성룡은 수상이 되었으니 변고의 소식을 들은 당초 즉시 스스로 가기를 청하여 황제께 호소하여 억울함을 깨끗이 씻어야 하건만, 지금 그는 '다른 동료가 모두 나가 있고 나만 혼자 있다'고 하며, 또 '몸이 너무 쇠약하여 사신으로 가는 일을 감당할 수 없다'고 하여 억울함을 씻는 긴급한 일을 끝내 지체케 하였으니, 옛날 대신이 스스로 나아가 홀로 싸우기를 자청한 것과는 판이합니다. 파직시키라 명하소서.

여기서 간사한 자란 곧, 정응태를 지칭한다. 선조는 이유홍의 말을 듣고, 이런 비답을 내렸다.

"일시의 우연한 일로 어찌 파직까지 시켜야 하겠는가? 윤허하지 않는다."

그러자 이유홍이 체직을 요청했다. 하지만 선조는 그에게 사직하지 말고 물러가라고 했다. 이유홍에 이어 사간 이상신도 유성룡과 관련한 일로 파직을 요청했다. 그리고 10월 6일에는 성균관 생원 정급 등이 유성룡을 탄핵하는 상소문을 올렸다. 이들의 상소 내용은 단순히 유성룡의 진주사 문제에 국한되지 않았다. 유성룡이 한양에서는 허름한 곳에 살지만 실제 자신의 고향인 안동에서는 뇌물이 줄을 잇고 있다는 말도 있었고, 유성룡과 뜻을 같이하는 신하들을 모두 내치라는 내용도 있었다. 그들은 유성룡의 패거리를 구체적으로 일곱 명이라고 밝혔는데, 이는 남인 세력을 공격한 것이었다.

그러나 선조는 쉽게 유성룡을 파직시키지 않았다. 하지만 계속되는 파직 상소를 견디지 못하고 10월 10일에 이런 답을 내렸다.

"이미 체직시켰다. 우연한 일을 번거롭게 고집하면 체면이 손상될까 염려스럽다."

체직이란 말은 영의정에서 다른 직책으로 옮겼다는 뜻이다. 선조는 유성룡을 영의정에서 물러나게 하고 풍원부원군으로 삼고, 좌의정 이원익을 올려 영의정에 임명했다. 또한 우의정 이덕형을 좌의정에, 병조판서 이항복을 우의정에 임명함으로써 모두 남인 계열에 힘을 실어 주었다.

이후에도 유성룡에 대한 파직 상소는 계속되었다. 사헌부에서 유성룡에 대한 탄핵을 주도한 인물은 북인 이이첨과 유영경이었다. 당시 사헌부 헌납이었던 이이첨은 유성룡을 파직시키지 않으니, 자신이 사직하겠다고 했다. 이후로 사간원과 사헌부 관리들이 연이어 자신들을 파직시켜달라고 요청했다.

급기야 사간원은 이런 극단적인 글을 올렸다.

풍원부원군 유성룡은 간사한 자질에다 간교한 지혜로 명성과 벼슬을 도둑질하여 사람을 해쳐도 사람들이 알지 못하고 세상을 속여도 세상이 깨닫지 못하였으니, 이것이 그 평생의 심술心術입니다. 정권을 잡은 이래로 붕당을 결성하여 국사를 그르치고 사사로이 행하여 백성을 괴롭힌 죄는 한두 가지가 아닙니다. 정철이 악한 짓을 멋대로 할 때에 우성전과 이성중은 성룡의 심복으로서 간사한 정철에게 붙어서 사대부들에게 피해를 끼쳤으니, 지금까지 화가 계속되는 것은 모두 성룡이 남몰래 사주한 것입니다. 공론이 이미 발론된 뒤에도 성룡은 성전과 성중 두 사람이 탄핵당한 것을 분하게 여겨 감정을 품고 늘 원망하여, 마침내 사류와 갈라지게 되었습니다. 자기 뜻에 거슬리는 자는 원수처럼 배척하고 자기에게 아첨하는 자는 진출進出이 남보다 늦을까 염려하니, 불량한 무리들이 그림자처럼 성룡의 문에 붙어 조정을 시끄럽게 하고 사론士論을 분열시켜 남북의 설이 또 세상에 떠돌고 있는데, 이는 실로 성룡이 그 시초를 만든 것입니다.

사간원의 글은 여기서 끝나지 않았다. 사간원은 유성룡이 왜적과 화친을 주장했다며, 천하의 대죄를 지었다고 공격했다.

왜적과 같은 하늘 아래에서 함께 살 수 없는 것은 어린아이들도 모두 아는 일인데, 성룡은 대신으로서 맨 먼저 화친을 주장하고 심유경(일본과 화친을 주도했던 명나라 외교관)과 서로 표리가 되었습니다. 이에 중국에서 그것을 꼬투리로 삼아 왜적을 봉하는 칙서 내용에 '조선에서 일본을 봉해줄 것을 요청했다'는 말까지 나오게 되었으니, 이는 온 나라 백성들이 바다에 빠져 죽을지언정 듣지 않고자 하는 것입니다.

지난해 왜적이 서울에 다가왔는데도 오히려 화친하자는 의견을 가지고 비변사에서 큰소리를 치니, 유영경이 앉아 있다가 분이 나서 일어나 말하기를 '전일에도 이미 잘못을 저지르고 오늘 또다시 잘못을 저지르려고 하는가?' 하니 성룡이 문득 성을 내며 '영공令公의 비석에는 화친을 주장하지 않았다고 써야 하겠다' 하였으니, 그의 방자한 짓에 대해 누가 가슴 아파하지 않겠습니까? 간사함을 숨기고 상을 속인 죄가 또한 극심합니다. 천하의 대사를 망쳤으니 이는 우리나라의 죄인일 뿐만이 아니라 실로 천하의 죄인입니다.

그러나 선조는 유성룡을 쉽게 포기하지 않았다.

"어찌 그러기까지야 하였겠는가? 전해 들은 말은 반드시 모두가 사실이 아닐 것이다. 이미 체직시킨 대신을 다시 논할 필요 없다."

하지만 사헌부 역시 물러서지 않았다. 11월 16일에는 유성룡의 삭탈관직을 요구했다. 선조는 사헌부와 사간원의 의론이 너무 지나치다며 더 이상 시끄럽게 굴지 말라고 했다. 하지만 11월 19일에 이르러서는 결국 유성룡을 파직시키라는 비답을 내렸다. 결국, 부원군 벼슬을 떼어버린 것이다.

그럼에도 사헌부와 사간원을 장악한 북인들은 만족하지 않았다. 그들이 원하는 것은 단순한 파직이 아니라 작위를 아예 없애는 삭탈관직이었다. 이번에는 홍문관까지 나서서 이런 말을 했다.

"삼가 생각하건대 전 부원군 유성룡은 본래 말만 앞세우는 자질에다 문필의 기예로 수식하여 쓸 만한 자격도 아니고 시무時務에도 어두워, 임금의 총애를 한 몸에 받고 오래도록 정권을 잡았지만 그의 행동과 처사가 대부분 사람들의 기대에 만족스럽지 못했습니다. 그 폐단은 모두 국가의 근본을 손상시키고 크게 민심을 잃은 처사이니, 국사를 담당하여 일을 그르친 죄를 어떻게 면할 수 있겠습니까? 양사에서 삭탈관직시키자고 청한 것은 실로 공론이 격렬하게 일어난 데서 나온 것이니, 망설이지 마시고 속히 교지를 내리소서."

이 말을 듣고 선조는 화를 내며 소리쳤다.

"이미 파직시켰다. 어찌 삭탈관직까지 해야겠는가? 그것은 너무 지나치다."

하지만 언론 삼사가 모두 나서서 매일같이 한 달 동안 삭탈관직을 주장하자, 12월 6일에 선조는 마침내 손을 들고 유성룡의 삭탈관직을 받아들였다.

선조가 유성룡의 삭탈관직을 윤허한 배경에는 북인의 영수 이산해 문제로 선조가 유성룡을 미워하는 감정이 있었다. 이산해는 임진왜란 직후 선조가 서울을 버리고 피란하고자 할 때 임금을 만류하지 않은 죄로 탄핵되어 섬으로 유배됐었다. 그러나 먼저 도성을 버리고 떠나고자 한 사람은 선조 자신이었기 때문에, 이산해는 선조 대신 유배지로 떠난 것이나 마찬가지였다. 그래서 선조는 늘 이산해를 유배에서 풀어줘야 한다고 생각했는데, 당시 우의정 정탁이 선조의 그런 마음을 읽고 이산해를 풀어줄 것을 요청했다. 그러자 이산해가 돌아오면 자신을 공격하리라고 판단한 유성룡이 같은 당인인 김우옹으로 하여금 정탁을 탄핵하게 하여 밀어냈다. 하지만 선조는 1595년에 이산해를 유배에서 풀어주고 돈녕부영사로 삼았다. 이후 이산해가 북인들을 움직여 유성룡을 탄핵할 기회를 엿보았고, 이때에 이르러 유성룡을 내쫓고 관작을 삭탈시키기까지 했던 것이다.

유성룡의 관작은 1600년에 복관되었으나 이후로 유성룡은 다시는 벼슬을 하지 않았다. 1604년에 풍원부원군에 봉해졌고, 선조 말년인 1607년(선조 40년) 5월 13일에 죽었다. 《선조실록》에서 사관은 그에 대해 다음과 같이 평가하고 있다.

사신은 논한다. 유성룡은 경상도 안동 풍산현 사람이다. 타고난 자질이 총명하고 기상이 단아하였다. 어린 나이에 퇴계 선생의 문하에서 따르고 놀아 예로써 자신을 단속하니 보는 사람들이 그릇으로 여겼다. 어린 나이에 과거에 급제하여 명예가 날로 드러났으나 아침저녁 여가에 또 학문에 힘써 종일토록 단정히 앉아서 조금도 기대거나 다리를 뻗는 일이 없었다.

사람을 응접하는 즈음에는 고요하고 단아하여 말이 적었고 붓을 잡고 글을 쓸 때에는 일필휘지하여 뜻을 두지 않는 듯하였으나 문장이 정숙하여 맛이 있었다. 여러 책을 두루 살펴 외우지 않은 것이 없었는데, 한번 눈을 스치면 환히 알아 한 글자도 잊어버리는 일이 없었으며, 의리를 논설하는 데는 뭇 서적에 밝아 수미首尾가 정밀하니 듣는 이들이 탄복하였다.

사명使命을 받들고 북경에 갔을 때 중국의 선비들이 모여들었으나 힐난하지 못하고서는 서애 선생이라고 칭하였다. 이로 말미암아 명예와 지위가 함께 드러나고 총애가 융숭하였다.

재상의 자리에 올라서는 국가의 안위가 그에 의지하였는데 정인홍과 의논이 맞지 않아서 인홍이 매양 공손홍(한무제 때 사람으로 겉은 관대하나 속은 악한 자의 대명사)이라 배척하였고, 성룡 역시 인홍의 속이 좁고 편벽됨을 미워하니, 사론이 두 갈래로 나뉘어져 서로 공격하는 것이 물과 불 같았다.

성룡은 조목, 김성일과 함께 퇴계의 문하에서 배웠다. 성일은 강인하고 의연하고 독실하여 풍도가 엄숙하고 단정하였으며 너무 곧아서 조정에 용납되지 못하였으나 절개가 드높아 사람들의 이의가 없었는데, 계사년(1593년)에 나랏일에 진력하다가 군중에서 죽었다. 조목은 종신토록 은거하면서 학문에 독실하고 스스로 수련하였으나, 나라에 어려운 일이 많게 되자 비분강개하였는데 지난해 죽었다. 조목은 일찍이 성일을 낮게 생각하고 성룡을 못하게 여겼는데, 만년에는 성룡이 하는 일에 매우 분개하여 절교하는 편지를 쓰기까지 하였다. 퇴계의 문하에서는 이 세 사람을 영수로 삼는다.

- 4 -

천란 이후의 북인 정권

사라진 서인,
남인과 북인만 득실대는 조정

유성룡의 관작을 삭탈시키는 데 성공한 북인은 더욱 남인들을 몰아세웠다. 사간원 정언 권진은 유성룡과 친밀했던 이호민과 윤국형을 내쫓아야 한다는 글을 올렸다. 그러자 새로 영의정이 된 이원익이 유성룡을 변호하는 말을 했다. 이에 대해 사헌부 헌납 박승업이 1599년 1월 14일에 이원익을 논박했다.

> 유성룡이 당을 만들어 사사로움을 행하고 화친을 주장하여 나라를 그르친 일은 길 가는 사람들도 다 아는 바입니다. 그의 위세가 높아 온 조정이 입을 다물고 있으나, 저희들은 이목의 관직을 맡고 있으면서 감히 묵묵히 있을 수 없어 듣고 본 바에 의거하여 논하겠습니다. 지금 영의정 이원익의 차자를 보건대, 지난번 논한 바 있는 당을 만들고 화친을 주장하였다는 등의 말에 대해 성룡을 위하여 변명하였고, 마치 신들이 무함을 한 것처럼 말하였습니다. 신들이 논한 것은 모두 성룡의 실상

임에도 원익은 성룡의 죄가 아니라고 할 뿐 아니라, 도리어 신들이 논한 것을 확실한 의논이 아니라고 하였습니다. 신들이 어찌 스스로 감히 실책이 없다 하면서 뻔뻔스레 직에 있을 수 있겠습니까? 신들의 직을 파척하소서.

이틀 뒤에 홍문관 교리 이이첨이 또한 이원익을 탄핵하는 상소를 올렸다.

신들이 삼가 영의정 이원익의 차자를 보니, 그 중심 내용은 유성룡을 탄핵한 말이 확실한 의논이 아니라는 것과, 자기들과 친한 사람에게 파급되지 않도록 하려고 하여 당시의 대신으로서 시국을 진정시키기 위해 힘썼다고 하는 말이었는데, 나름대로 견해가 없는 것은 아닙니다. 그러나 그 말들이 크게 경중을 헤아리지 못하여, 한갓 편벽됨을 경계할 줄만 알았지 자신이 공공의 의논에 위배된다는 사실은 깨닫지 못하였으니, 신들이 대략 변론에 대해 탄핵하지 않을 수 없습니다.

1월 19일에는 사헌부 장령 유인길이 이원익을 탄핵했다.

유성룡이 정권을 쥐고 전단한 지가 전후 10여 년인데 조치한 정책 중에 도움이 된 것은 하나도 없습니다. 그가 강화를 주장하여 나라를 그르치고 사당私黨을 부식하여 백성을 병들게 한 정상은, 나라 사람들이 모두 아는 바로서 너무도 명백하여 가릴 수가 없습니다. 삼가 이원익의 차자를 보건대, 지난번 탄핵한 사연은 확실한 의논이 아니라 하며 성룡을 위하여 변명하여 마치 무함한 것처럼 말하였습니다. 신이 이때 본직에 있었으므로 말의末議에 참여하였는데 드러나게 배척을 받았습니다. 어찌 감히 스스로 옳다 하여 뻔뻔스레 그대로 있을 수 있겠습니까? 신의 직을 파척하도록 명하소서.

유성룡과 이원익을 공격한 유영경과 이이첨 뒤에는 이산해가 버티고 있었다. 이산해는 이원익과 이덕형을 유성룡과 한패라고 생각하고 밀어내려 했다. 그러나 이산해는 이 일에 직접 나서지는 않았다. 대신으로서 대신을 공격하는 것은 체면이 서지 않는 일이었던 까닭이다. 선조 또한 당색이 짙지 않은 이원익과 이덕형, 이항복 등 세 정승에 대한 믿음이 강했고, 그런 선조의 마음을 읽은 북인들은 쉽사리 이원익을 공격하지 못했다.

당시 조정의 구성원들은 당색이 짙지 않은 남인 또는 서인 계열이 정승 자리를 차지하고, 육조의 판서와 당상은 북인과 남인이 나눠서 차지하고 있었는데 삼사의 관원은 북인들로 채워졌다. 하지만 서인의 자취를 찾기는 쉽지 않았다.

임진왜란이 종결된 후인 1599년(선조 32년) 1월에 조정의 주요 직책을 살펴보면 당시 서인들의 세가 얼마나 약했는지 알 만하다. 조정의 원로라 할 수 있는 영돈녕부사에 이산해, 영중추부사엔 최흥원, 부원군에 윤두수, 의정부의 삼정승엔 영의정 이원익, 좌의정 이덕형, 우의정 이항복, 육조판서에 이조판서 이헌국, 호조판서 이광정, 예조판서 심희수, 병조판서 홍여순, 형조판서 이헌국, 공조판서 신점이었다. 그리고 주요 참판직에 이조참판 이희득, 호조참판 유영길, 병조참판 이준, 형조참판 김신원 등이 있었다. 또 언론 삼사의 전위부대라 할 수 있는 사헌부를 차지하고 있던 인물들을 보면 대사헌 정창연을 비롯하여 집의 송응순, 장령 유인길과 김신국, 헌납 박승업 등이었다.

이 중에 서인이라고 할 수 있는 인물은 해원부원군 윤두수뿐이었다. 윤두수와 함께 서인의 우두머리로 불리던 성혼은 1598년 6월 1일에 죽었다. 성혼은 이이의 친구로서 서인들의 추앙을 받는 인물이었으나 선조에게는 매우 미움을 받았다. 선조가 성혼을 미워한 것은 자신이 한양을 버리고 도주할 때 성혼이 마중 나오지 않은 일 때문이었다. 당시 성혼은 파주에 살고 있었는데, 선조의 어가가 파주를 지날 때 집에 있었다. 그러나 어가가 온 줄을 알지 못하고 있었는데 나중에 어가가 지나간 것을 알고 따라가려 했으나 왜적이 쳐들어와 산속으로 몸을 피했다. 이후 광해군이 분조를 하여 이천에 있다는 소문을 듣고 찾아가 세자 광해군을 지원하다가, 선조가 영변에 있다는 소문을 듣고 찾아갔다. 당시 선조는 한 사람의 손이라도 필요했기 때문에 성혼을 미워하는 기색을 전혀 보이지 않았다. 그러다가 한양을 수복하여 돌아왔을 때에야 자신이 피란하여 파주를 지날 때 왜 나와보지도 않았느냐고 꾸짖으며 무섭게 화를 냈다. 그러자 성혼은 벼슬을 내놓고 낙향하여 지내다가 정유재란 중에 죽었다.

삼정승 중 이항복은 당색이 별로 없었지만 이원익과 이덕형은 남인으로 여겨지고 있었고, 육조판서와 사헌부를 차지하고 있던 인물은 죄다 남인이거나 북인이었다. 말하자면 동인 계열이 조정을 완전히 차지했던 것이다.

대북과 소북으로
갈라선 북인

선조가 이산해를 총애한 까닭에 임진왜란 이후의 조정은 북인의 힘이
강했다. 그러자 북인은 다시 대북과 소북으로 분리되었다. 이에 대해
실록에서 구체적인 언급이 나온 것은 선조 32년(1599년) 11월 26일에
선조가 별전에서 대신들을 인견하는 자리에서였다. 이 일을 거론한 사
람은 당시 영의정 이원익이었다. 그 내용을 옮겨보자면 이렇다.

> 오시午時에 상이 별전에 나아가 대신을 인견하였다. 상이 이르기를
> "내가 중국 장수들을 접대하느라 일이 많았고 몸에도 병이 있어 오래
> 도록 대신을 보지 못하다가 이제 영상을 보니 진실로 '대인을 만나 봄이
> 이롭다(利見大人)'는 격이다."
> 하니, 이원익이 아뢰기를
> "소신은 지식도 없는데 외람되이 천은을 입어 이토록 발탁되었으니
> 황공한 마음 금할 수 없습니다."
> 하였다. 상이 이르기를
> "대개 영상은 어떤 말을 진달하려 하는가?"
> 하니, 원익은 아뢰기를
> "군부君父가 옳다고 여기지 않고 조정의 논의에도 용납될 수 없다면
> 신하의 의리로서 진실로 물러가 있어야 마땅하겠습니다만, 구구한 뜻을
> 말씀드리지 않을 수 없기에 소신의 대체적인 사정을 이미 전날의 차자
> 에서 진달하였습니다. 근일 조정이 날로 잘못되어 나랏일은 치지도외置
> 之度外한 채 오직 분당으로 업을 삼고 있으므로 소신은 마음속으로 늘 통

민하게 여겨왔습니다. 그런데 만약 소신을 두고 편당을 위해 그렇게 한다고 하신다면 죽어도 죄가 모자랄 것입니다."

하였다. 상이 이르기를

"내가 어찌 대신에게 편당을 위해 그런다고 했겠는가?"

하니, 원익이 아뢰기를

"조정에서의 의논이 제나라와 초나라의 전장을 방불케 하며 서로 엎치락뒤치락하고 있으므로 나랏일이 잘못되어가고 있는데, 이를 위에서 어떻게 알 수 있겠습니까? 근래의 제목題目으로 말하건대, 당초에 동론과 서론이 있었는데 이른바 서론은 이미 물러갔으나, 동론 중에서 남인과 북인으로 갈라졌고, 이 가운데 북론이 또 대북과 소북으로 갈라졌습니다. 그리하여 당론이 분분해져 더욱 심하게 구별이 지어졌으니 장차 나랏일이 어떻게 될지 알지 못하겠습니다.

신이 이른바 '지난번 한 때의 사류'라고 한 것이 어찌 유성룡의 한 패거리를 모두 사류로 생각해서 그런 것이었겠습니까? 다만 그 당시 사람들은 그래도 국사를 염려하였기 때문에 한꺼번에 배척하여 축출하는 것은 또한 조정의 복이 아니라는 생각이 들었는데, 신의 어리석은 생각은 진정 이 때문이었습니다. 그 뒤로는 나랏일에 대해서는 전혀 신경을 쓰지 않고 있으므로 신이 항상 통민하게 여기고 있습니다.

홍여순과 임국로의 경우는 오로지 사당私黨만을 심고 있을 뿐 공론은 생각지도 않고 있습니다. 이에 비해 소북 쪽은 편당의 습속이 있긴 하지만 그래도 선비라는 명칭을 붙일 만한 인사가 그 속에 있기도 합니다. 그리고 근래에는 김신국과 남이공을 화두話頭로 삼고 있는데 이것 또한 조정의 욕이라 하겠습니다. 이공이 전에 전랑으로 있을 때 홍여순을 배척했는데, 이 때문에 홍여순을 구제하려는 사람들이 항상 김신국과 남이공을 그 우두머리로 여기고 있으니 진실로 통탄스럽습니다. 여순은 도처에서 탐욕을 부려 사람들에게 미움을 받고 있습니다. 외방 사람들까지도 여순을 등용했다는 말을 듣고는 모두 탄식하기를 나랏일을 알 만하다 하였으니, 여순이 인심을 잃은 지가 오래되었다고 하겠습니다.

임국로는 소신과 육촌 친척이 되는데 부자가 호종扈從하지 않았으므로 식자들은 모두 절개를 잃었다고 여겨 무시했습니다. 그런데 지금 또 홍여순의 당에 아부하면서 나랏일은 염두에도 두고 있지 않기에 전날 차자에서 그 두 사람의 이름을 거론하여 신의 소회를 진달드리려고 했던 것일 뿐입니다. 그런데 근일에 민몽룡이 한번 대사간이 되자 사류들을 모두 배척하는 등 그 경색이 이와 같으니 참으로 한심스럽습니다."

하였다. 상이 이르기를

"대개 자기들끼리 서로 시비하는 논의를 내가 어떻게 알겠는가? 대신은 밖에 있으니 필시 선처할 방도가 있을 것이다."

하니, 원익이 아뢰기를

"신과 같은 자가 어찌 감히 그 사이에서 좌지우지할 수 있겠습니까?"

하였다. 상이 이르기를

"백관을 진퇴시키고 인물을 등용하여 쓰는 것이야말로 대신의 직책 아닌가?"

하니, 원익이 아뢰기를

"신과 같이 용렬한 자는 백집사百執事의 직책을 맡아도 오히려 감내하지 못할 텐데 무슨 재주와 덕이 있다고 이런 지위를 차지하겠습니까? 그러나 이 자리에 있는 이상은 감히 진달드리지 않을 수 없습니다."

하였다. 상이 이르기를

"전일 정영국의 상소에 비답하면서 '커지면 장차 스스로 무너진다'

하였는데, 이 말은 공도公道에 해당한다. 과연 편당을 한다면 필시 그 꼴을 면치 못할 것이다."

하니, 원익이 아뢰기를

"어진 이를 진출시키고 간사한 자를 물리치는 것은 임금의 일입니다. 아무리 대신의 자리에 있다고 하더라도 어떻게 감히 쳐내고 잘라내겠습니까?"

하였다.

당시 선조는 북인들이 분파하여 분당한 것에 대해 그다지 대수롭게 여기지 않았다. 선조의 그런 내면은 1600년(선조 33년) 1월 23일에 상산군 박충간이 올린 차자에 대한 비답에서 잘 드러난다. 당시 박충간은 사림이 동서로 분당하고 다시 동인이 남북으로 분당한 사연을 거론하며, 북인이 다시 대북과 소북으로 갈라지고 대북이 다시 골북, 육북, 피북(중북)으로 나뉘어 사람들을 경악하게 하고 있다고 비판했다. 이에 대해 선조는 이런 비답으로 자신의 내면을 드러냈다.

"조정의 일은 본시 주장하는 사람이 있는 법, 항간의 잡다한 이야기를 주워 모아 임금의 귀를 어지럽히고 인심을 동요시키는 것은 온당한 일이 아니다. 경이 지나쳤으니 다시 유념해야 할 것이다."

선조는 붕당에 대해 이런 생각을 가지고 있었기에 이원익이 북인의 분당과 그들의 정권 다툼에 대해 비판해도 들은 척도 하지 않았던 것이다. 선조는 오히려 붕당이 여러 개로 쪼개져 서로 싸우는 것이 자신에게 유리하다고 판단한 듯하다. 그래서 1600년 1월 21일에 이원익을 영의정에서 물러나게 하고 이산해를 다시 영의정으로 세웠다. 이후 권력은 대북 세력에게 집중되었다.

원래 북인은 이산해를 영수로 하나의 당론을 가지고 있었으나, 1599년 3월에 북인 이기가 이조판서로 있으면서 홍여순을 대사헌에 낙점하여 선조에게 올리려 할 때, 당시 이조정랑이었던 남이공이 붓을 멈추고 홍여순의 이름을 쓰지 않은 까닭에 서로 틀어져 분당되었다. 또한 김신국은 홍여순이 재앙을 즐긴다며 탄핵했다. 이후 북인은 분당하여 이산해와 홍여순을 중심으로 대북이 형성되고, 남이공과 김신국을 중심으로 소북이 형성되었던 것이다.

남이공의 반대에도 불구하고 홍여순은 대사헌이 되었는데 그때부터 홍여순은 남이공을 내쫓기 위해 혈안이 되었고, 결국 남이공은 이조정랑 자리에서 밀려나게 되었다. 그런 사실들 때문에 사헌부 내부에서 홍여순을 대사헌으로 둘 수 없다며 1599년 6월 13일에 사직 상소를 올렸다.

"대사헌 홍여순은 음험하고 시기심으로 가득 찬 강퍅한 자질에다가 탐욕스럽고 패려한 성품을 지닌 자로서, 마음에 품고 지어내는 일마다 나라를 병들게 하고 남을 해치는 일 아닌 것이 없었습니다. 그리하여 일생 동안 경영해온 일이라는 것이 모두 재화를 불리고 사치를 일삼는 것이었습니다.

전 정랑 남이공은 그러한 정상을 훤히 알고도 구구하고 탁한 일들은 제쳐놓고, 그가 청요직에 오르는 것이 합당하지 않다는 점만을 거론하였습니다. 그런데도 홍여순은 그 때문에 남이공에게 감정을 품고 반드시 그를 쫓아낸 뒤에야 그만두려 하여 밤낮으로 함정에 빠뜨릴 계책을 생각하였습니다. 그러다 트집 잡을 단서를 얻지 못하자 그 일가 사람인 정언 홍식을 교사하여, 옥당에서 화합을 배척한 말을 빌려 송응순으로 하여금 허무한 사실을 날조하여 모함했던 것입니다. 그러고는 그

설을 교묘하게 바꾸어서 도리어 '전 보덕(세자시강원 종3품 관직) 김신국
이 남이공과 결탁하여 유성룡과 윤국형을 다시 복귀시키려고 한다'고
하여, 위로는 임금을 기만하고 아래로는 사류를 함정에 빠뜨렸으니 어
찌 성스러운 조정에 이런 불측한 일이 있을 줄 생각이나 하였겠습니까?"

김신국이 남이공과 결탁하여 유성룡을 다시 복귀시키려고 한다는
주장의 근거는 김신국이 유성룡의 사위였기 때문이다.

그날 지평(사헌부 정5품) 박승업이 선조를 찾아와 사헌부 수장인 홍여
순은 물론이고, 자신의 상관인 장령 조정지와 지평 문홍도도 함께 비
판했다.

"대사헌 홍여순은 음험하고 강퍅한 사람인 데다가 탐욕스럽고 비뚤
어진 성품의 소유자로서, 청론에 천시당하고 정계 진출이 막히자 사감
을 품고 상대방에게 복수하려고 일가 사람들을 사주하여 사류를 얽어
함정에 빠뜨렸으니 그대로 언관에 있게 할 수 없습니다.

장령 조정지는 사람됨이 용렬한 데다가 성품까지 탐욕스러운 자로
서, 전에 철원 부사로 있을 때 비루한 일을 많이 자행하여 관고의 물건
을 모두 자신의 손에 넣었으니 이런 자를 청요직의 대열에 끼워둘 수
는 없습니다.

지평 문홍도는 홍여순과 조정지의 탄핵을 논의할 만한 정상을 모르
는 것이 아니면서도 그 기세에 겁을 먹고 감히 발언하지 못하였으니,
자못 올곧은 기풍이 없고 무능한 실수를 면치 못했습니다. 모두 사직
시키소서."

이렇게 되자, 선조는 대간이 논의가 일치하지 않아 내부에서 싸우는
것은 온당한 처사가 아니라며 양쪽 다 모두 대간직에서 물러난 뒤에
논의하는 것이 관례라고 했다. 선조는 이들의 다툼이 서로의 의견 차

이로 인해 일어난 것으로 판단한 것이다.

이날 사간 송일이 또한 선조를 찾아와, 남이공이 유성룡을 탄핵하여 내쫓았는데 다시 유성룡과 윤국형을 불러들이려고 한다는 홍여순과 그 무리들의 말이 틀렸다고 아뢰었다. 이어 정언 홍식이 홍여순의 일가이고 헌납 구의강은 김신국과 사이가 좋지 않은 자이기 때문에 김신국과 남이공을 공격하는 것이라고 하면서, 구의강과 홍식을 모두 간관직에서 물러나게 해야 한다고 했다. 이에 선조는 송일의 요청을 받아들여 구의강과 홍식을 체차하라고 명령했다.

이날 홍문관이 차자를 올려 홍여순, 홍식, 구의강을 쫓아내라고 했다.

> 대사헌 홍여순은 시기심 많고 탐포한 자로 조정에 있을 때는 일을 날조하여 사람을 함정에 빠뜨려 세력 확장의 근본으로 삼고, 외방에 있을 때는 백성을 결딴내어 자기를 살찌우는 밑천으로 삼았습니다. 홍식은 남몰래 해를 끼치는 독사 같은 성품의 소유자로 홍여순을 받들어 섬겼고, 구의강은 청론에 한번 배척당하자 홍여순에게 빌붙어 물여우처럼 숨어 사람을 모해하여 화단禍端 얽기를 좋아하니, 혈기가 있는 자라면 그 누가 분통해하며 마음을 썩이지 않겠습니까? 원컨대 밝은 결단을 내려 흔쾌히 공론을 따르시어 귀신 같은 무리들로 하여금 성명聖明의 아래에서 방자하게 굴지 못하도록 하소서.

이후 홍문관에서는 사헌부 지평들인 박승업과 문홍도를 모두 다른 직책으로 옮기도록 주청했고 선조는 그렇게 하라고 했다. 또한 대사헌 홍여순과 장령 조정지도 모두 다른 직책으로 옮기라고 했다.

이후 사간원이 호군(정4품 무관직) 벼슬로 좌천된 홍여순을 파직시킬 것을 주장하자, 선조는 붕당 간의 다툼을 한탄하며 이런 말을 했다.

"조신朝臣들끼리 서로 배격한다면 마땅히 진정시키기를 힘써야 할 것이지, 이렇게 논핵하는 것은 온당치 않다. 사람의 견해란 얼굴이 서로 다른 것과 같으니, 어찌 꼭 이것만이 옳고 저것은 그를 수가 있겠는가? 만약 자기와 의견이 다르다고 해서 그때마다 논척해버린다면 뒷폐단이 점점 커질 것이다."

그러나 사헌부에서 홍여순의 파직을 계속 요구하자 결국 파직시키라고 했다. 홍여순이 파직되자 사헌부와 사간원 양사는 지속적으로 유성룡의 직첩을 회수하고, 홍여순의 관작을 삭탈하고, 구의강과 홍식을 파직하여 다시는 서용하지 말 것을 주청했다. 하지만 선조는 너무 가혹한 조치라고 받아들이지 않았다. 선조는 오히려 그해 12월 27일에 홍여순을 의정부 우참찬(정2품)으로 삼아 조정에 복귀시켰다.

선조가 홍여순을 복귀시킨 배경엔 이산해의 영향력이 작용했다. 이산해는 다음 달인 1600년 1월 21일에 영의정에 복귀했다. 또한 나흘 뒤인 1월 25일엔 홍여순을 병조판서로 기용했다. 이로써 조정엔 다시 이산해와 홍여순의 대북 세력이 득세했다.

이산해가 영의정이 된 뒤에 선조가 이산해에게 권력을 집중시키자, 벼슬을 얻고자 하는 이들은 앞다퉈 대북 세력에 합류했다. 또한 선조가 소북 세력을 꾸짖었기 때문에 소북의 힘은 약화되었다. 그런데 대북이 권력의 중심에 놓이자 이산해와 홍여순이 권력을 다투다가 대북은 찢어졌다. 이후 이산해를 중심으로 형성된 세력은 북인의 몸체라 하여 육북이라 하고, 홍여순을 중심으로 형성된 세력은 북인의 골격이라고 하여 골북이라 했다. 또한 대북 세력 중에 두 당에 들지 않은 세력을 껍데기만 북인이라고 해서 피북이라고 했던 것이다.

서로를 비방하다
내쫓기는 대북 세력

홍여순은 병조판서가 된 뒤 3개월 만에 다시 파직되었다. 사간원과 사헌부 양사에서 줄기차게 그가 이전에 저지른 죄를 지적하며 파직을 요구했기 때문이다. 이와 관련하여 이산해도 1600년 4월 28일에 선조에게 영의정 자리를 사직하겠다는 차자를 올리며 이런 말을 했다.

신은 이달 16일 집에서 병을 앓고 있었는데 의정부 서리가 작은 종이 하나를 가지고 왔기에 펴보니, 간원諫院이 홍여순을 논핵한 내용이었습니다. 놀랍고도 의아하여 어찌 된 영문인지 알 수가 없었는데, 그 뒤 자세히 들어보니 당초 양사의 관원이 격렬하게 논박한 것으로 바깥 사람들은 미처 몰랐다고 했습니다. 바깥 사람들이 미처 몰랐는데 신만이 알게 된 것은 혹 그럴 수도 있는 일입니다. 만약 신이 이 일을 알고 있으면서도 지금까지 말을 꾸며 모른다고 한다면, 탄핵의 논지를 발의한 자가 아직 있으니 신을 어떤 사람으로 여기겠습니까?

정승민이 상소한 허다한 말 속에 신이 시류時流들과 친교를 맺어 오로지 배척하기만을 일삼는다고 했으니 신은 삼가 통분합니다. 지난번 홍여순이 간혹 신을 만나러 올 적에 신은 속에 품고 있는 생각을 감히 숨길 수 없었습니다. 이를테면 요즈음 일어난 정당치 못한 일들을 놓고 사람들은 흔히 이런 일들은 모두 홍여순에게서 나왔다고 하므로 신이 부득불 개진하여 역설하였던 것입니다. 이는 여순으로 하여금 신의 말을 듣고 스스로 반성하여 물정을 거스르는 일이 없도록 하기 위함이었습니다. 그런데 중간에 일 만들기를 좋아하는 무리들이 이것을 근거로 무함했다는 말을 만들어내었으며 심지어는 여순을 공격했다고까지 하였으니, 여순도 의심하고 있습니다. 이른바 승민이란 자는 그가 누구인지 신은 모릅니다만, 아마도 들은 것을 주워 모아 이리저리 불려서 그러한 상소를 올린 데 불과한 것일 것입니다.

이 차자의 내용으로 미뤄볼 때, 이산해가 홍여순을 불러 다소 비판적인 견해를 피력했고 이 때문에 두 사람 사이에 앙금이 생긴 것일 것이다.

이산해의 차자 속에 언급된 정승민이란 인물은 양근에 사는 유생이었다. 그는 1600년 3월에 상소를 올려 이산해가 동지들과 결탁하여 조정의 신하들을 배척하려 한다고 주장했다. 또한 이산해와 함께 부제학 황우한도 함께 탄핵했다. 이 때문에 황우한이 자신을 변명하는 글을 올려 말했다.

승민의 상소문 내용은 전적으로 산해를 극력 공격하는 것을 주로 삼고 있습니다. 이것은 산해를 하나의 함정으로 만들고, 대신 가운데 홍여순과 뜻이 맞지 않는 자와 삼사로서 여순을 탄핵한 자들을 모두 그 속에 몰아넣어, 한편으로는 산해의 죄를 꾸미고 한편으로는 한꺼번에 다 없앨 계책을 부리고 있는 것이니 아, 또한 참혹합니다.

그런데 이산해를 탄핵한 정승민의 상소문을 실제로 쓴 자는 사헌부 장령이던 권진이었다. 권진은 홍여순의 수하였으니, 결국 정승민의 상소문을 빌려 이산해를 공격한 인물은 홍여순이었다. 말하자면 이산해가 홍여순을 기피하며 몰아세우자, 홍여순이 권진을 통해 정승민이 상소를 올리게 함으로써 이산해를 쫓아내려 했던 것이다. 하지만 당시엔 그 사실이 밝혀지지 않았다.

그런데 그해 5월 16일에 유생 이해가 또 다른 상소문을 올렸는데 이산해를 공격하는 내용이었다. 그 내용을 요약하자면 이산해와 홍여순은 원래 같은 무리인데, 이산해의 아들 이경전이 말을 꾸며서 둘 사이를 이간시켰다는 것이다. 그리고 당초 김신국과 남이공이 홍여순을 모함할 때, 이경전이 홍여순을 구원하지 않고 오히려 공격함으로써 이산해와 홍여순이 대립하게 되었다는 것이다. 그는 또 이산해의 당인인 임국로를 비판하면서 임국로는 원래 홍여순과 친밀한 자였고, 홍여순의 무죄를 알면서도 이산해에 빌붙어 홍여순을 공격했다고도 했다.

이해는 이산해를 비판하며 이런 말도 덧붙였다.

이산해는 일인지하인 정승의 자리에 있고 임국로는 모든 관료들을 진퇴하는 권력을 잡고 있으면서 조정, 이이첨, 문홍도, 황우한이 그 손톱과 어금니로써 오른팔이 되어 복됨과 위태로움의 권한을 손아귀에 넣고서, 삼사의 관원들을 몰아 돌격의 계책을 써서 하루아침에 재상과 시종 가운데 자기와 뜻이 다른 사람 7, 8인을 일망타진하려고 하였습니다.

그러면서 이산해의 당인들을 일일이 열거하며 이이첨, 문홍도, 윤계선, 유숙, 이성경, 김치, 박경선 등이라고 지목했다.

그런데 무슨 일인지 이해는 다음 날 다시 상소를 올려 자신의 상소가 잘못되었다는 내용을 올렸다.

신이 논박을 당한 사람 중에 한 사람과 본래부터 알고 지냈는데, 잠시 가서 그를 보았더니 소매 속에서 상소문의 초안을 꺼내어 신에게 보여주었습니다. 신은 실로 그것이 날조하여 꾸며낸 말인 줄도 모르고 문득 그릇된 계책을 내어 망령되게 진달했는데, 그 뒤에 온 나라 사람들이 신을 괴이하게 여기지 않는 사람이 없어 길거리에서 꾸짖고 욕을 하며, 심지어는 여염 사람들도 다 '정승민과 같은 무리가 어찌 또 나와서 이처럼 망극한 일을 꾸미는가?' 합니다. 신은 본래 나이 어리고 배우지 못한 사람으로, 사리의 경중과 공론이 어떤지도 모른 채 창졸간에 다른 사람에게 넘어가서 임금을 속였으니 신의 죄는 만 번 죽어 마땅합니다.

이해는 곧 의금부로 잡혀 와 국문을 당했고, 그 과정에서 상소문 초안을 만든 자가 윤홍이라는 사실이 밝혀졌다. 의금부는 즉시 윤홍을 잡아다 국문했다. 하지만 윤홍이 그 배후를 밝히지 않자, 선조는 이산해를 파직하고, 이이첨과 홍여순을 삭탈관직하여 문외출송 했다.

선조가 이 같은 판단을 내린 것에 대해 실록의 사관은 《선조수정실록》에 다음과 같은 기록을 남기고 있다.

상이 대신 이하 여러 재상들을 인견하여 홍여순과 이산해 등의 일을 물은 뒤에 마침내 이산해는 파직하고, 그 아들 이경전과 그 무리인 이이첨은 삭탈관직하여 문외출송 하며, 양사는 모두 체직시키고, 홍여순의 일은 앞서 양사가 아뢴 것에 의거해 삭탈관직하고 문외출송 하도록 명하였다. 이는 우상 이헌국이 임금 앞에서 '무술년(1598년) 이후 이산해와 홍여순이 당파를 나누어 서로 공격해서 이 지경에 이르렀으니, 마땅히 함께 죄를 주어야 한다'고 극언했기 때문에 이 같은 명이 있었던 것이다.

다시 조정을
장악하는 북인

선조는 이산해가 물러간 영의정 자리에 좌의정이자 4도 도체찰사를 겸하고 있던 이항복을 임명하고, 좌의정엔 이헌국, 우의정엔 김명원을 임명했다. 세 정승은 모두 당색이 짙지 않았으나 대북 세력과는 사이가 좋지 않았고 서인이나 남인들과 친분이 많은 인물이었다. 당시 조정의 원로들인 중추부영사 최흥원, 해원부원군 윤두수, 영돈녕부사 이원익, 행판중추부사 이덕형 등도 영향력을 행사했는데, 이들 중에 북인으로 분류될 수 있는 인물은 없었다. 윤두수는 서인의 영수였고, 이덕형은 대북 세력이 조정에서 전횡을 행사한 이래 남인이 되었으며, 최흥원과 이원익은 당색이 짙지 않았으나 서인 또는 남인으로 분류되곤 했다.

육조의 주요 판서를 살펴보면 이조판서에 한응인, 호조판서에 이정구, 병조판서에 신잡 등이었는데, 인사권을 쥔 이조판서 한응인은 정여립 모반 사건을 고발했던 서인이었으며 이이의 제자였다. 이정구와 신잡은 당색이 강하지 않았으나 서인으로 분류되었다.

그런데 그 무렵인 1600년 6월 27일 선조의 정비 의인왕후 박씨가 죽었다. 이후 왕비 간택 문제가 조정의 주요 의제로 떠올랐는데, 1602년 2월 3일에 이조좌랑 김제남의 딸(인목왕후)이 19세의 나이로 왕비로 간택되었다. 김제남은 당시 41세였고 33세에 처음으로 관직에 진출하여 당시 정6품 이조좌랑직에 있던 인물이었다. 당시까지 김제남의 당색은 분명치 않았는데 훗날 인목왕후가 영창대군을 낳으면서 서인들과 손을 잡게 된다.

김제남은 국구가 된 후 곧바로 정1품 돈녕부영사가 되었다. 돈녕부가 원래 외척에게 내려지는 벼슬인 만큼 그가 영사가 되는 것은 당연한 수순이었다. 또한 왕의 장인이 되었으니 당연히 부원군 벼슬이 내려져 연흥부원군으로 불리게 되었다.

이렇듯 서인의 당세가 커지는 가운데, 이이의 제자이자 서인이었던 이귀가 1602년(선조 35년) 윤2월 1일에 북인의 핵심 인물인 정인홍의 죄악을 고발하는 상소문을 올렸다.

> 지난해 겨울 신이 체찰사 이덕형의 소모관이 되었을 때, 신에게 호남과 영남으로 가게 하면서 종이 한 장에다 분부하는 말을 써주었는데 '백성들의 고통을 두루 찾아 살피라' 한 것이 그중의 하나였습니다. 신이 호남과 영남을 지나면서 병폐를 찾아보았더니, 호남의 폐단은 토호들이 군정과 전답을 숨기고 빠뜨린 것에 지나지 않았습니다. 그러나 영남의 폐단은 이름이 선비라고 하는 자들이 수령들을 협박하고 절제하여 감옥이나 유배 보내거나 장을 때려 죽이는 권한이 모두 그들의 손에서 나오는데, 실로 정인홍이 앞장서서 주창한 짓입니다.

이때 정인홍은 대사헌에 제수되어 올라온 상태였다. 정인홍은 곧 차자를 올려 이귀로부터 탄핵을 받았으니 물러나겠다고 했다. 그러자 선조는 이런 정인홍을 신뢰하는 말을 내렸다.

"경은 어째서 갑자기 물러나 돌아갈 뜻을 품는가? 전일 대신의 계사에는 진실로 의심을 갖게 하는 점이 있었지만, 이귀의 사람됨은 경도 알지 않는가? 이 사람은 일찍이 김덕령의 양편 겨드랑이에 호랑이 두 마리가 출입한다는 설을 지어낸 자이다. 이러한 말도 만들어내는데 무슨 말인들 만들어내지 못하겠는가? 경을 낭패시켜 물러나 들어가게 하려는 것에 불과하다. 어쩌면 또 모두가 반드시 이귀의 수단에서 나온 것이 아닐지도 모른다. 다만 듣건대 경이 남중南中에 있으면서 성혼이 최영경을 몰래 죽인 사실을 강력히 말하였다고 하는데, 이러한 말이 옳은지 어쩐지는 알 수 없으나 어쩌면 이런 일로 인해 이러한 상소가 있게 되었을 수도 있다.”

선조가 그런 말을 한 것은 몇 달 전인 1601년 12월 23일에 대사헌 황신이 올린 성혼의 무죄를 주장하는 상소를 염두에 둔 것이었다. 성혼의 제자인 황신은 성혼이 당초에 최영경의 옥사에 관련되지 않았고, 계속해서 최영경을 구해내려고 노력한 일은 세상 사람들이 다 안다고 했다. 그러자 선조는 '간사한 성혼, 나쁜 정철'이라는 교지를 내리고 황신을 꾸짖었다. 이 일로 황신은 대사헌 자리에서 쫓겨나고 북인 기자헌이 대사헌이 되었고, 이어 정인홍이 대사헌이 되었던 것이다.

하지만 정인홍은 병을 이유로 대사헌직을 사직했다. 선조는 여러 차례에 걸쳐 그에게 대사헌 벼슬을 내리며 승정원 승지들에게 정인홍을 설득하여 반드시 올라오게 하라고 했지만, 정인홍은 계속 사양했다. 그러자 선조는 수개월 동안 대사헌 자리를 비워놓고 끈질기게 정인홍을 올라오게 했다. 그러나 끝내 정인홍이 올라오지 않자 “이번에도 정인홍이 올라오지 않으니 매우 섭섭하다”고 했다.

선조가 그렇듯 정인홍에 대해 강한 신뢰를 보내자, 다시 북인들이 조정을 장악하기 시작했다. 이 과정에서 선조가 소북의 영수 격인 유영경을 이조판서에 임명하려 하자 이항복이 이를 저지하려 했다. 이항복은 유영경을 좋아하지 않아 한응인, 홍진, 이정구 중에서 이조판서를 택하는 게 좋다고 올렸으나, 선조가 다른 이를 더 추천하라고 명하여 유영경을 이조판서로 삼았던 것이다.

이 일로 이항복은 소북 세력에게 탄핵을 당했고, 정철의 심복으로 몰렸다. 이에 따라 이항복은 영의정 자리를 내놓고 물러났다. 선조는 여러 차례에 걸쳐 물러나지 말 것을 요청했으나 이항복은 여섯 번이나 물러날 뜻을 올렸고, 결국 선조는 이덕형을 영의정으로 삼았다.

이후로 조정은 점차 대북과 소북 세력이 장악하게 되었고, 대북과 소북의 치열한 다툼이 전개되었다.

유영경의 권력 독점과
유당과 남당으로 찢어진 소북

1606년에 선조의 계비 인목왕후가 영창대군을 낳았다. 방계 출신으로 명종의 양자로 입적되어 왕위에 오른 선조가 처음으로 적자를 얻은 것이다. 이는 조선 조정에 묘한 파장을 불러일으켰다. 이미 광해군이 왕세자로 책봉되어 있는 상황이었지만, 적자가 태어나자 항간에는 은근히 왕세자를 바꿔야 하는 것 아니냐는 말이 나돌았다. 중신들 사이에서도 영창대군에게 왕위를 계승해야 한다는 말이 은근히 흘러나왔다. 특히 소북 세력 사이에서 은밀히 그런 모의가 진행되고 있었다.

그 모의의 중심에는 소북 세력의 영수 영의정 유영경이 있었다. 유영경은 1602년에 우의정이 된 이래 1604년에 좌의정이 되었고, 그해 12월 6일에 윤승훈에 이어 영의정이 되었다. 이후 선조가 죽을 때까지 그는 영의정 자리를 지켰다. 영창대군이 태어난 1606년 당시에는 영의정에 소북의 유영경, 좌의정엔 대북의 기자헌, 우의정엔 심희수가 있었다. 이후 좌의정엔 허욱, 우의정엔 한응인이 올랐지만 유영경은 계속 영의정 자리에 머물러 있었다. 유영경과 허욱이 소북이었고 한응인이 서인이었으니, 정승 중에 대북은 없었다.

유영경이 권력을 독점하자, 그에게 빌붙는 신하들이 점차 늘어났다. 허욱, 성영, 최천건, 홍식, 성준구, 이효원, 이유홍, 김대래, 송응순, 이덕온, 송단, 송일, 남복규, 유성, 박승종, 유영근, 유영순, 이정, 이경기, 박이장, 황섬, 황하, 황근중, 조명욱, 성이문, 민경기, 박안현, 신광립, 신요 등 무수한 신하들이 유영경의 지시를 따랐다. 붕당이 생긴 이래 한 사람이 이렇듯 많은 신하들을 수하로 부린 인물이 없을 정도였다. 또 소북 세력 중에 제법 강직하고 청렴하다는 소리를 들었던 김신국도 결국 그의 휘하에 들어갔다.

하지만 소북 세력 중 일부는 유영경과 대립했다. 남이공을 주축으로 한 김신국, 남이신, 박이서, 임연, 임장 등이 그들이었다. 그래서 소북은 결국 유영경을 따르는 다수파인 유당과 남이공을 따르는 소수파인 남당으로 갈라졌다. 또 광해군의 처남 유희분은 대북파인 이산해와 이이첨 등과 손을 잡긴 했으나 원래 소북이었고, 유영경과 등을 졌기 때문에 남당의 일원이 되었다.

유영경의 권력 독점은 1604년 12월 영의정이 되면서 시작되어, 선조가 죽기 직전인 1608년 1월까지 지속되었다.

세자 섭정을 막아서는
유영경

유영경이 영의정에 있는 동안 선조는 여러 차례 정사를 중단하고 병석에 누워 있어야 했다. 그러다 결국 병이 심해지자, 1607년 10월 11일에 세자로 하여금 섭정을 하도록 하는 전섭 명령을 내렸다.

"나는 본디 질병이 많아서 평일에도 만기(임금의 업무)의 정무는 절대로 감당하기 어려웠다. 더구나 지금은 병에 걸린 지 1년이 다 되어가는데, 조금도 차도가 없어 정신이 혼암하고 심병이 더욱 침중하다. 이러한데도 왕위에 그대로 있을 수 있겠는가? 세자 나이가 장성하였으니 고사에 의해 전위해야 할 것이다. 만일 전위가 어렵다면 섭정하는 것도 가하다. 군국軍國의 중대사는 이처럼 하지 아니할 수 없으니 속히 거행하는 것이 좋겠다."

당시 선조는 그해 3월경부터 시작된 병으로 몹시 고통스러워하고 있었다. 침술과 탕약을 혼용하여 치료했지만 병세는 점점 심해졌다. 그때 선조는 56세로 당시로서는 노령에 접어든 때였다.

유영경을 비롯한 삼정승이 급하게 글을 올려 말했다.

"신들이 삼가 비망기를 보고 서로 돌아보며 놀라고 황공하여 품달할 바를 모르겠습니다. 상께서 여러 달 동안 조섭하시어 즉시 쾌복되지는 않았다고 하더라도, 점차 수라를 드시어 원기가 회복되어가니 온 나라 신민이 평복될 날을 간절히 바라고 있습니다. 그런데 천만 의외에 이번에 갑자기 이런 명을 내리시니, 신들은 몹시 걱정스러운 마음 금할 수 없습니다. 군국軍國의 기무機務는 조섭 중에 계시더라도 적체된 것이 없으니, 바라건대 이런 점은 염려하지 마시고 심기를 화평하게 하여 조섭에 전념하시면 종묘와 사직이 은밀히 도와서 성후聖候가 저절로 강녕하게 될 것입니다. 이는 신들의 소원일 뿐만 아니라 군신群臣의 뜻이 모두 이와 같습니다. 황공하게 감히 아룁니다."

그러나 선조는 자신의 몸이 더 이상 정무를 감당할 수 없다며 이런 비답을 내렸다.

"이런 상태에서 치료를 하려는 것은 먹지 않고 살아보려는 것과 진배없다. 이런 판에 심병이 갑자기 생겨 감당할 수 없으므로 몹시 민망스럽다. 오직 이 일념뿐 그 밖에 다른 생각은 없다."

인목왕후도 선조와 뜻이 같았다. 그녀는 삼정승을 빈청에 모이게 하고 언문으로 교지를 내려 말했다.

"상께서 병중에 계신 지 거의 1년이 다 되어가니 심기 불편함이 전일보다 배나 더하다. 지금 이 전교를 따르지 않는다면 심기가 더욱 손상되어 환후가 더욱 위중하실까 우려된다. 대신은 상의 명을 순순히 따르라. 이것을 바랄 뿐이다."

삼정승은 세자 섭정을 받들 수 없다며 인목왕후에게 답변을 올렸다.

"신들은 삼가 내전의 하교를 보고 황공스러운 심정을 가눌 길이 없습니다. 신들의 민망한 마음은 이미 대전의 비망기에 대한 회계에 모두 아뢰었습니다. 그 밖에는 달리 아뢸 바를 모르겠습니다."

인목왕후도 다시 언문 교지를 내려 선조가 오로지 치료에만 전념하게 해달라고 했다.

이때 유영경이 두 정승을 제치고 홀로 답 글을 만들어 올리며 세자 섭정을 강하게 거부했다.

"다시 내교(중전의 교지)를 받들건대 말씀이 더욱 간곡하십니다. 신들도 목석이 아닌데 어찌 마음속에 두려운 점이 없겠습니까? 그러나 오늘 전교는 여러 사람의 생각에서 나온 것이 아니니 신들은 감히 명을 받들 수 없어 땅에 엎드려 죽을죄를 기다립니다."

결국 선조와 인목왕후는 세자 섭정 명령을 거둬들였다.

이때 세자 광해군은 선조의 병석을 지키며 왕궁 주변에 대한 호위를 더욱 철저히 할 것을 병조에 명령했다. 이후 10월 13일에는 훈련도감의 군사를 궐문 근처에 열병시키라는 교지가 내려졌다.

"혼란 속에 간인이 발생할 가능성이 많으니 이처럼 위급한 때를 당하여 심사숙고하여 처리하지 않으면 안 된다. 훈련도감 대장으로 하여금 모든 군사를 거느리고 궐문 근처에서 열병케 하는 것이 어떻겠는가? 의논하여 조처할 것을 병조에 이르라."

왕이 이런 교지를 내린 배경엔 유영경의 입김이 작용했다. 유영경은 병조판서 박승종과 공모하여 궁궐 안의 호위를 강화한 것은 물론이고, 궁궐 바깥까지 비상 상황에 대비하는 조치를 취했다.

이어 훈련도감에 진을 치라고 명령하고 어디에 진을 쳤는지 보고하라는 교지가 떨어졌다. 병조판서 박승종이 선조에게 요청하여 얻어낸 교지였다. 교지가 떨어지자, 훈련대장은 군기시 근처로 오고 중군 이하는 군사를 거느린 채 양쪽 진영에 주둔하게 되었다.

이 때문에 항간에서는 유영경이 세자를 왕으로 세우려 하지 않는다는 소문이 나돌았다.

유영경의 손을
들어주는 선조

유영경이 세자 광해군을 왕으로 세우지 않고 영창대군을 왕으로 세워 인목왕후로 하여금 섭정을 하게 하려 한다는 말이 돌고 있을 때, 육북 세력의 영수 이산해와 핵심 인물 이이첨은 소북에 밀려 조정에서 밀려나 있었다. 광해군은 그들 두 사람을 몰래 접촉하고 세자빈 유씨의 오빠 유희분과 힘을 합쳐 유영경의 음모를 저지시켜달라는 부탁을 했다.

이산해와 이이첨은 유희분을 만나 유영경을 어떻게 공략할 것인지 논의한 후, 우선은 간접적인 방법을 쓰기로 했다. 당시 유영경이 영의정으로서 약방 도제조를 맡고 있었는데, 선조의 병에 차도가 없는 것을 이유로 먼저 약방을 공격하기로 한 것이다. 때마침 그 무렵, 선조는 자신에게 쓰는 영신환에 대해 불만을 품고 약방에 문제가 있다는 전교를 내렸다.

"새로 지어 들인 영신환을 복용한 지 벌써 여러 날이 지났다. 그러나 그 약 속에는 용뇌 1전이 들어 있다. 용뇌는 기운을 분산시키는 것이니 어찌 장복할 수 있는 약이겠는가? 더구나 지금처럼 추운 시기이겠는가? 요즈음 먹어보니 서늘한 느낌이 들어 좋지 않은 듯싶다. 의관들이 필시 오용하였을 것이다. 쓰지 않으려고 하는데 어떻겠는가?"

이 전교를 기회로 이산해와 이이첨은 사간 송석경에게 어의 허준을 탄핵하는 글을 올리게 했다.

"성후聖候의 미령하심이 봄부터 겨울까지 계속되니 약을 쓰는 일은 매우 긴요하고도 중대한 것입니다. 그런데 양평군 허준은 어의로서 자기 소견을 고집하여 경솔히 독한 약을 썼으니 죄를 다스리지 아니할 수 없습니다. 그래서 신이 엊그제 동료들에게 발론하니 모두들 '허준의 죄는 국인이 모두 알고 있다. 이는 지극히 공정한 논평인데 누가 감히 이의가 있을 수 있겠는가?' 하면서 다음 날 모여서 논계하기로 이미 의견이 일치되었습니다. 그런데 오늘 모임에서 헌납 송보의 글을 보건대 '이러한 때 갑자기 어의를 논죄하는 것은 부당하다' 하였습니다. 동료의 의논이 일치되지 않았으니 형편상 구차스럽게 찬동할 수 없습니다. 신을 체직시켜주소서."

그러자 유영경이 대사간 유간을 시켜 송석경을 탄핵했다.

"사간 송석경이 약을 잘못 쓴 죄를 논하고자 하였는데, 신은 성후聖候가 정양 중에 계신데 어의의 논죄를 청하는 것은 소요스러울 듯 느껴졌습니다. 하여 쾌복하신 후에 서서히 논죄하여도 늦지 않을 것 같아 이런 뜻을 주고받았습니다만, 석경의 논집을 끝내 돌이킬 수 없었습니다. 신의 생각에도 허준의 죄는 국인이 모두 알고 있으니 참으로 조금도 용서할 수 없다고 여겨 신도 동의했으나, 다만 논계에 이르고 늦음의 차이가 있을 뿐이었습니다. 그러나 어찌 이르고 늦음의 차이 때문에 이미 발론한 것을 달리할 수 있겠습니까? 이제 다시 동료들과 함께 의논하여 오늘 모임에서 상의하여 처리하려 했는데, 헌납 송보가 갑자기 병으로 동참하지 못하였고 석경은 동료의 의견이 일치되지 않았다 하여 직위에서 나가려 하고 있습니다. 허준을 논죄하려고 한 것은 신이 석경과 다를 것이 없으니, 형편상 구차스럽게 재직하여 동료를 처치處置할 수 없습니다. 신을 체직시켜주소서."

결국 이 일로 송석경은 파직되었고, 유영경에 대한 이산해와 이이첨의 공격은 실패로 돌아갔다.

이후 이산해와 이이첨은 이성과 이담을 영남으로 보내 정경세에게 유영경을 탄핵하는 상소를 올려줄 것을 부탁했다. 하지만 정경세는 길이 같지 않으면 서로 꾀하지 않는 법이라며 거절했다. 그러자 이번에는 경상도 산청으로 사람을 보내 정인홍에게 유영경을 탄핵하는 상소를 올려줄 것을 부탁했다. 이에 정인홍이 1608년(선조 41년) 1월 18일에 유영경을 탄핵하는 상소를 올렸다.

> 신이 삼가 길에서 듣건대, 지난 10월 13일에 상께서 전섭(섭정을 하도록 하는 것)한다는 전교를 내리자 영의정 유영경이 마음속으로 원임대신을 꺼려 다 내쫓아서 원임대신들로 하여금 참여하여 보지 못하게 하였고, 여러 번 방계防啓를 올리고 유독 시임대신時任大臣과 공모하였으며, 중전께서 언서諺書의 전지를 내리되 '금일 전교는 실로 여러 사람의 뜻 밖에 나온 거사이니 명령을 받지 못하겠다'고 하며 즉시 회계(답 글을 올리는 것)하여 대간으로 하여금 알지 못하게 하고, 정원과 사관으로 하여금 성지(왕의 지시)를 극비로 하여 내보내지 못하게 하였다 하니, 영경은 무슨 음모와 흉계가 있어서 이토록 남들이 알지 못하게 하는 것입니까?

정인홍의 상소는 조정에 엄청난 파장을 일으켰다. 당장 유영경의 일당인 헌납 성시헌과 정언 구혜가 1월 21일에 선조에게 자신들을 파직시켜달라며 아뢰었다.

"신들은 모두 못난 자로서 언관에 있는데, 지금 전 참판 정인홍의 상소를 보니 영의정 유영경을 극악한 사람으로 여기고 대간을 유영경의 손톱과 어금니로 여겼습니다. 신들이 현저하게 비방을 당한 것이 이토록 극심하니 결코 뻔뻔스레 그대로 재직할 수 없습니다. 신들을 파직시키라 명하소서."

같은 날 장령 이경기 그리고 지평 송석조와 황근중도 자신들을 파직 시켜달라는 글을 올렸다. 선조는 이들을 모두 사직하지 말라고 했다.

유영경 역시 같은 날 자신을 변명하는 장문의 상소를 올렸다. 그 핵심 내용은 이러했다.

> 이미 세자가 결정되어 국가의 근본이 견고한데, 인홍이 감히 전선(왕위를 넘기는 것)의 일을 핑계 삼아 은밀히 화를 전가시키려는 계책을 도모하고 참혹한 말을 지어내기에 극성을 부리지 않은 바가 없습니다. 이간질이 이와 같다고 하였고, 시기가 날로 극심하다고 하였고, 음모와 비밀 계책이라고 하였고, 위태로움을 꾀하는 계책이 이미 탄로되었다고 하였으며, 심지어는 전하의 부자를 해친다고 하였으니, 그 말의 흉악함과 기만은 차마 말할 수 없을 뿐만 아니라 또한 차마 들을 수 없는 바입니다. 인홍이 이 말을 한 것은 지적한 것이 무슨 뜻이며, 모함하는 것이 무슨 일인지 모르겠습니다. 삼가 전하께서는 신을 형관에게 내려 실상을 조사해서 신의 죄를 바로잡고 사람들의 말에 보답하소서. 몹시 원통하고 떨려 삼가 죽음을 무릅쓰고 아룁니다.

이에 대해 선조의 비답이 내려졌다.

> 정인홍의 상소를 보니 극히 흉악하나 다만 이해하지 못하겠다. 내가 심병이 있어 똑바로 보지 못하고 슬쩍 보아 넘겼을 뿐이다. 그중에 나에게 관계된 말이 있었으나, 또한 말한 까닭을 모르겠으니 더욱 음흉하다. 인홍이 이유 없이 임금의 마음을 동요시키고 영상을 모함하였으니, 여러 소인 중에 영상을 모함하려는 자가 유언비어를 조작하여 남쪽 지방

에 전파시킨 것을 인홍이 주워 모아 상소를 한 것인가? 그 말은 비록 따질 만한 것이 못 되지만, 무사無事한 중에 일을 만들어내어 지친 간에 부득불 이로 인하여 의심하고 틈이 생겨 조정이 혹 조용하지 못하면 큰 불행이다. 스스로 반성하여 떳떳하면 비록 천만 명이 떠들더라도 어찌 혐의할 것이 있겠는가? 또 전교한 일은 원래 다만 삼공에게 전하게 한 것이고, 범연히 대신에게 전한 것이 아니다. 저 떠드는 자가 과연 어떤 사람인가? 경은 안심하고 출사하고 개의하지 말라.

결국, 선조는 유영경의 손을 들어준 것이다. 그리고 화를 내며 선조는 이렇게 말했다.

"정인홍이 세자로 하여금 속히 보위를 이어받게 하려고 하는데, 사람의 신하 된 자가 어떻게 지금의 임금을 물러나게 하는 것을 능사로 삼는가?"

그때 충청도 유생인 진사 이정원이 정인홍을 두둔하는 상소를 했다.

삼가 생각건대 적신賊臣 유영경은 음흉하고 교활한 자질로 끝없이 극악한 죄를 지었으면서도, 정승 자리를 차지하고 천지간에 살아 있어 귀신과 사람 모두가 분노한 지 오래되었습니다. 다행히도 전 참판 정인홍이 의리로 목숨을 걸고 멀리서 정론을 올렸으니 온 나라가 서로 경하하며 현명한 지시를 기다렸는데, 이미 여러 날이 지나도록 아직까지 성지聖旨가 없으니 여러 사람들의 울분이 하늘에 닿을 정도가 되었습니다. 우리나라 200년 종사가 끝내 이 역신의 손에 무너져야 합니까? 전하께서는 빨리 영경의 죄를 바로잡아 신민의 울분을 상쾌하게 하소서. 신들은 몹시 절실하고 두려운 마음을 가누지 못하겠습니다. 삼가 죽음을 무릅

쓰고 아룁니다.

다음 날 좌의정 허욱과 우의정 한응인이 나서서 정인홍을 공격했다.

지금 전 참판 정인홍의 상소를 보니, 신들이 올린 글 중에서 한 토막
의 글을 끄집어내어 허다한 말을 만들고, 심지어는 영경이 세자를 동요
시키고 신들은 아첨하며 따랐다고 하였으며 또 우익羽翼이 됐다고 지목
하였습니다. 영경이 이미 이로써 죄명을 받았으니 그 우익이 된 자는 그
죄가 동일합니다. 어찌 영경에게 죄를 모두 돌리고 구차스럽게 정승 지
위에 있을 수 있겠습니까?

이렇듯 정인홍에 대한 공격에 서인의 영수 격인 한응인이 가담함으
로써 소북과 서인은 손을 잡은 격이 되었고, 대북은 외로운 투쟁을 전
개하는 양상이 되었다.

선조는 두 대신의 글에 대해 자신의 심정을 이렇게 말했다.

"인홍의 말은 마치 실성한 사람이 한 것과 같으니 극히 마음이 아프
다. 영상을 모함했을 뿐만 아니라 일시의 대간과 시종을 모두 당파라
지목하여 일체 죄망에 얽어 넣었으니, 이는 일망타진하려는 계책이다.
그 마음의 악독함이 이와 같으니 경들은 안심하고 대죄하지 말라."

또 유영경에게 이런 전교도 내렸다.

"경이 모함당한 실정과 인홍의 상소에 흉악한 음모가 들어 있는 정
상은 하늘의 해도 환히 아는 바이고, 나라의 상하도 모두 아는 바이다.
통탄할 만한 것은 간사한 자의 흉악한 계책이 이르지 않은 바가 없어
임금까지 관련시켜 말하였으니, 이는 참으로 무군반역無君叛逆의 무리이

다. 조만간 반드시 탄로 날 것이니 하늘이 어찌 이토록 간사한 자를 용납하겠는가? 마땅히 전지前旨를 따라 개의치 말고 안심하고 출사하라."

선조가 정인홍을 반역자로 규정하자, 1월 26일에 정언 구혜가 정인홍과 이산해의 아들 이경전, 그리고 이이첨을 모두 귀양 보낼 것을 요청하니 선조가 받아들였다. 선조는 또다시 유영경의 손을 들어준 것이다.

이 무렵, 왕세자 광해군은 매일같이 문안하며 선조의 병을 돌보았는데 선조는 문안 온 광해군을 무섭게 노려보며 말했다.

"중국의 책봉도 받지 못했는데 왜 세자라고 칭하는가? 앞으로 문안하러 오지 말라."

하지만 선조는 그런 말을 한 지 불과 며칠 지나지 않은 1608년 2월 1일에 병마를 이겨내지 못하고 숨을 거뒀다.

-5-

광해군과 대북 정권

처단되는 유영경과
쫓겨나는 유당 세력

1608년 2월 1일에 선조가 죽자, 2월 2일에 인목왕후가 선조가 남긴 교
서를 내렸다. 그 유교의 겉봉에는 '유영경, 한응인, 박동량, 서성, 신흠,
허성, 한준겸 등의 제공에게 유교한다'고 쓰여 있었다. 선조가 남긴 유
교의 내용은 다음과 같았다.

　　부덕한 내가 왕위에 있으면서 신민들에게 죄를 지었으므로 깊은 골짝
　　과 연못에 떨어지는 것 같은 조심스러운 마음이었는데, 이제 갑자기 중
　　병을 얻었다. 수명의 장단은 운명이 정해져 있는 것이어서, 낮이 가면
　　밤이 오는 것처럼 감히 어길 수 없는 것으로 성현도 이를 면하지 못하
　　였으니 다시 말할 것이 무엇이 있겠는가? 단지 대군이 어린데 미처 장
　　성하는 것을 보지 못하게 되었으니, 이 때문에 걱정스러운 것이다. 내가
　　불행하게 된 뒤에는 사람의 마음을 헤아리기 어려운 것이니, 만일 사악
　　한 소리들이 있게 되면, 원컨대 제공들이 애호하고 지켜주길 바란다. 감

히 이를 부탁한다.

선조는 눈을 감는 순간까지 어린 영창대군의 일이 걱정스러웠던 모양이다. 혹 광해군이 왕위에 오르면 역모 사건에라도 휘말릴까 염려스러워 이런 글을 남겼던 것이다. 하지만 이 유교는 오히려 훗날 영창대군을 죽음으로 내몰고, 겉봉에 이름이 적힌 신하들의 목숨을 앗아가는 원인이 된다.

선조의 유교가 알려지던 그날 왕세자 이혼(광해군)이 왕위에 올랐다. 광해군이 용상에 오르자 영의정 유영경은 사직하겠다는 요청을 했다. 광해군은 이를 허락하지 않았는데 그로부터 열흘 후인 2월 12일에 정언 이사경이 유영경을 탄핵했다.

"영의정 유영경은 본디 흉악한 사람으로, 오래도록 권력을 잡고 있으면서 임금의 총명함을 막고 폐쇄시켰으므로 권세와 기염이 하늘을 찌를 듯하였습니다. 그리하여 손톱과 어금니 같은 심복들이 조정에 많이 끼어 있게 되었고, 인척과 족척들이 요직에 포열되어 있으며, 자신과 의견을 달리하는 사람을 배척하고 언로를 막았으므로, 사람들이 감히 지적하지 못하였으며 도로道路의 사람들이 간흉으로 지목하였습니다. 벼슬을 잃을까 걱정하는 마음에서 하지 않는 짓이 없었고, 헤아릴 수 없는 흉악한 모의를 숨기고 있으니 용서할 수 없는 죄를 저질렀습니다. 그런데도 아직 정승의 자리에 버티고 있는가 하면 악역을 토죄하는 법전을 거행하지 않고 있기 때문에, 사람들의 분노가 날로 과격해지고 있습니다. 유영경의 관직을 삭탈시키고 문외출송 시켜서, 여론을 통쾌하게 하고 공론을 펴게 하소서."

그러나 광해군은 일단 이사경의 탄핵을 받아들이지 않았다.

"영상이 어찌 그러하겠는가? 아뢴 내용이 지나치다. 선조先朝의 구신 舊臣은 경솔히 논할 수 없으니 아울러 윤허하지 않는다."

광해군이 유영경에 대한 탄핵을 받아들이지 않은 것은 일종의 관행 일 뿐이었다. 정승을 누군가가 한번 탄핵했다고 하여 받아들이면 임금 의 권위가 떨어지는 까닭이었다.

이사경이 유영경을 탄핵한 날, 완산군 이축이 상소를 올려 유영경의 죄 아홉 가지를 열거하며 참형에 처해야 한다고 했고, 홍문관 부제학 송응순 등도 유영경을 탄핵했다. (송응순은 유영경의 심복이었는데, 광해군 이 왕위에 오르자 곧장 유영경을 탄핵하여 자신의 자리를 보전하려 했다.) 그러나 이번에도 역시 광해군은 윤허하지 않았다.

"영상이 어찌 그러하기에 이르렀겠는가? 논한 것이 지나치다. 선조 의 대신은 경솔히 논해서는 안 되는 것이고, 또 듣건대 부왕 때의 신하 를 바꾸지 않아야 한다는 것은 예로부터 그런 말이 있어왔다. 선왕께 서 유 정승을 태보(정승)에 발탁한 지가 지금까지 7년이나 되는데, 그 동안 의지한 것이 갈수록 돈독하였다. 그런데 승하하신 지 아직 한 달 도 되기 전에 갑자기 죄준다면 아버지가 친애하던 신하는 죽이지 않는 다는 뜻에도 어긋날 뿐만 아니라, 또한 늙은 구신을 대우하는 도리에 도 어긋난다. 내가 차마 하지 못하겠다."

광해군이 비록 유영경에게 죄주는 것은 받아들이지 않았지만, 말투 는 조금 바뀌었다. 유영경에게 죄가 있는 것은 맞으나, 부왕의 신하를 상중에 죄주는 것은 차마 하지 못하겠다고 한 것이다.

그러자 이번에는 행대사헌 김신원, 장령 윤양, 지평 민덕남, 헌납 윤 효선, 정언 이사경과 임장 등 사헌부와 사간원의 주요 관원들이 합계 하여 유영경을 탄핵했다. 그들은 유영경과 함께 김대래, 이유홍, 이효원, 성준구, 홍식, 송보 등의 당여들도 모두 삭탈관직하라고 요청했다. 유영경 일파에 대한 대대적인 숙청이 시작된 것이었다.

이번에도 광해군은 부왕의 신하를 차마 내쫓을 수 없다는 말로 반대했다. 이쯤 되면, 사헌부 관원들이 자신들을 파직시켜달라고 요청하는 것은 당연한 수순이었다. 그리고 2월 14일에는 사헌부와 사간원 양사가 합계하여 유영경과 그 일파들을 삭직하여 내쫓으라고 강력하게 요구했다. 그러자 광해군은 일단 유영경은 영상에서 물러나 다른 자리로 옮기도록 하고, 나머지는 쫓아낼 필요까진 없다고 답했다.

다음 순서는 삼사의 마지막 단계인 옥당이 나서는 것이었다. 홍문관은 유영경의 삭출을 강하게 요구했지만, 광해군은 이미 영의정에서 다른 자리로 옮겼다며 거부했다.

다음 날 다시 양사가 유영경과 이효원 등을 삭직시키라고 요구하자, 이효원, 이유홍, 성준구 등에 대해서는 내쫓고, 홍식과 송보는 내쫓지 말라고 했다. 홍식과 송보는 이조의 참판과 정랑이라는 청요직에 해당하므로 함부로 내쫓지 않은 것이다. (홍식은 선조의 후궁 정빈 홍씨의 오빠이고, 대북의 골북파 홍여순의 조카이다.)

이틀 뒤에 또 그들에 대한 삭탈관직을 요구하자 광해군은 송보의 삭탈관직은 받아들였다. 이렇듯 광해군은 간관들의 요구를 하나씩 차례로 들어주며 유영경 일파를 내쫓고 있었던 것이다. 그리고 마침내 2월 20일에 유영경의 관작 삭탈을 윤허했다. 당시 유영경과 그 일당을 향한 삼사의 탄핵에 대해 사관은 '이때 삼사에 인망이 있는 사람이 기용되어 참여하기는 했지만 대개는 모두가 영경의 잔당들이었는데, 이들이 도리어 영경 등을 공격하는 것으로 공을 삼았다'는 글을 남기고 있다.

일단 관작이 삭탈되면, 예의 다음 순서는 강한 형벌로 다스리는 것이었다. 다음 날엔 유영경을 도성 밖으로 내쫓는 벌인 '문외출송'을 윤허했다. 그리고 3월 4일엔 좌의정 허욱을 체직시켜 다른 자리로 옮기도록 했다. 이에 양사는 허욱의 삭탈관직을 요구했다. 이 또한 얼마간 요구가 지속되자, 결국 3월 14일에 유영경을 유배토록 하고 허욱의 관작 삭탈을 윤허했다. 그리고 3월 17일에는 유배지에 위리안치(가시나무로 울타리를 막아 밖으로 나오지 못하게 하는 것) 하도록 했다. 유배지는 함경도 경흥이었으니, 변방 중의 변방이었다.

유영경이 쫓겨나자, 원래 소북의 영수였던 김신국과 남이공에 대한 탄핵이 시작되었다. 또한 대간과 신하들 가운데 유영경의 잔당들이 반이 넘는다며, 그들을 모두 축출해야 한다는 생원 이사호의 상소문이 올라왔다. 유학 소명국은 유영경은 참형에 처하고 이홍로는 국문해야 한다고 주장했다. 그러자 사헌부 내부의 유영경 일파였던 집의 이필영, 장령 윤양, 정언 임장 등이 파직시켜달라고 요청했다.

당시 상황에 대해 사관은 이런 글을 남겼다.

사신은 논한다. 유영경이 나라의 권력을 잡았을 때는 김신국, 남이공이 모주謀主가 되더니만, 영경이 패한 뒤에는 김신국과 남이공이 맨 먼저 제창하여 창을 거꾸로 잡고 공격하면서 깊이 유희분과 결탁하여 날뛰고 기탄없이 굴었다. 청북이니 탁북이니 하는 말들을 만들어내어 영경과 다르다는 것을 보이고 난 다음, 남은 졸개들을 거느리고 영경의 무리를 공박하며 여력을 다하여 기어코 죽이려고 하였다.

이후로 유영경과 김대래를 처단해야 한다는 요청은 수개월간 끊임없이 이어졌다. 그러자 그해 8월 28일에 행대사간 송순이 유영경은 '국본國本을 위해하려는 대역부도한 짓을 하였다'고 주장했다. 여기서 말하는 '국본'이란 곧 세자 시절의 광해군을 일컫는 것으로, 유영경이 영창대군을 옹립하기 위해 세자를 죽이려 했다는 말을 하는 것이었다.

그러자 그다음 날 영의정 이원익, 좌의정 이항복이 백관을 거느리고 나가서 유영경을 처단할 것을 요청했다. 이후에 이산해도 가세하여 유영경을 법대로 처단해야 한다고 주장했다. 이런 일이 몇 차례 계속되자, 9월 1일에 광해군은 마침내 유영경 처단을 윤허했다.

"유영경은 선조의 구신이다. 내가 차마 무거운 벌을 내리지 않았던 것은 진실로 일반적인 사람의 정에서 나온 것이었는데, 경들이 온 나라의 의견을 토대로 백관을 거느리고 와서 여러 날 동안 요청하니, 이는 이른바 온 나라 사람이 모두 죄가 있다고 말하는 경우에 해당한다. 내가 감히 끝까지 비호하지 못하겠으니 유배된 곳에서 스스로 자결하여 백성들의 노여움에 사죄하도록 하라."

광해군은 마침내 즉위 7개월 만에 자신의 정적 유영경을 유배지에서 죽게 했다. 그동안 선왕의 대신이라 하여 이런저런 이유로 그를 죽이지 않은 것은 그저 대신에 대한 관례를 지킨 것뿐이었다. 기실, 유영경을 가장 죽이고 싶어 한 인물은 광해군 자신이었다. 선조는 죽기 전에 세자에게 선위하라는 교서를 내렸는데, 유영경은 이 선위 교서를 자신의 집에 몰래 숨기고 공포하지 않았다. 그러자 대북 세력인 이이첨이 이 일을 선조에게 알렸지만, 선조는 그 일을 처리하기 전에 숨을 거두고 말았다. 행대사간 송순이 유영경에 대해 국본을 위해하려는 대역부도한 짓을 했다는 것은 바로 이 사건을 두고 한 말이었다.

유영경의 죽음과 함께 그를 따르던 유당 세력들도 모두 쫓겨났다. 이후로 소북 세력은 크게 약화되었다.

대북의 영수 이산해와
홍여순의 죽음

소북 세력의 절대 다수를 차지하던 유영경 일파를 몰아낸 세력은 대북의 주류 당파인 육북이었다. 육북은 이산해를 중심으로 정인홍과 이이첨이 주도하고 있었는데, 이들은 홍여순이 이끌고 있던 골북에 대한 공격을 시작했다. 광해군이 즉위한 지 한 달 보름쯤 되던 1608년 3월 16일에 양사에서 홍여순을 삭탈관직할 것을 요청했다.

"형조판서 홍여순은 탐오하고 난폭하고 방자하여 가는 곳마다 나쁜 짓을 하는데, 게다가 음흉하고 간특하고 교활하여 화심禍心을 품고 있기 때문에 이홍로가 용만에서 소장을 올릴 적에 그와 함께 모의하였습니다. 경자년(1600년, 선조 33년)에는 불온한 말을 지어내어 죄에 얽어 넣을 계교를 세웠으니, 관작을 삭탈시키고 문외출송 하소서."

광해군은 그 말을 듣고 이틀 뒤에 홍여순을 파직시켰다. 그리고 3월 18일에 문외출송 시켰고, 5일 뒤인 23일엔 진도로 유배 보냈다. 진도로 간 홍여순은 이듬해인 1609년 2월 10일에 유배소에서 죽었다.

홍여순에 대해 그의 졸기에 사관의 이런 평가가 남아 있다.

여순은 음흉하고 교활하여 남을 해치려는 마음을 품고 평생 부정한 방법으로 권세가에 붙어 사류를 해치는 것을 능사로 삼았다. 게다가 거리낌 없이 탐욕을 부리고 방종하여 집을 크게 짓고는 여염 사이의 희귀한 꽃과 특이한 나무까지 모두 빼앗아가므로, 사람들이 그를 두려워하는 것이 아귀나 야차보다 더하게 여겼다. 이뿐이 아니라 이홍로가 용만에서 올린 소를 그와 공모하였으며, 경자년에 미쳐서는 은밀히 궁금(궁킬)과 내통해 불측한 말을 만들어내어 임금과 세자 사이에 불화를 일으킬 계획을 하였으니, 그사이의 흉악하고 참혹한 짓은 차마 말을 할 수 없다. 아, 예로부터 신하로서 남의 나라를 흥해한 자가 많았으나 끝까지 자신을 보전한 자가 거의 없었고 보면, 선인에게 복을 주고 악인에게 화를 준다는 설이 과연 빈말이 아니니 경계하지 않아서야 되겠는가?

홍여순과 함께 대북파를 만들었다가 서로 권력을 다투다 육북과 골북으로 찢어져 싸웠던 이산해도 6개월 뒤인 8월 23일에 죽었다. 이산해의 부음을 듣고 광해군은 이런 글을 내렸다.

　　아성부원군은 국가의 시귀著龜(점을 칠 때 사용하는 톱풀와 거북. 아주 중요한 인재를 일컬음)로 그의 덕망은 족히 집에 누워서도 여론을 진정시킬 만하였다. 내가 지금 그 병이 낫기를 기다려 가뭄의 장맛비로 삼으려 하였는데, 갑자기 부음을 들으니 애통함을 이기지 못하겠다.

광해군이 이산해를 이토록 높게 평가한 것은 선조가 병중에 있고 자신의 처지가 위태로울 때 손을 내밀어, 무사히 왕위를 승계할 수 있도록 도와준 것에 대한 보답이라 할 수 있다.
　그런데 이산해에 대한 사관의 평가는 자못 냉정하다.

　　사신은 논한다. 임금이 소인에게 미혹된 것은 선왕이 이산해에게 미혹된 것과 같은 경우가 없었다. 그러나 말년에 이르러 비로소 깨닫고 하교하기를 '산해의 마음은 길 가는 사람도 안다' 하였는데, 지금까지 조야朝野에서 그 말을 외우고 있다. 그런데 이제 왕이 그를 시귀와 장맛비

에 비기기까지 한 것은 무엇 때문인가? 이산해가 스스로 정책定策(광해
군이 왕위에 오르게 한 일)의 공훈이 있다고 자부했는데, 왕도 자기에게 공
을 세웠다고 여겼기 때문인가? 그러나 김귀인(인빈 김씨)과 결탁하고 선
왕의 뜻을 받들어 세자를 세우는 일을 방해하고 막은 것은 바로 이산해
가 주모자였는데, 왕만이 유독 깨닫지 못하였다. 그래서 불행히도 하늘
의 토죄討罪가 시행되지 않아 제 집에서 늙어 죽었으니, 온 나라 사람들
이 모두 그 죽음을 기뻐하고 그 늦은 것을 한스러워하였다. 그런데 심지
어 하교하기를 '애통함을 이기지 못하겠다'고까지 하였으니, 이것이 이
른바 인정을 거스른다는 것이다.

살해되는 임해군

이산해가 죽은 뒤에 대북 세력을 장악한 인물은 정인홍과 이이첨이었
다. 정인홍은 선조 말년에 쫓겨났다가 광해군 즉위년(1608년) 2월 23일
에 유배에서 풀려났다. 이때 정인홍과 이이첨을 풀어달라는 상소가 이
어졌는데, 정인홍이 건강이 나쁘다 하여 먼저 풀어준 것이다. 그리고
다음 날 이이첨도 풀어주었다. 그들이 영창대군으로 하여금 보위를 잇
게 하려는 유영경의 음모를 막고 자신이 왕위에 오르는 데 도움을 준
것에 대한 보답이었다.

그들을 유배에서 풀어준 데 이어 관직도 주었다. 정인홍은 3월 1일
에 판윤에 임명되었고, 4월 22일에는 세자 보양관으로 삼았다가 5월
28일에 대사헌에 임명했다. 이이첨에 대해서는 병조정랑으로 삼았다
가 3월 22일에 사헌부 정5품 지평으로 삼았다. 대북파의 육북당이 언

론의 핵심인 사헌부를 장악한 것이다.

이들이 사헌부를 장악할 때, 영의정엔 이원익, 좌의정엔 이항복, 우
의정엔 심희수가 있었다. 이때 이원익과 이항복은 지속적으로 정승 자
리에서 물러나겠다고 사직 요청을 하고 있었지만 광해군은 받아들이
지 않았다. 하지만 영의정 이원익은 무려 스물세 번이나 사직서를 올
렸고, 결국 광해군은 재위 1년(1609년) 8월 13일에 사직할 것을 허락했
다. 이원익에 이어 영의정이 된 인물은 이덕형이었다. 이덕형은 좌의
정 이항복과 오랜 벗으로 '오성과 한음'이라는 호로 더 알려진 인물이
었다. 이들 세 정승은 모두 대북파와 거리가 먼 청렴한 인물이었다. 하
지만 당시의 권세가 정승에게서 나오던 시절이 아닌 까닭에, 그들이
정승으로 있는 동안 대북 세력은 육조와 삼사를 장악하고 권력을 농단
했다.

대북파가 권력을 잡고 가장 먼저 한 일은 임해군을 유배 보내 죽이
는 일이었다. 그들은 임해군을 왕권을 위협하는 존재라고 인식하고 반
드시 죽여야 할 대상으로 여겼다.

광해군 즉위 후 임해군 이진을 가장 먼저 탄핵한 사람은 사헌부 간
관들이었다. 장령 윤양, 지평 민덕남, 헌납 윤효선, 정언 이사경과 임장
이 모두 의견을 일치시켜 임해군을 유배시킬 것을 주장했다. 광해군이
즉위한 지 보름도 되지 않는 1608년 2월 14일에 그들이 올린 말은 이
랬다.

임해군 이진은 오랫동안 다른 마음을 품고서 사사로이 무기를 저장
하고 몰래 사병을 양성하였습니다. 지난해 10월 대행대왕께서 미령하실
때부터 역당들을 많이 모았을 뿐만이 아니라, 또한 많은 명장들과도 서

로 연락하여 무사들을 불러 모아놓고 주야로 은밀히 불온한 짓을 도모하고 있는데, 이는 나라 사람들이 다 같이 분명히 알고 있는 것입니다. 그러다가 승하하는 날에 이르러서는 발상하기 전에 공공연히 그의 집에서 나갔다가 한참 시간이 지난 뒤에야 달려 들어왔으니, 그 행적이 비밀스러워 가병을 지휘한 정상이 환히 드러났습니다. 종묘와 사직을 보존시킬 대계를 위하여 속히 대신과 병조로 하여금 조속히 처치하게 하여 절도로 유배시킴으로써, 성상께서 우애하는 지극한 정을 온전히 하고 중외 사람들의 의구해하는 마음을 안정시키소서.

그날 홍문관도 부제학 송응순을 필두로 전한 최유원, 응교 이지완, 부교리 기협, 부수찬 성시헌, 정자 목대흠 등이 나서서 이진을 죄주기를 청했다.

광해군은 이에 대해 이런 비답을 내렸다.

나의 형이 어찌 그럴 리가 있겠는가? 내가 계사(장계의 글)를 보고 안타까워 눈물이 흐르는 것을 견딜 수가 없다. 불행하게도 이런 공의公議가 유발되었으니, 대신에게 문의하여 조처하라.

이 비망기의 내용을 보면, 자신의 형이기 때문에 죄를 줄 수 없다는 말이 아니다. 이미 조정의 공의가 그렇다면 대신과 상의해서 결정하라는 것이다. 이후 광해군은 승정원에 비망기로 자신의 뜻을 전했다.

국가가 불행하여 이런 공의가 유발되었으니, 형제 사이에 조처할 바를 몰라 그저 스스로 통곡만 할 뿐이다. 선왕의 유교가 정녕하게 귀에 남아 있으니 내가 차마 저버릴 수 없다. 원컨대 대신들은 상의하여 선처함으로써 힘써 우의를 보존할 수 있는 계책을 강구하여주었으면 더없는 다행이겠다. 이런 내용을 대신에게 이르라.

그러자 이산해, 이원익, 이덕형, 이항복, 심희수, 허욱, 한응인 등의 대신들이 결론을 보내왔다.

"절도에 유찬시키는 것이 바로 우의를 보존시키는 지극한 뜻인 것이니, 조속히 처치하는 것이 의당하겠습니다."

그러자 광해군은 대신들에게 자신의 심정을 전하며 임해군을 일단 연금토록 했다.

"절도로 유찬시키는 것은 차마 못 하겠다. 단, 동기를 대우하는 것은 후하게 하지 않을 수 없는 것이지만 이미 나갔으니, 무장 1인을 선택하여 무사와 포수, 군사를 데리고 그의 집으로 가서 사면을 엄히 지키면서 출입하는 사람을 금하게 함으로써 뜻밖의 일을 예방하게 하라."

그렇게 연금된 임해군은 여장을 하고 자신의 수하에게 업혀 집을 빠져나가려다 붙잡혔다. 이후 비변사에 붙잡혀 왔고 무사들로 하여금 그를 지키게 했다. 그리고 후에 도성 밖에 있는 집에 가두고 지키게 했다. 2월 18일엔 강화도 교동에 유배되었다. 이때는 아직 선조의 국상이 한창 진행 중인 때였다.

임해군을 유배시킨 뒤, 언론 양사는 법에 따라 그를 처벌해야 한다고 주장했다. 그러자 광해군은 임해군이 필시 다른 사람에게 속아서 그런 망령된 모의를 했을 것이라며 사형은 면하게 해달라고 했다.

그런 말들이 오가고 있을 무렵인 그해 6월에 명나라에서 차관 엄일괴와 만애민을 파견하여 임해군을 대질해서 조사하게 했다. 조선 조정에서는 임해군이 병으로 인해 왕위를 잇기에 적합하지 않아 광해군이 왕위를 이었다고 명나라에 보고했고, 명나라는 이를 확인하겠다며 두 사람을 보낸 것이다.

광해군은 곧 형조정랑 정호관과 선전관 신경원을 강화도 교동도로 보내 임해군을 데려왔다. 이때 광해군은 외척 김예직을 임해군에게 보내 차관을 만났을 때 어떤 말을 해야 하는지 알려주도록 했다. 임해군은 김예직을 보자 자신은 아무 잘못이 없다며 울면서 하소연했다.

이후 임해군이 서강으로 나와 엄일괴와 만애민을 만났다. 이들이 6월 20일에 나눈 대화를 《광해군일기》는 다음과 같이 기록하고 있다.

임해가 차관을 보고 스스로 말하기를

"나는 일찍이 왜적에게 붙잡힌 적이 있어서 정신을 잃고 못된 행동을 하였다. 또한 중풍에 걸려서 손발을 움직일 수 없다."

하였는데, 차관이 묻기를

"네가 반역을 도모하다 죄를 받은 것이 사실이냐?"

하니, 답하기를

"사실 이러한 일은 없었다. 내가 병으로 정신이 혼몽하였는데 노예들이 이러한 뜻을 가졌던 것 같으나 나는 몰랐다."

하였다. 그러자 차관이 그러냐고 하면서 대신에게 말하기를

"잘 보호하고 소홀히 대우하지 말라고 국왕에게 말을 전하시오."

하였다.

처음에 대신이 진에게 대답할 말을 미리 가르쳐주었는데, 진이 다른 일은 모두 긍정하면서도 역적질한 사항만은 받아들이려고 하지 않았다. 이에 대신이 노예에게 핑계 대라고 가르쳐주자 그 말을 따랐다. 일괴 등

은 비록 이러한 말을 다 사실로 믿지는 않았지만, 타고난 성품이 탐욕스러워 수만 냥의 은을 받고는 평이하게 조사한 뒤에 갔다.

차관들이 떠난 뒤, 임해군은 다시 교동도의 유배소로 돌아갔다. 이후로 임해군을 죽이라는 주장은 끊임없이 이어졌으나 광해군은 받아들이지 않았다. 그러자 대북의 핵심인 이이첨이 1609년(광해군 1년) 4월 29일에 수하들을 사주하여 죽였다. 《광해군일기》는 그가 살해된 정황을 다음과 같이 기록하고 있다.

> 임해군을 위소(위리안치 된 곳)에서 죽였다. 임해군이 위리안치 되어 있을 때 다만 관비 한 사람만이 그 곁에 있으면서 구멍으로 음식을 넣어 주었는데, 이때 이르러 수장 이정표가 핍박하여 독을 마시게 했으나 따르지 않자 드디어 목을 졸라 죽였다. (임해가 죽은 것을 사람들이 능히 밝히지 못하고 또 죽은 날도 알지 못하였다. 무신년 반정 후 임해군의 가족이 그 관비를 불러 묻고서야 비로소 그 실상을 알았다. 부인 허씨가 관을 열고 보니 피부가 살아 있을 때와 같았는데, 그 목에 아직 새끼줄을 감았던 붉은 흔적이 있었다.)

김직재의 옥과
숙청되는 소북 세력

조정을 장악한 대북파는 유영경을 죽인 후에도 소북의 잔여 세력을 제거하기 위해 기회를 엿보고 있었다. 그런 가운데 1612년(광해군 4년) 2월 13일에 황해 병사 유공량과 감사 윤훤이 장계를 올려, 봉산 군수 신율이 어보와 관인을 위조한 김경립이라는 자를 체포했다고 보고했다. 신율의 말에 따르면 어떤 이가 봉산군 관아에 문서 한 통을 바쳤는데, 겉봉에 '벽제로부터 중화까지 전달하는 관문'이라고 적혀 있었으나, 얼핏 보아도 관문서의 모양과는 달라 문서를 바친 자를 추궁해보니 봉산군에 사는 김경립이란 자가 가짜로 만든 문서였다는 것이다. 신율은 곧 김경립을 잡아 문초했다. 그리고 그의 본명이 김제세라는 사실을 알아냈고, 그의 집 뒷산에 묻어둔 어보 한 개와 병조의 인장 하나를 찾아냈다. 이후 김경립의 입에서 모반 계획이 나왔다는 것인데, 그 내용을 요약하자면 8도에 각각 대장, 별장 등을 정하여 불시에 한양을 함락시키고 대북 세력 및 광해군을 축출하려 했다는 것이다. 또 김경립의 아우 김익진은 고문을 당한 끝에 8도 도대장으로 내정된 사람은 김백함이라고 자백했다.

유공량과 윤훤의 장계에서 그 내용을 옮기자면 이렇다.

사건의 대략은, 8도에 모두 대장과 별장을 정했는데 김경립은 본도의 서기라고 하였습니다. 무리가 많이 모이기를 기다렸다가 불시에 서울을 범한다는 것으로써 지극히 흉악한 내용이었습니다. 그의 아우 김익진을 추문한즉 '8도의 도대장은 바로 김백함이다. 그 아비 김직재는 왜적에게 잡혔을 때 왜적이 그 아비 김흠을 죽여 삶아 주자 태연히 그 고기를 먹었다. 그 뒤에 대간의 아룀으로 인하여 잡혀서 국문을 받고 풀려났다. 아들 백함은 제 아비가 실직한 데 분을 품고 반역을 꾸몄다' 하고 '모든 관련 문서는 모두 최군의 집에 있는데 각 도 역적들의 사정을 최군은 모르는 것이 없다' 하였습니다. 그리고 '각 도의 대장으로 결정된 사람의 용모와 나이를 일일이 추문하여 책을 만들어 올립니다' 하였기에 감히 이를 치계합니다.

이 사건과 관련하여 광해군은 영의정 이원익과 우의정 이항복을 불러 우부승지 민덕남과 함께 의논했는데, 그들의 대화를 옮겨본다.

왕이 황해 병사의 장계 한 통을 영상과 우상에게 전해주면서 이르기를

"유공량의 장계가 이와 같으니 어떻게 해야 하겠는가? 경 등이 상의하여 선처하라."

하니, 이원익이 아뢰기를

"추국하는 일입니까?"

하였다. 왕이 이르기를

"비단 추국뿐만이 아니라 조처해야 할 모든 일이다."

하니, 이항복이 아뢰기를

"그 말이 비록 두서가 없으나 그 초사招辭에 나온 자들을 급급히 체포하여 국문한 뒤에는 단서를 알 수 있을 것입니다."

하고, 이원익은 아뢰기를

"소신은 평소에 어지럼 증세가 있어 장계의 내용을 자세히 알 수는 없으나 대개 서장書狀이 이러하니 추국하면 알 수 있을 것입니다."

하였다. 왕이 이르기를

"이른바 최군이란 어떤 사람인가?"

하니, 이항복이 아뢰기를

"필시 변성명일 것입니다. 그가 살고 있는 곳을 저들 무리가 반드시 분명하게 지시했을 것인데 그곳에는 의심할 만한 사람이 없었다고 합니다."

하였다. 왕이 이르기를

"어보와 육조 인장을 위조한 것이나 각 도 장수를 정한 것으로 볼 때 예사 역적이 아니다."

하니, 이항복은 아뢰기를

"지극히 흉악하고 참혹합니다."

하고, 이원익은 아뢰기를

"그 공문을 보니 먹으로 도장을 찍었는데 결코 일을 아는 사람의 짓이 아닙니다."

하자, 왕이 이르기를

"비록 위조했기는 하나 서리의 일에 익숙한 자들의 짓은 아니다."

하였다. 민덕남이 아뢰기를

"장계에 한여유라는 이름이 있으나 포도종사관이 와서 하는 말이 '집이 비슷해서 1인을 체포해 왔다'고 하는데, 역적의 괴수가 오면 국문에 증거로 삼을 수 있을 것이니 우선 구류해두고 기다리겠습니다."

하니, 왕이 이르기를

"최군을 속히 체포하라."

하였다. 민덕남이 아뢰기를

"그가 살고 있는 곳이 분명하지 않습니다. 홍언방이란 자도 인장을 위조하여 마침 체포되었는데 이 사람도 의심할 만합니다."

하니, 왕이 이르기를

"홍언방 역시 이 범죄에 관련된 자인가?"

하자, 민덕남이 아뢰기를

"홍언방이 이 범죄에 관계되지는 않았지만 마침 인장을 위조한 죄로 체포되었고, 또 중이 되었다가 환속한 자라고 하니 역시 매우 의심스럽습니다. 우선 엄밀히 국문하면 단서를 얻을 수 있을 것입니다."

하였다. 이원익이 아뢰기를

"인장을 위조한 것은 죽을죄에 해당합니다."

하고, 이항복은 아뢰기를

"반드시 역적으로 국문할 것 없이 포도청과 의금부로 하여금 추국하게 한다면 단서가 나타나지 않을 리가 없을 것입니다."

하니, 왕이 이르기를

"의금부로 하여금 속히 국문하게 하라."

하였다. 왕이 이르기를

"김백함이 역적의 괴수인데, 이 사람 이외에 또 그들 괴수는 없겠는가?"

하니, 이항복이 이르기를

"각인들을 잡아 와 추국을 해보면 알 수 있을 것입니다."

이렇게 해서 김직재에게 모진 고문을 가한 끝에 자신이 역모의 주모자라는 자백을 얻어냈고, 황보신을 고문하여 함께 모의한 사람들이 연릉부원군 이호민, 전 감사 윤안성, 전 좌랑 송상인, 전 군수 정호선, 전 정언 정호서 등 수십 명이라는 자백을 받아냈는데, 이들은 모두 소북파 출신으로 유영경이 내쫓긴 이후 현직에서 물러난 자거나 유생들이었다. 그리고 추대하려고 했던 자가 누구냐고 하니, 순화군의 양자인 진릉군이라고 했다. 순화군은 선조의 후궁 순빈 김씨의 아들이었다. 순화군 이보는 선조 40년인 1607년 3월 18일에 죽었는데, 그는 매우 광포하여 해마다 10여 명의 무고한 사람을 죽이다가 관직이 삭탈되었다. 죽은 뒤에 다시 벼슬을 회복하여 순화군이라고 했다. 순화군이 아들 없이 죽자, 익성군 이항령의 아들 이태경을 양자로 들여 후사를 이었다. 진릉군이라는 자는 바로 이태경을 지칭한 것이었다.

이렇듯 소북파 인사들이 대거 역모에 연루될 상황이 되자, 당시 의금부판사를 맡고 있던 소북의 거두이자 선조의 유명을 받든 일곱 신하 중 한 명인 박동량이 소북인들을 구원하려는 말을 광해군에게 했다. 그러자 광해군은 박동량의 관직을 삭탈하고 조정에서 내쫓았다.

결국, 이 사건으로 김직재, 김백함 부자는 물론이고 김제, 유열 등 100여 명의 소북파 인사들이 대거 숙청되었다.

이른바 '김직재의 옥'으로 불리는 이 사건은 사실, 단순히 병역을 면제받기 위해 김제세가 어설프게 어보와 관인을 위조한 것에 불과한 일이었는데, 대북파가 소북파를 일거에 숙청하기 위해 일을 고의로 확대시킨 것이었다. 당시 사관이 남긴 다음 글은 이 사건이 조작되었음을 시사하고 있다.

상고하건대, 김제세는 본디 병졸 집안의 자손이다. 어려서 중이 되어 겨우 글자를 조금 알게 되었다. 환속하여서는 군보軍保에 소속되었는데, 그 역을 견디지 못하여 봉산 지역으로 도망하자 중화에 있는 부모 친척들이 모두 대신 징발을 당하였다. 제세가 그 군보의 역을 모면하려고 예조가 내린 훈도訓導의 직첩을 위조하여 제 이름을 써넣어 중화부 병조에 보내려고 하였다. 군역을 다한 듯이 하여 면제받으려고 먼저 봉산군에 보내 중화부에 도착시키려 하였는데, 신율이 보고 위조임을 알고는 즉시 추궁하여 위조한 어보와 관인을 찾아내었다. 이것이 제세의 대략적인 죄안이다. 대개 제세는 본디 군역을 도피했기 때문에 감히 직접 중화에 제출하지 못한 것이다. 그런데 한 장의 문서로 군역을 면하려고 했으니 그 꾀가 너무나도 어리석다. 훈도의 직첩은 당연히 이조가 내리는 문서로 나와야 하는 것인데 예조 문서로 위조했고, 또 직첩 내에 예조참지라고 써서 예조에는 참지가 없는 줄을 알지 못했다. 위조하여 새긴 어보와 병조의 인장도 전서篆書의 획이 제대로 되지 못하였으며, 문서에 모두 먹으로 찍었다. 또 '차례로 전달하는 관문(次次傳關)'은 바로 군국軍國에 관한 중대사에 관계되는 경우에 사용하는 것으로, 이로써는 면역이 용납되지 않는다는 것을 몰랐다. 대개 해서 지방의 풍속은 어리석고 완악하여 문법도 알지 못하는데, 제세는 환속한 지 오래지 않아 더욱 관가의 규례에 어두웠다. 비록 위조문서라고 해도 형식도 갖추지 못했으니 간사한 자의 꾐에 빠져 어지러운 말로 거짓 공초한 것은 당연하다고 하겠다.

계축옥사,
살해되는 영창대군과 능창군

김직재의 옥으로 소북인들을 대거 몰아낸 대북파는 이번엔 영창대군을 죽일 궁리를 했다. 그러던 중에 서얼 박응서 일당의 강도 사건이 일어났다. 1613년(광해군 5년) 4월 25일에 좌변포도대장 한희길이 광해군에게 이런 보고를 했다.

"지난달에 조령(경북 문경새재) 길목에서 도적이 행상인을 죽이고 은자 수백 냥을 탈취한 사건이 일어났습니다. 그런데 그 도적의 괴수인 서얼 박응서는 도망갔고 도적 허홍인의 노비 덕남 등을 체포했는데, 형장을 한 번 가하기도 전에 낱낱이 자복하였습니다. 같은 패거리 몇 명이 외방에 있기도 하고 도망치기도 하여, 현재 계책을 써서 끝까지 체포하려고 하는 중인데, 먼저 은자를 찾아내어 본래 주인에게 돌려주고 이미 자복한 적괴는 형조에 이송해야 하겠기에 감히 아룁니다.”

보고를 받은 광해군은 곧 포도청이 병조와 형조 당상과 회동하여 엄격히 신문해서 사실을 알아내고, 같은 패거리들을 상세히 조사해서 잡아내라고 했다.

이 보고와 지시는 다소 특이한 것이었다. 대개 포도청에서 죄인이 죄를 실토하면 형조로 이송하면 끝나는 것인데, 굳이 왕에게 보고하고 왕이 직접 나서서 구체적인 지시를 내리고 병조까지 참여하게 했던 것이다.

아니나 다를까, 이 사건은 일파만파로 확대되어 단순한 도적 사건이 아닌 역모 사건으로 번지게 된다.

7명의 서자가 벌인 사건이라 흔히 ‘칠서의 옥’이라고 불리는 이 사건에 연루된 자들은 영의정을 지낸 박순의 서자 박응서, 심전의 서자 심우영, 목사를 지낸 서익의 서자 서양갑, 평난공신 박충간의 서자 박치의, 박유량의 서자 박치인, 북병사를 지낸 이제신의 서자 이경준, 서얼 허홍인 등이었다.

이들은 모두 한양에서 제법 내로라하는 집안의 서자들이었는데, 자신들을 ‘죽림칠현’이라고 부르기도 하고 ‘강변칠우’라고 부르기도 했다. 이들은 허균, 이사호, 김경손 등 양반 출신 문인들과 가깝게 지내기도 했고, 광해군이 즉위했을 때는 서얼 차별을 없애달라는 상소를 하기도 했다. 하지만 이 상소가 거부당하자 여주 남한강변에 ‘무륜당’이라는 조직을 만들고 화적질을 일삼다가 문경새재에서 상인들을 죽이고 돈을 약탈하기에 이른 것이다.

칠서 중에서 가장 먼저 붙잡힌 자는 박응서였다. 박응서는 감옥에 갇히자, 이이첨의 주문에 따라 자신은 단순한 도적이 아니며, 은화를 모아 무사들과 결탁하여 반역하려 했다고 주장했다. 박응서는 또 광해군이 친국하는 자리에서 이런 말도 했다.

"서양갑과 박치의가 주모자로서 정협, 박종인, 심우영, 허홍인, 유인발 등 호걸들과 결탁한 뒤 사직을 도모하려 한 지 거의 4, 5년이 지났는데 그동안 기회를 얻지 못했습니다."

그리고 그 내막들을 술술 불기 시작했는데, 그 내용이 모두 반역을 도모한 정황이었다.

"선왕께서 승하하신 뒤 중국 조정에서 조사詔使가 나오자, 허홍인과 서양갑이 활을 들고 남별궁 문밖에 가서 조사를 쏘아 맞추고 그때를 이용해 군사를 일으키려 하였으나, 조사의 호위가 엄밀하였기 때문에 그 계책을 이루지 못했습니다.

지난해에는 이경준이 홍의군문興義軍門의 명호名號로 격문을 작성하고 사대문에 붙여 민심을 동요케 한 뒤 곧바로 군사를 일으키려 하였으나, 마침 김직재의 변고가 발생하였기 때문에 경준이 도로 격문을 빼앗아 불태워버리고 계책을 뒤로 미루었습니다.

7년 전에 서양갑이 맨 먼저 역모를 주장하였습니다. 그는 심우영, 허홍인, 유효선 등과 함께 여주 강변의 넓은 들판에 같이 살며 숙식을 함께하였는데, 어느 날 흉모를 이야기하기를 '우리들이 뛰어난 재질을 갖고 있는데도 오늘날의 법 제도 때문에 출셋길이 막혀 뜻을 펴지 못하고 있다. 사나이가 죽지 않는다면 모르지만 죽는다면 큰 이름을 드러내야 할 것이다' 하였습니다. 그 뒤로 김평손, 김비와 결탁하는 한편 무사들과 관계를 맺으려 하였으나 금은이 없는 것을 한스러워하였습니다.

신해년 가을에 서양갑이 직접 소금 장사를 하며 해주에 눌러 있은

지 반년 만에 사람을 죽이고 도망쳐 왔습니다. 지난해 봄에 정협, 허홍인, 박종인, 김비가 어사라고 거짓 칭하고, 부자인 이의숭의 집을 털어 금은을 도적질했습니다. 그러나 금액이 적어 부족한 나머지 지난해 가을과 겨울 사이에 허홍인, 유인발, 김비, 김평손과 함께 세 차례나 경상도에 가서 왕래하는 은상銀商을 때려죽여 수천 금을 얻은 다음 토호와 결탁하려 하였으나, 뜻대로 되지 않았습니다. 그러다가 금년 봄 정월에 서양갑이 박치의, 허홍인 등과 함께 은상을 때려죽이고 은 600~700냥을 얻었습니다."

추국관들이 구체적인 계획에 대해 말하라고 하자 박응서는 다시 말을 늘어놓았다.

"지금까지 예정되어 있는 계획은 300여 인을 동원해서 대궐을 밤중에 습격하는 것이었습니다. 이를 위해 먼저 우리와 친한 무사로 하여금 조정의 권력자에게 뇌물을 써서 선전관이나 내금위, 수문장 등의 관직을 얻어 내응할 발판을 마련하는 동시에, 금은을 집정자에게 뇌물로 주어 정협을 훈련대장으로 임명하고, 금과 비단을 모두 뿌려 300여인과 결탁한 다음 야음을 이용해 대궐을 습격하려 하였습니다. 이때 제일 먼저 대전을 범하고 두 번째로 동궁을 범한 다음, 급히 국새를 가지고 대비전에 나아가 수렴청정을 하도록 청하는 한편 성문을 굳게 닫고 백관을 모두 바꿔치려 하였습니다.

이와 함께 먼저 척리(임금의 친인척) 및 총병·숙위하는 관원을 죽이고, 친구와 같은 패거리들로 조정을 채우는 동시에 서양갑 자신은 영의정이 되고 나머지는 순서대로 관직을 임명받을 계획이었습니다. 또 유배 중인 무리들을 석방하여 높은 관직에 임명함으로써 동심협력해 대군을 옹립케 하고, 팔도의 감사와 병사도 모두 같은 패거리로 채운

다음 사신을 보내 중국 조정에 글로써 알리려 하였는데 그 내용 중에는 차마 듣지 못할 점이 있었습니다. 이상이 예정된 계획이었는데, 아직 대대적으로 모으지를 못했기 때문에 시일은 정하지 못했고, 또 대비와 대군에게도 알리지 못했습니다."

박응서의 입에서 마침내 대비와 영창대군이 거론되었다. 박응서에게 그런 말을 하게 만든 세력은 대북의 핵심 이이첨 일당이었다. 그 내막에 대해《광해군일기》의 사관은 다음과 같이 기록하고 있다.

응서가 처음 갇히게 되었을 때 사대부들 가운데 혹 '이 사람들은 모두 명가의 자제들인 만큼 이런 일을 할 리가 없다'고 하며 구해주려는 자들이 많이 있었고, 대장 한희길도 주저하며 결단을 내리지 못하고 있었다. 그런데 남이공과 박이서 등이 마침 은상의 집안과 친하게 지내었으므로, 그 실제 자취를 탐지한 다음 희길에게 옥에 가두고 장계를 올리라고 강력히 권하였다. 이이첨이 이를 듣고 희길을 불러 묻기를 '자네가 큰 도적을 잡았다고 들었는데 그 실상이 어떠한가?' 하니, 희길이 공초를 받은 사연을 모조리 알려주었다. 이에 이첨이 마침내 희길 및 문생 김개 등과 비밀히 의논한 다음, 몰래 사람을 들여보내 응서를 유도하였다. 그때 응서는 양갑 등보다 먼저 도적질한 사실을 자복한 데 대해 한창 부끄러움을 느끼고 있었던 데다가, 또 죽게 된 상황에서 살아보고 싶은 욕심에 이첨의 사주를 받고 마침내 주상에게 상소를 올렸던 것인데, 이 일이 밖으로 새어나와 많이 전파되었다. 그 격문 수십 구라는 것도 모두 화려하고 뛰어난 문장으로서 응서가 마치 처음 문자를 짓는 것처럼 하나하나 암송해내었는데, 사람들은 김개가 응서에게 은밀히 전해준 것이라고 의심하였으니, 이는 대체로 그 문체가 김개의 작품과 비슷

했기 때문이었다. 그리고 김개 스스로도 말하기를 '양갑의 옥사에 있어 내가 가장 공로가 많으니 그 최고 공은 이이첨도 나에게 양보해야 할 것이다' 하였는데, 이첨도 이를 인정하였다. 또 정인홍이 지난해 상차^{上箚}한 내용 가운데 '이진(임해군)과 유영경과 김직재의 무리가 도성에서 접선을 하고 있다'는 말이 있었던 것을 가지고 이를 미루어 기미를 미리 밝혀내었다면서 최고 공을 주려고 했다. 그러자 남이공이 매우 불평스럽게 여겼는데, 삼창^{三昌}(광창부원군 이이첨, 밀창부원군 박승종, 문창부원군 유희분)이 이 일로 인하여 공을 다투었다. 그 뒤에 남이공이 사람에게 말하기를 '응서가 도적질한 것을 자복한 것은 나의 조력이 있었기 때문이다. 그런데 도적에서 역적으로 변모된 것은 바로 이이첨의 작품이다' 하였는데, 이이첨 역시 이것을 가지고 자부하며 누차 문장과 소장에 드러내곤 하였다. 이이첨은 본래 응서의 패거리에 대해서는 알지 못한 채 그저 한희길을 통해 옥사의 정상을 얻어 들었을 뿐인데, 고변과 무슨 관계가 있기에 스스로 공이 있다고 한단 말인가? 그가 응서를 유도해 역옥^{逆獄}을 얽어 만든 자취야말로 숨기기 어렵다 하겠다.

박응서의 자백과 함께 서양갑 등이 모두 붙잡혀 왔다. 의금부는 서양갑을 강하게 고문하여 그의 입에서 인목대비의 아버지 김제남의 이름이 나오도록 했다. 이후 사헌부와 사간원 양사에서 영창대군의 처벌과 김제남의 국문을 요구했다. 그리고 의금부는 김제남의 얼자들인 김계영과 김계명을 고문했다. 또한 무륜당의 일원인 정협에게 압슬형을 가하니, 정협이 김제남의 자식들과 서인으로 알려진 재상이나 명사, 자신과 원한이 있는 자들을 죄다 끌어들이면서 말했다.

"이들 모두가 서인이거나 김제남 편에 선 사람들로서 함께 역모를 했습니다."

그러자 선조의 유교를 받든 신흠, 박동량, 허성 등 일곱 신하는 물론이고 이정귀, 김상용, 황신, 정사호, 김상준, 서성, 안창, 심광세, 조희일, 조위한, 최기남, 김광욱 등이 체포되었다.

또 사건의 취조 과정에서 김제남과 인목대비가 광해군을 양자로 삼았던 선조의 정비 의인왕후 박씨의 능에 무당을 보내 저주했던 일이 발설되었다.

결국, 이 사건으로 김제남은 사약을 받고 죽었으며 그의 세 아들도 죽었다.

사건의 파장은 거기서 끝나지 않았다. 영의정 이덕형, 좌의정 이항복 등이 밀려나고 서인과 남인 세력이 대부분 조정에서 쫓겨났다. 이후 조정은 대북파가 독점하게 되었다. 계축년에 일어난 이 사건을 흔히 '계축옥사'라고 부른다.

이때 영창대군 이의는 강화도에 위리안치 되었는데, 이듬해인 광해군 6년(1614년) 2월 10일에 강화 부사 정항에게 살해되었다. 살해 과정에 대해 사관은 다음과 같이 전하고 있다.

> 정항이 고을에 도착하여 위리(유배소를 둘러싼 가시나무 덤불) 주변에 사람을 엄중히 금하고, 음식물을 넣어주지 않았다. 침상에 불을 때서 눕지 못하게 하였는데, 이의가 창살을 부여잡고 서서 밤낮으로 울부짖다가 기력이 다하여 죽었다.

임해군과 진릉군, 영창대군을 죽인 뒤에도 대북파는 여전히 왕위를 위협하는 인물들을 제거해나갔다. 대북파가 노린 다음 인물은 능창군

이전이었다. 능창군은 선조의 5남 정원군의 아들이었는데, 한때 선조의 총애를 받아 세자 물망에 오르기도 했던 신성군의 양자로 입적한 인물이었다. 대북파가 그를 노린 것은 세간에 '정원군의 집에 왕기가 성하고 능창군의 기상이 비범하다'는 말이 돌았기 때문이다.

대북파의 능창군 제거 작업은 '신경희 사건'으로부터 시작된다. 1615년 윤8월에 간악하기로 소문난 소명국이라는 자가 수안 군수로 재직 중인 신경희가 양시우, 소문진, 김정익 등과 역모를 획책했다고 고변했는데, 이들에게서 능창군을 추대하려 했다는 자백을 받아낸 후 능창군을 유배시켜 죽인다. 능창군의 죽음에 대해 광해군 7년 11월 17일 기사는 다음과 같이 쓰고 있다.

> 이전을 위리안치 된 곳에서 죽였다. 전이 위리안치에 나아가자 수장守將이 찬 돌방에서 자게 하고, 또 모래와 흙이 섞인 밥을 지어 주니 전이 먹지 못하였다. 그러자 수생이라고 하는 아이가 옆에 있다가 항상 자신이 먹던 밥을 나누어 올렸다. 수장이 그 일을 알고 수생이 그 안에서 밥을 먹지 못하게 하고, 가시문 밖에 앉아서 먹도록 하였다. 수생이 몰래 전과 약속하여 옷을 문 안에 퍼놓게 하고 때때로 숟가락에 밥을 떠 지나가면서 던져주면, 전이 한두 숟가락씩 얻어서 먹었다. 전이 괴로움을 견디지 못하여 하루 저녁에는 글을 써서 수생에게 부쳐 부모와 결별을 고하고는, 수생이 문을 나서자 스스로 목을 매어 죽었다. 그런데 수장은 거짓으로 병이 들었다고 보고하고 곧이어 죽었다고 알리자, 왕이 겉으로 놀라고 괴이한 표정을 지었지만 실제로는 넌지시 유도한 것이었다.

능창군은 능양군의 동생인데 능양군이 곧 훗날의 인조이다. 따라서

이 사건은 능양군이 반정을 일으키는 직접적인 원인이 된다. 수생이 능창군의 편지를 숨기고 있다가 인조가 왕위에 오른 후에 올리고 나서야 능창군이 어떻게 죽었는지 알려졌다고 한다.

서궁에 유폐된 인목대비와 '경운궁을 그리워한다'

영창대군이 죽을 당시 영의정엔 기자헌, 좌의정엔 정인홍, 우의정엔 정창연이 있었는데, 모두 대북 세력이었다. 이때 대북 세력을 실질적으로 주도하고 있던 이이첨은 대사헌을 거쳐 홍문관 대제학에 올라 있었다. 이이첨은 광해군이 왕위에 오르자 곧 유배에서 풀려나 사헌부로 돌아왔고 집의, 좌부승지, 대사간, 이조참의 등의 요직을 두루 거쳐 1612년(광해군 4년 1월 26일)에 대사헌이 되었다. 대사헌으로 재직하는 동안 이이첨은 누차에 걸쳐 광해군에게 비밀 보고서를 올렸고 그럴 때마다 정적들이 차례로 제거되었다.

당시 대북 세력의 핵심 인사는 정인홍을 필두로 이이첨, 허균, 한찬남, 박정길, 박도홍, 채겸길, 이상항, 이속, 한희길 등이었다.

이들 대북 세력의 다음 목표는 인목대비를 유폐시켜 죽이는 것이었다. 인목대비는 광해군 3년(1611년) 이후로 행궁으로 쓰던 경운궁(서궁, 지금의 덕수궁)에 머물러 있었다. 광해군도 즉위 초에는 경운궁을 사용했는데, 창덕궁 수리 작업이 완공되자 재위 7년(1615년) 4월 2일에 창덕궁으로 옮겨갔다. 하지만 이때 인목대비는 여전히 경운궁에서 생활했는데 대북 세력은 계축옥사와 연계시켜 인목대비를 경운경에 유폐시켰다.

이 조치는 이른바 '폐모론'에 의한 것이었는데, 폐모론이란 인목대비를 서인으로 만들어 대궐에서 내쫓아 죽이자는 것이 골자였다. 폐모론을 제일 먼저 제기한 인물은 대북 세력의 핵심 이이첨이었다. 그리고 그의 수하였던 진사 이위경은 광해군 5년(1613년) 5월 22일에 올린 상소를 통해 폐모론을 일으켰다.

모후가 안으로는 무고하는 짓을 저지르고 밖으로는 역모에 응하였으니 어미의 도리가 이미 끊어졌고, 왕자가 적에게 추대되는 등 그 흉모가 여지없이 드러났으니 동기의 정도 자연히 끊어진 것입니다. 전하께서 모자와 형제 사이에서 변고를 당했으니 그야말로 온 나라 신민들이 의기를 떨치고 일어나 토죄하기를 청하기에 겨를이 없어야 할 것인데, 선비 된 자가 한양에 있으면서 아직껏 목욕재계하고 역적을 토죄하는 일을 청한 일이 없었습니다.

이후 공식적으로 폐모론이 불거진 것은 3일 후인 5월 25일, 헌납 유활에 의해서이다. 유활은 이날 계축옥사와 관련된 역모 문제를 거론하면서 인목대비 처리 문제를 거론했다.

"오늘 합사한 자리에서 모후의 일을 발언한 자가 있었는데, 신의 생각에도 '모후에 대한 일이 유생들의 소에까지 나왔고 보면, 언론의 지위에 있는 자로서는 오늘과 같은 논의가 당연히 있어야 할 것이다. 다만 인륜의 변고에 대처하는 것이야말로 중대한 일인 만큼 모름지기 온당하게 처리할 방도를 얻은 뒤에야 후세의 비난을 면할 수 있을 것이다. 그런데 일단 인륜의 큰 변고를 만난 이상 함께 같은 궁에 계시게 하는 것은 형세상 미안한 점이 있다'고 여겨졌습니다. 그래서 신이 전일에 발론하여 진달드리기도 하였던 것인데, 상께서 이어移御하신 뒤에 모후는 그대로 이 궁에 있게 하면서 상세히 의논해 처리해도 안 될 것이 없을 것입니다. 그런데도 논의가 여러 갈래로 나뉘어져 끝내는 일치되지 않는 결과가 되고 말았으니 신들의 죄가 더욱 커졌습니다. 파척을 명하소서."

결국 유활의 주장대로 광해군은 창덕궁으로 이어하고, 인목대비는 경운궁에 남아 유폐되는 신세가 되었다.

인목대비의 서궁 유폐와 관련하여 광해군 9년(1617년) 1월 6일에 사헌부, 사간원 양사에서 금산군 이성윤과 귀천군 이수 그리고 박홍도의 처벌을 요구하는 글을 올렸다.

지금 금산군 이성윤은 재주와 명망이 있음을 믿고 그들 사이에서 추중을 받으면서 조정의 신하들과 교유하고 무뢰배들과 체결하였는데, 서양갑과 심우영은 바로 그의 심복입니다. 요행스럽게 법망에서 벗어나서도 오히려 두려워할 줄 모르고 친하게 지내는 심희수의 시골집을 출입하였고 그의 매부인 한준겸의 집을 왕래하였으니, 그가 무슨 흉모를 꾸미고 있는지 사람들이 헤아릴 수가 없었습니다. 그리고 또 박홍도와 가까운 곳에서 살면서 골육 간보다 더 친하게 지내었는데 어두운 밤이면 서로 오가기를 귀신이나 도깨비같이 하였습니다. 대개 박홍도는 죄인 허성의 사위로, 뜻을 잃고 앙앙불락하며 항상 복수할 계책을 도모하여 앞뒤의 흉모를 모두 사주하여 일으켰습니다. 지난번에는 서당에 나아가 이성윤을 불러다가 며칠간 놀면서 상소의 내용에 대해 서로 의논하였고 술을 마음껏 마시면서 시를 지었는데, '경운궁을 그리워한다[懷慶運宮]'

는 것으로 제목을 내어 수창해 읊으면서 눈물을 줄줄 흘렸으니 그가 무슨 마음을 품고 있는지 확실히 알 수가 있습니다.

양사의 글을 읽고 광해군은 박홍도가 지었다는 '경운궁을 그리워한다'는 시를 가지고 오라고 했다. 양사가 시를 구해 바치니 광해군이 읽었다.

경운궁을 그리워한다

묵직한 자물쇠가 서궁에 잠겼는데
사자대엔 공연히 저녁 바람 부누나.
임금께서 승하함에 붙잡지 못하고서
외로운 신하 눈물을 목릉가에 흩뿌리네.

대들보감 만들려고 소나무를 심었더니
가지가 뒤엉켜서 점대를 가리네.
어찌하면 도끼로 가지를 모두 쳐내어
창 가득 쏟아지는 달빛을 맞이할꼬.

통곡하며 애오라지 사자대에 오르니
목릉의 송백은 저녁 구름에 서글프네.

이 세 수의 시 중에 앞의 두 수는 완전한 것이고 세 번째 시는 전체 내용을 알아내지 못했다. (이 시에 나오는 목릉은 선조의 능이다.) 그런데 원래 박홍도는 시를 지을 줄 몰랐다고 한다. 박홍도는 차마 자신이 시를 그 정도 수준으로 짓지 못한다는 말은 하지 못하고 이런 변명을 했다.

신은 석고대죄 하고 있는 중에 삼가 대간이 회계한 시를 보았는데 몹시 흉악하고 참혹해서 곧장 땅을 파고 들어가고 싶었습니다. 신하로서 어찌 이와 같은 시를 지을 리가 있겠습니까? 이것은 신을 모함하는 자가 한갓 신을 모함할 줄만 알고서 지은 것으로 실로 스스로 큰 죄에 빠지는 것을 모른 것입니다. 대간이 들은 것은 귀신이 전하는 말을 들은 것은 아닐 터이니 반드시 본 자와 전한 자가 있을 것입니다. 더구나 처음에는 미처 듣지 못하였다는 이유로 대답하지 못하고서 지금 비로소 회계하였으니, 반드시 다시 들은 곳이 있을 것입니다. 이 일은 신만이 무함을 받은 것이 아니라 또한 국가가 무고를 받은 것입니다. 그러니 정원에서도 반드시 신의 말을 듣고서 급급히 아뢸 것인데, 신이 어떻게 현재 대죄하고 있는 중이라는 이유로 말하지 않을 수 있겠습니까?
삼가 바라건대 성상께서는 신을 옥에 가두고서 발언한 대간 및 이성윤과 함께 일시에 대면하게 하여서, 한편으로는 국가의 무고를 씻고 한편으로는 미천한 신의 망극한 원통함을 풀게 하소서.

사실 항간에서는 박홍도가 그 정도의 시를 지을 능력이 없다는 말이 돌면서, 실제 시의 작자는 허균일 것이라는 소문이 돌았다.

허균은 선조의 유명을 받든 일곱 신하 중 한 명인 허성의 이복동생인데 당시엔 대북파의 일원이 되어 있었다. 허균이 대북파에 가담한 것은 서양갑, 박응서 등이 문경새재에서 강도질을 하다 붙잡힌 '칠서의 옥' 때문이었다. 허균은 그들 서자들과 매우 친하게 지냈는데, 혹 이 사건으로 피해를 입을까 봐 이이첨에게 접근하여 대북파의 핵심 인물로 활동하고 있었다.

이 시를 허균이 지었다는 소문이 돌자 당시 부사직 벼슬에 있던 허균이 상소를 올려 자신을 변명하며, 이 시는 박홍도가 지은 것이 아니라 이성윤이 지은 것이라고 했다.

신이 이달 8일에 집에 있으면서 전 부정 홍연기와 함께 앉아 대화하던 중에, 신의 삼촌 조카딸의 남편인 박홍도의 여종이 작은 쪽지의 봉서를 바쳤습니다. 이에 신이 즉시 좌중에서 뜯어보니 바로 절구 두 수였습니다. 끝에는 '이것은 바로 이성윤이 지은 것이지 박홍도가 지은 것이 아니니 대감께서 이것을 가지고 쌍문동에 가서 해명해주기를 간절히 바란다'는 등의 말이 있었는데, 이른바 쌍문동은 바로 이이첨이 살고 있는 동네입니다. 이에 신이 말하기를 '박홍도가 이미 아주 위험한 지경에 빠져서 이성윤에게 죄를 돌리려 하고 있는데, 감히 스스로 이이첨에게 변명하지 못하고 나로 하여금 전하게 한 것이다'라고 하자, 홍연기가 말하기를 '이것은 바로 박홍도가 살아나기를 구하는 계책이다. 두 수의 시가 이성윤이 지은 것이라면 박홍도가 이성윤 대신 큰 죄를 받는 것이 어찌 원통하지 않겠는가?' 하였습니다. 신이 그 때문에 이 시를 시험 삼아 다른 사람들에게 보이자 모두들 말하기를 '이것은 참으로 이성윤이 지은 것이다. 박홍도는 비록 열 번 죽었다가 깨어나도 반드시 이 시의 한 구절도 지을 수 없을 것이다' 하였습니다. 신이 이것을 이이첨에게 보내었는데 이이첨 역시 그렇게 여겼습니다.

그 뒤에 상께서 '경운궁' 시를 써서 들이라고 전교하심으로 인하여 대간이 이 두 절구와 다른 시 세 구절을 아울러 써서 들였습니다. 그런데 생각지 않게도 박홍도가 도리어 스스로 상소문을 올려 변명하였는데 이것은 서당에서 시를 지은 일을 숨기고자 해서 그런 것입니다. 그러나 그가 쓴 글씨가 남아 있으니 속일 수 있겠습니까? 그리고 대간이 써서 들인 세 구절은 사람들이 전해가면서 읊고 있고, 모두 언근言根이 있으며, 여종이 시를 전해왔을 때 본 것이 분명합니다. 신은 박홍도가 무슨 곡절로 인해서 이성윤을 비호하기를 이처럼 극진히 하고 있는지 모르겠습니다.

이 시는 사람들이 모두들 이성윤이 지은 것이라고 하고 있으니 박홍도 역시 스스로 벗어날 길이 있을 것입니다. 삼가 바라건대 성상께서는 굽어살펴 주소서.

허균과 함께 그 시를 보았다는 홍연기도 상소를 올려 자신의 의견을 피력했다.

신이 이달 8일에 허균의 집에 가서 대화하던 사이에 봉서 한 통이 허균에게 전해졌는데, 허균이 즉시 좌중에서 뜯어보면서 말하기를 '박홍도의 일이 급하게 되었다. 예조판서(이이첨)에게 스스로 진달하지 못하고 나로 하여금 전해주게 하였으니 참으로 애처롭다' 하였습니다. 이에 신이 좌객들과 함께 보니 바로 칠언소시七言小詩 두 수였습니다. 신은 무부武夫라서 비록 시를 해석하지는 못하나 신하로서는 차마 보지 못할 내용이었습니다. 이에 신 역시 허균에게 말하기를 '이 시는 예조판서에게 보내는 것이 심히 마땅하다. 박홍도는 이이첨에 대해서 자제와 같은 정을 가지고 있으니, 이것을 보면 반드시 애처로워하는 마음이 생겨날 것이다. 더구나 이것은 반드시 이성윤이 지은 것이니 죄가 돌아갈 곳이 있을 것이다. 공은 친척 어른으로서 이러한 때 말하지 않는다면 박홍도가 어찌 유감이 없겠는가?' 하였습니다. 그러자 허균이 말하기를 '이 두 수의 시는 이성윤의 죄안罪案이 될 것이고 박홍도가 죄를 면할 바탕이 될 것이다. 그러니 어찌 다행이 아니겠는가?' 하였습니다.

지금 듣건대 대간의 아룀으로 인하여 허균이 진소하였는데, 신의 이름도 역시 그 속에 들어 있다고 하니 황공함을 금치 못하고 감히 시말을 진달드립니다.

이 글을 받고 광해군은 이성윤만 유배시키고 박홍도와 이수는 벌주지 않았다. 이는 이이첨에게로 사건이 확대되는 것을 막기 위한 광해군의 조치였다.

폐모론과
허균 역모 사건

인목대비가 서궁에 유폐된 이후로 대북파들은 암암리에 그녀를 죽이기 위한 모략 짜기에 혈안이 되었다. 그리고 마침내 광해군 9년(1617년) 11월 5일에 유학 한보길과 박몽준 등이 인목대비의 폐출 문제를 상소했는데, 그 상소문 속에 이런 내용이 있다.

서궁의 존호를 삭제하고 궁전의 호위를 없애며 백관이 조회했던 것과 팔도에서 공물을 바치던 것도 모두 중지하게 하고 분조分朝의 호위도 철거하게 하여 온 나라 사람과 함께 폐위시키되, 성상께서는 다만 모자

간의 사사로운 은정만으로 음식을 대접하고 안부를 물어 그로 하여금 타고난 수명을 다 살게 한다면, 처음과 마지막을 한결같이 하려는 전하의 은의를 온전히 할 수 있고 간사한 적들이 틈을 노리고 있는 조짐도 미리 막을 수 있을 것입니다. 이것은 나라가 태평하고 사직이 안정되는 길이니 어찌 다행한 일이 아니겠습니까?

이들이 인목대비를 폐출하여 서인으로 만들려고 한 것은 그해 1월에 일어난 흉서 사건과 무관하지 않다. 1617년 1월에 흉서가 발견되었는데 흉서가 처음 발견된 곳은 궁궐 내약방 동쪽 뜰이었다. 그 흉서의 내용 중에는 광해군을 비방하고 헐뜯는 말이 많았는데 '서자로 외람되이 왕위에 올랐으며, 아비를 죽이고 형을 죽였다'는 말도 적혀 있었다. 당시 같은 내용의 격문이 화살에 매달린 채 인목대비가 유폐되어 있던 경운궁(서궁, 덕수궁)에도 날아들었고 영의정 기자헌과 판의금부사 박승종의 집에도 날아들었다.

당시 광해군은 이 사건에 대해 '대비전에 쏘아 넣어 먼저 거사하는 뜻을 고하려고 하다가 미치지 못하여서 발각된 것'이라고 판단했다. 하지만 이 흉서를 누가 만든 것인지는 밝혀내지 못했다.

하지만 흉서의 내용이 광해군을 비방하는 것이고, 흉서가 서궁에 날아들었다는 사실만으로도 인목대비는 궁지에 몰릴 수밖에 없었다. 유학 한보길과 박몽준이 대북 세력의 사주를 받고 폐모론을 촉발시킨 것도 이 흉서에 근거한 것이다.

이후, 그해 11월 25일에 성균관 유생 수십 명이 상소를 올려 인목대비가 무당을 시켜 의인왕후 능묘를 저주하는 등 열 가지 큰 죄를 지었다며 폐출해야 한다고 주장했다. 하지만 인목대비의 폐출에 대해 영의정 기자헌과 돈녕부사 이항복이 반대하고 있었다. 그 때문에 이들에 대한 처벌 상소가 빗발쳤고, 결국 기자헌은 유배되었으며 이항복은 낙향하게 했다. 남인 정승 출신인 이원익이 반대했고, 이항복, 정홍익, 김덕함, 오윤겸 등의 서인들도 반대했다. 대북파 중에서는 영의정 기자헌이 유일하게 반대했다.

기자헌이 유배된 배경엔 당시 형조판서에 올라 있으면서 대북 세력의 핵심 인사로 활동하던 허균의 입김이 크게 작용했는데, 이후 허균은 기자헌의 아들 기준격과 목숨을 건 소송전을 전개해야 했다. 기준격이 흉서를 만든 장본인이 바로 허균이라고 지목했기 때문이다.

영의정 기자헌이 유배된 뒤로 폐모론은 더욱 힘을 얻었지만, 광해군은 쉽사리 인목대비를 폐출하지 못했다. 비록 대북인들이 조정을 장악하고 있었지만, 남인과 서인들이 모두 반대했고 민심도 인목대비 폐출을 곱게 보지 않았기 때문이다.

그런 상황에서 1618년 8월 10일에 남대문에 또다시 흉서가 걸렸다. 내용은 이전에 발견된 것과 유사했다. 사실 광해군을 비방하는 흉서 사건은 이이첨이 은밀히 사주하고 허균이 주도하여 만든 모략이었다. 그들은 이 흉서를 서궁에 던져 넣고 인목대비를 흉서에 적힌 역모 세력의 중심으로 만들어 그녀를 폐출시키려 했던 것이다.

그런데 인목대비를 폐출시키는 문제에 대해서 허균과 이이첨 사이에 견해 차이가 있었다. 인목대비 폐출을 주도하던 이이첨과 대북파의 기류에 약간의 변화가 생긴 것이다. 이이첨은 처음엔 광해군의 비위를 맞추기 위해 폐모론을 이끌었는데, 이것이 막상 실제로 벌어질 상황이 되자 나중에 그 후폭풍을 감당할 수 없을 것을 염려하여 한 걸음 물러섰다. 오랫동안 모략 정치를 일삼았던 그의 남다른 정치 감각에 따른 판단이었다. 그래서 명나라에 보고한 후 인목대비를 폐출해야 한다고 주장하게 되었는데, 이는 인목왕후 폐출을 늦추거나 현실화시키지 않으려는 의도였다. 하지만 허균의 주장은 조금 달랐다. 허균은 명나라에 알릴 것 없이 바로 폐출하여 서인을 만들어야 한다고 주장했다.

이로써 폐모론은 이이첨과 허균의 주장으로 나뉘게 된 것이다. 그런데 광해군은 두 주장 사이에서 고민하고 있었다. 이는 흡사 허균의 주장을 받아들이는 것으로 여겨져 이이첨의 입지를 매우 불안하게 만드는 요소였다. 이후 허균과 이이첨 사이엔 틈이 벌어졌고, 대북파는 이이첨을 지원하며 허균을 희생양으로 삼기로 결정했다.

이이첨과 대북파로부터 버림받은 허균은 곧바로 흉서를 만든 역적으로 내몰렸다. 광해군은 허균이 흉서를 만든 역적이라면 자신이 친국을 하여 직접 확인하겠다고 했지만, 이이첨은 이렇게 둘러댔다.

"허균의 도당들이 모두 승복했으니 달리 물어볼 만한 것이 없습니다. 죄인을 이에 잡아내어 도성의 백성들이 기뻐 날뛰고 있으니 즉시 정형을 해야 한다고 생각됩니다. 오늘도 지연시키면 뭇사람들의 마음이 답답하게 여길 것입니다. 무슨 다시 물어볼 만한 일이 있겠습니까?"

만약 광해군의 친국 중에 허균이 이이첨으로부터 사주를 받아 흉서를 만들었다고 자백이라도 하면 이이첨은 물론이고 대북파 전체가 내쫓길 수도 있었다. 때문에 이이첨과 대북파는 허균의 입을 막기 위해 하시라도 빨리 그를 처형해야만 했다.

그래도 광해군이 친국을 고집하자 마지못해 친국장이 마련되었다. 당시 친국장의 상황에 대해 사관은 다음과 같은 기록을 남기고 있다.

친국에 입시해서는 왕이 정상을 캐물으려고 하자 이첨의 무리들은 황황히 어쩔 줄을 몰라 하면서, 그 당류들과 더불어 탑전(왕의 앞)에서 정상을 막고 은폐하며 같은 말로 협박하고 쟁론해서 왕으로 하여금 다시 캐묻지 못하게 하였다. 왕이 마음대로 할 수 없어서 그들의 청을 따라주자 이첨의 무리가 서둘러 허균을 끌고 나가게 하였다. 적 허균은 나오라는 재촉을 받고서 비로소 깨닫고 크게 소리치기를 '하고 싶은 말이 있다' 하였으나 국청의 상하가 못 들은 척하니, 왕도 어찌할 수가 없어서 그들이 하는 대로 맡겨둘 따름이었다.

친국장에서 끌려나간 허균은 곧바로 참형을 당했다. 허균은 문장이 뛰어나고 학문의 깊이는 있었으나, 정치적 역량은 이이첨에 한참 못 미쳤다.

허균 역모 사건의 전모를 살펴보면, 흉서 사건의 계략을 제시한 장본인은 허균이었을 것이고 그 배후는 이이첨과 대북당이었을 것이다. 그들 대북 세력이 이런 일을 꾸민 것은 서궁에 유폐된 인목대비를 폐출하고, 동시에 남아 있던 서인들을 완전히 제거하기 위함이었을 것이다. 그런데 같은 북인인 기자헌의 아들 기준격에 의해 허균이 흉서를 작성한 장본인으로 지목되자, 대북 세력은 그 화가 대북당 전체에 미칠 것을 염려하기에 이르렀다. 그런데 폐모론을 주장하는 과정에서 뜻하지 않게 이이첨과 허균이 대립하는 상황이 벌어지자, 이이첨이 대북당인들과 합세하여 허균을 역적으로 몰아 죽임으로써 대북당에 미칠 화근을 잘라낸 것이다. 결국 허균은 스스로 만든 술책 때문에 역적으로 몰려 죽은 셈이고, 이이첨과 대북당은 허균을 희생양으로 삼아 흉서 사건의 배후라는 의심에서 벗어날 수 있었던 셈이다. 이이첨으로선

라이벌도 없애고 대북당도 구했으니 일석이조였던 것이다.

　이후로 정인홍과 이이첨이 주도하는 대북당의 힘은 왕권을 능가했다. 특히 이이첨의 권력은 광해군조차도 어쩔 수 없을 정도였다. 그래서 광해군도 이이첨의 권력을 꺾으려고 여러 수단을 강구했는데 잘 이뤄지지 않았다.

　1623년(광해군 15년) 3월 12일에 인조반정이 일어났을 때, 광해군은 이렇게 말했다.

　"혹시 이이첨이 한 짓이 아니던가?"

　광해군의 그 물음은 유희분이 한 말 때문에 나온 것이었다. 이이첨의 권세가 하늘을 찌를 듯하여 광해군이 이이첨의 권세를 억제하려는 뜻을 내비치자, 유희분이 이런 말을 했다.

　"이첨의 세력이 너무 높으니, 그가 꺾이지 않으려고 변란을 일으킬 계략을 가질 듯합니다."

　결국 이이첨의 권세는 광해군조차도 어쩌지 못했는데, 서인들에 의해 인조반정이 일어나 이이첨과 정인홍은 물론이고, 대북 세력 전체가 몰살된다.

-6-

인조, 효종 시대의 서인 정권

인조반정과
대북파의 소멸

대북 세력이 폐모론을 앞세워 인목대비를 폐출하기 위해 혈안이 되어
있을 때, 북방에서는 1616년(광해군 8년)에 여진족 추장 누르하치가 흩
어져 있던 여진 세력을 규합하고 후금을 세워 스스로 태조라고 일컬었
다. 이후 후금은 주변 세력을 계속 정복하여 1618년에는 명나라를 공격
했고, 명나라는 조선에 원병을 요청했다. 이에 광해군은 강홍립을 5도
원수로 삼고 김경서를 부원수로 삼아 1만 3,000의 병력을 지원했다.
강홍립은 1619년에 명나라 제독 유정의 군대와 합류하여 후금군을 협
공했다. 하지만 명과 조선의 연합군은 대패했고, 강홍립은 휘하 군대
를 이끌고 후금군에 항복해버렸다.

　강홍립의 항복은 명나라에 대해 적개심을 가지고 있던 광해군의 밀
명에 의한 것이었다. 광해군은 겉으로만 명나라에 협력하는 모양새를
취하고, 뒤로는 명의 강요에 의해 억지로 출병했을 뿐이라며 후금과 우
호를 다지는 양면 전략을 구사했던 것이다. 덕분에 이듬해인 1620년에

후금에게 포로로 잡혀갔던 조선군이 모두 석방되어 돌아올 수 있었다.

한편, 누르하치는 세력을 더욱 확대하여 1621년에는 선양과 라오 녕을 함락시켜 요동을 완전히 점령했다. 이때 누르하치 군대에 패전한 명나라 장수 모문룡은 압록강변의 진강을 점령했고, 후금의 장수 아민 이 모문룡을 치기 위해 5,000의 군사를 이끌고 조선 땅인 의주와 가산, 용천 등을 습격했다. 이 때문에 모문룡은 패잔병과 명나라 피란민을 이끌고 평안도 철산의 섬 가도로 숨어들었다. 이후로 모문룡은 철산과 용천, 의주 등의 민가를 약탈하며 버텼는데, 광해군은 1622년에 그들 이 가도에 주둔하는 것을 허락했다.

이후 모문룡은 군량과 피란민들의 식량을 조선에 요구하여 얻어냈 으며, 명나라에서도 배편을 통해 군량을 지원했다. 모문룡은 조선을 후금의 공략지로 삼아 요동을 회복하겠다고 호언장담했고, 후금은 모 문룡을 지원하는 조선을 위협했다.

이렇듯 국제 정세가 혼란스러워지고 있는 가운데, 조선 내부에서는 서인들을 중심으로 반역 모의가 진행되고 있었다. 서인들의 반란 모의 는 1620년부터 시작되었는데, 인조 즉위년(1623년)의 3월 13일의 기사 에 당시 상황의 대략을 기록하고 있어 여기 옮긴다.

상(인조)이 윤리와 기강이 이미 무너져 종묘사직이 망해가는 것을 보 고 개연히 난을 제거하고 반정할 뜻을 두었다. 무인 이서와 신경진이 먼 저 대계를 세웠으니 신경진 및 구굉, 구인후는 모두 상의 가까운 친속이 었다. 이에 서로 은밀히 모의한 다음 문사 중 위엄과 인망이 있는 자를 얻어 일을 같이하고자 하였다. 곧 전 동지同知 김류를 방문한 결과 말 한 마디에 서로 의기투합하여 드디어 추대할 계책을 결정하였으니, 곧 경신년(1620년)이었다. 그 후 경진이 전 부사 이귀를 방문하고 사실을 말하자 이귀도 본래 이 뜻을 두었던 사람이라 크게 좋아하였다. 드디어 그 아들 이시백, 이시방 및 문사 최명길, 장유, 유생 심기원, 김자점 등과 공모하였다. 이로부터 모의에 가담하고 협력하는 자가 날로 많아졌다.

임술년(1622년) 가을에 마침 이귀가 평산 부사로 임명되자, 신경진을 이끌어 중군으로 삼아 중외에서 서로 호응할 계획을 세웠다. 그때 모의한 일이 누설되어 대간이 이귀를 잡아다 문초할 것을 청하였다. 그러나 김자점과 심기원 등이 후궁에 청탁을 넣음으로써 일이 무사하게 되었다. 신경진과 구인후 역시 당시에 의심을 받아 모두 외직에 보임되었다.

그때 마침 이서가 장단 부사가 되어 덕진에 산성 쌓을 것을 청하고 이것을 핑계로 그곳에 군졸을 모아 훈련시키다가, 이때에 와서 날짜를 약속해 거사하게 된 것이다. 그런데 훈련대장 이흥립이 당시 정승 박승종과 서로 인척이 되는 사이라, 뭇 의논이 모두들 '훈련도감군이 두려우니 반드시 이흥립을 설득시켜야 가능하다'고 하였다. 이에 장유의 아우 장신이 흥립의 사위였으므로 장유가 흥립을 보고 대의로 회유하자 흥립이 즉석에서 내응할 것을 허락하였다. 그리하여 이서는 장단에서 군사를 일으켜 달려오고, 이천 부사 이중로도 수하들을 거느리고 달려와 파주에서 회합하였다.

그런데 이이반이란 자가 그 일을 이후배, 이후원 형제에게 듣고 그 숙부 이유성에게 고하자, 유성이 이를 김신국에게 말하였다. 이에 신국이 즉시 박승종에게 달려가 이이반으로 하여금 고변하게 하고, 또 승종에게 이흥립을 참수하도록 권하였다. 이반이 드디어 고변하였으니 이것이 바로 12일 저녁이었다. 그리하여 추국청을 설치하고 먼저 이후배를 궐하에 결박해놓고 고발된 모든 사람을 체포하려 하는데, 광해는 바야흐로 후궁과 잔치를 벌이던 참이라 그 일에 머물러두고 재결하여 내리지 않았다. 승종이 이흥립을 불러서 '그대가 김류, 이귀와 함께 모반하였는가?' 하므로 '제가 어찌 공을 배반하겠습니까?' 하자 곧 풀어주었다.

의병은 이날 밤 2경에 홍제원에 모이기로 약속하였다. 김류가 대장이 되었는데 고변이 있었다는 말을 듣고 지체하며 출발하지 않고 있는데, 심기원과 원두표 등이 김류의 집으로 달려가 말하기를 '시기가 이미 임박했는데, 어찌 앉아서 붙잡아 오라는 명을 기다리는가?' 하자 김류가 드디어 갔다.

이귀, 김자점, 한교 등이 먼저 홍제원으로 갔는데, 이때 모인 자들이 겨우 수백 명밖에 되지 않았고, 김류와 장단의 군사도 모두 이르지 않은 데다 고변서가 이미 들어갔다는 말을 듣고 군중이 흉흉하였다. 이에 이귀가 병마사 이괄을 추대하여 대장으로 삼은 다음 편대를 나누고 호령하니, 군중이 곧 안정되었다. 김류가 이르러 전령을 보내 이괄을 부르자, 이괄이 크게 노하여 따르려 하지 않으므로 이귀가 화해시켰다.

상이 친병을 거느리고 나아가 연서역에 이르러서 이서의 군사를 맞았는데, 사람들은 연서를 기이한 땅으로 여겼다. 장단의 군사가 700여 명이며 김류, 이귀, 심기원, 최명길, 김자점, 송영망, 신경유 등이 거느린 군사가 또한 600~700여 명이었다. 밤 3경에 창의문에 이르러 빗장을 부수고 들어가다가, 선전관으로서 성문을 감시하는 자를 만나자 선발군이 그를 참수하고 드디어 북을 울리며 진입하여 곧바로 창덕궁에 이르렀다.

이흥립은 궐문 입구에 포진하고 군사를 단속하여 움직이지 못하게 하였다. 초관 이항이 돈화문을 열어 의병이 바로 궐내로 들어가자 호위군은 모두 흩어지고 광해는 후원 문을 통하여 달아났다. 군사들이 앞을 다투어 침전으로 들어가 횃불을 들고 수색하다가 그 횃불이 발(簾)에 옮겨 붙어 여러 궁전이 연소하였다.

상이 인정전 계상階上의 호상胡床에 앉았다. 궁중의 숙직관이 모두 도망쳐 숨었다가 잡혀 왔는데, 도승지 이덕형(한음 이덕형과 다른 인물)과 보덕 윤지경 두 사람은 처음엔 모두 배례를 드리지 않다가 의거임을 살펴 알고는 바로 배례를 드렸다. 명패를 내어 이정구 등을 불러들이니 새벽에 백관들이 다 모였다. 박정길이 병조참판으로 먼저 이르렀는데 판서 권진이 뒤미처 이르러 '정길이 종실 항산군과 함께 군사를 모았는데 지금 들어왔으니 아마도 내응할 뜻을 둔 것 같다'라고 하였으므로, 곧 정길을 끌어내어 참수하였다. 항산군을 잡아다 문초하니 혐의 사실이 없어 석방하였다. 그런데 정길은 당연히 참형을 받아야 할 자라 사람들이 모두 그의 참수를 통쾌하게 여기었다.

그리고 상궁 김씨(김개시)와 승지 박홍도를 참수하였다. 김상궁은 선묘宣廟의 궁인으로, 광해가 총애하여 말하는 것을 모두 들어줌으로써 권세를 내외에 떨쳤다. 또 이이첨의 여러 아들 및 박홍도의 무리와 결탁하여 그 집에 거리낌 없이 무상으로 출입하였다. 이때에 와서 맨 먼저 참형을 받았다. 홍도는 흉패함이 흉당 중에서도 특별히 심한 자라 궐내로 잡아들여 참수하였다. 광해는 상제가 된 의관醫官 안국신의 집에 도망쳐 국신이 쓰던 흰 의관을 쓰고 있는 것을 국신이 와서 고하므로 장사들을 보내 떠메어 왔고, 폐세자(이질)는 도망쳐 숨었다가 군인들에게 잡혔다.

반정에 성공한 인조는 곧 서궁(덕수궁)으로 가서 인목대비의 유폐를 풀고, 그녀의 교지를 받아 왕위에 올랐다. 또한 의금부와 전옥서의 죄인들을 모두 석방하고 새로운 왕이 즉위했음을 공포했다. 또한 광해군대에 죄를 받고 쫓겨난 사람이나 유배된 사람은 모두 풀어주었다.

이후, 정인홍, 이이첨 등 대북 세력으로 일컬어지던 자들은 중앙직과 지방직을 막론하고 모두 처형되었다. 이 과정에서 몇몇 지방의 대북파 관리들은 군대를 일으켜 저항했으나 모두 무너졌다. 이후로 감히 대북이라고 이름하는 자는 없었고, 대북파 중 거의 유일하게 살아남은 사람이 인목대비 폐출을 반대하다 유배된 기자헌 정도였다. 또한 소북의 잔여 세력은 남인이나 서인이 되었다.

이렇듯 조정을 장악한 서인은 맨 먼저 성혼과 정철의 신원을 회복시켜 벼슬을 복관하고 제사를 지냈다. 이원익은 기축년에 죄인으로 몰려 죽은 이발 등의 북인 세력을 복관하도록 청했는데, 인조가 받아들였다.

하지만 1624년에 이괄의 난이 일어나면서 기자헌을 비롯해 가까스로 살아남았던 북인의 잔여 세력은 모두 처형되었다. 이괄의 난이 일어난 뒤, 조정에서는 북인들이 이괄에게 호응할 것을 염려하여 기자헌을 비롯한 49명의 북인들을 감옥에 가뒀는데, 인조가 도성을 버리고 도망가면서 병조판서 김류의 주장에 따라 모두 처형했다. 이때 영의정이었던 이원익조차도 그들의 처형 사실을 몰랐다가 다음 날 사실을 확인하고 한탄했다. 또한 북인이었던 권진은 유배지에서 반정공신 구인후의 명에 따라 감사 민성휘에 의해 처형되었고, 유몽인은 인목대비 폐출에 반대하던 중북 인사였지만 역시 처형되었다. 이후로도 대북에 가담했던 자들은 대부분 처형되었다. 그야말로 대북당은 완전히 소멸된 셈이었다.

세자빈까지
결정하는 서인

반정 이후 서인들은 대북당이 광해군과 함께 선조를 독살했다는 소문을 퍼뜨리기도 했고, 북인은 물론이고 남인들까지 모함하여 쫓아내기에 혈안이 되었다. 서인의 거두 김상헌은 동인 계열은 모두 옥에 가둬야 한다는 말도 서슴없이 했다. 또한 세자빈 간택에 있어 남인인 윤의립의 딸이 뽑히자, 서인 이귀와 김자점이 나서서 저지하기도 했다.

1625년(인조 3년) 7월 28일, 김자점이 경연장에서 윤의립의 딸을 동궁의 정비로 삼아서는 안 되는 이유를 이렇게 말한다.

"신이 중한 소임을 맡고 있으므로 늘 두려웠는데 지난번 물의가 있었으므로 감히 이에 탑전에서 대죄합니다. 윤의립의 딸은 바로 윤인발의 사촌 누이입니다. 이서가 판윤(한성부의 수장)으로 있을 때 비록 단자를 올렸으나, 장관의 신분으로 군부君父께서 혼인을 가리는 날에 자세히 삼가지 못하였습니다. 지금 양사가 여기에 있고 공론이 지극히 엄하여 신이 감히 소회를 대략 아룁니다."

그러자 사간 이상급이 덧붙여 말했다.

"윤의립의 딸을 뽑아 간택한 일에 대해서 김자점이 이미 말하여 대죄하니 신도 아뢰겠습니다. 무릇 혼인은 비록 여염 사이에 있어서도 오히려 내외 간에 흠이 없는 사람을 가리고자 하는데, 하물며 막중한 국혼이겠습니까? 여러 왕자의 혼인도 진실로 이 같은 집에 정하는 것은 마땅치 않은데, 동궁의 정비는 얼마나 중대한 일이기에 감히 의립의 딸을 간택 중에 들일 수 있겠습니까? 예로부터 어느 시대인들 역적이 없었겠습니까만 윤인발과 같은 흉역은 없었습니다. 역적과 소원한

족속이더라도 오히려 혼인의 즈음에 참여해 논의할 수 없는데 하물며 지친인 사촌이겠습니까? 상께서 특별히 의립의 당좌율(연좌제)을 풀어 주신 것은 아마도 그가 재주가 있기 때문일 것입니다. 그러나 결코 그의 딸을 국혼에 의논할 수는 없습니다."

두 사람의 말을 간단하게 정리하면 이괄의 난을 도운 윤인발은 윤의립의 조카이고 윤의립의 딸과 윤인발은 사촌지간이니, 그녀는 세자빈이 되어서는 안 된다는 것이었다.

사실 인조반정 당시 서인들은 내부적으로 비밀 약조를 했는데, 그 첫째는 국혼을 잃지 않는 것이고, 둘째는 산림(재야)을 높여 임용하자는 것이었다. 그런데 윤의립은 남인 계열이었으므로 서인들이 국혼을 반대한 것이다.

그러자 인조는 화를 버럭 냈다.

"내 뜻은 이미 정혼하려 하였는데, 공들이 어찌 감히 이같이 말한단 말인가?"

하지만 김자점은 더욱 강경하게 반대하고 나섰다.

"혼인은 인륜의 시초이고 만복의 근원이라 여깁니다. 조종조로부터 역적 집 자식과 혼인한 적이 없었습니다. 나라 안에 처녀가 얼마나 많겠습니까? 그런데 하필이면 역적 집의 자식과 혼인을 정한단 말입니까? 신은 후세에 비난을 받을까 염려됩니다."

김자점에 이어 심명세도 거들었다.

"김자점이 어찌 사의가 있겠습니까? 다만 공론을 아뢰었을 뿐입니다. 저번에 비국(비변사)의 자리에서 서성과 이정구도 불가한 점을 말하였습니다."

이정구도 역시 같은 말을 했다.

"심명세가 이른바 '신들이 불가하다고 말하였다'는 것은 과연 있었습니다. 신이 일찍이 의금부에 있을 적에 윤의립이 죄가 없음을 논하였습니다. 그러나 혼인이란 인도의 시초이므로 바르게 하지 않을 수 없으니 어찌 반드시 흉악한 역적의 집안과 정하겠습니까? 이 점에 대해서 신이 과연 말하였습니다."

인조 역시 물러서지 않았다.

"무릇 국가의 일은 사람마다 각각 말한 뒤에야 바야흐로 정론이라 할 수 있지 두세 사람의 소견을 어찌 공론이라 할 수 있겠는가?"

그때 심명세가 더욱 심한 말로 인조의 화를 북돋았다.

"옛날 당 중종 때 무후의 친족인 무삼사가 안락공주와 혼인하여 마침내 당나라 100년의 화가 되었는데 오늘날의 일도 그와 같다고 하겠습니다."

그 말에 인조는 참지 못하고 경연장을 박차고 나가버렸다. 그리고 8월 27일에 김자점과 심명세를 징계하라고 하면서 이렇게 하교했다.

《예경》에 '여자를 취할 때는 다섯 가지 취하지 않는 조건이 있다'고 했는데, 그 첫째가 '역적의 집 자식을 취하지 않는다' 하였으나 역적 족속 집의 자식을 취하지 않는다는 말은 없다. 그리고 《대명률》에 역적을 다스림이 매우 엄하나 대공大功 이하의 친속은 연좌율에 들지 않았다. 저 역적(윤인발)이 비록 족속이라고는 하나 연좌에 미치는 친족이 아니니 취해서 안 될 의리가 없는 듯하다.

예가 이미 저와 같고 법이 또 이와 같으니, 비록 간택에 들어 있다 하더라도 진실로 해로운 바가 없다. 설사 말할 만한 것이 있다 하더라도 대신과 예관이 천천히 가부를 의논하여도 늦지 않다.

김자점, 심명세는 한갓 당여가 있는 줄만 알고 군부가 있는 것은 알지 못하여, 일의 결말을 기다리지 않고 서로 이끌고 일어나서 황급히 서둘며 오히려 일이 혹 성사될까 두려워하여, 언관을 지휘하고 군부를 협박하면서 지척의 탑전에서 말과 기색이 오만하였다. 심명세는 패만한 말을 장황히 늘어놓아 인용한 말이 사리에 맞지 않을뿐더러 불측한 말을 국모에게 가하기까지 하였으니, 이러한데도 다스리지 않으면 나라의 기강이 끊어지게 된다. 그를 중도부처(유배) 하고, 김자점은 삭탈관직하여 문외출송 하라.”

그렇게 인조는 김자점과 심명세를 징계했지만 세자빈은 결국 윤의립의 딸이 아닌 강석기의 딸로 결정되었다. 강석기는 김장생의 제자로 서인이었다.

이 때문에 남인들은 서인의 영수 격인 이귀를 이이첨과 진배없는 인물이라고 공격했고, 서인들은 남인들이 조정의 판도를 바꾸려 한다며 되받아쳤다. 그러나 서인들을 공격했던 남인 정경세와 정온이 조야에서 절개와 의리가 있다는 정평을 얻고 있었기 때문에 서인들이 그들을 내쫓지는 못했다.

서인의 이합집산

조정이 서인들의 세상이 되자, 서인 내부에서 권력 다툼이 일어나 이합집산이 이뤄졌다. 인조반정을 주도했던 김류와 이귀를 주축으로 ‘훈서勳西’가 형성되었고, 김상헌을 주축으로 ‘청서淸西’가 형성되었다. 훈서와 청서 외에도 윤서와 신서도 있었다. 윤서는 윤방의 세력을 일컫는 것이었고, 신서는 신흠의 세력을 일컫는 것이었다. 이후 훈서는 ‘노서老西’

라 일컫고 청서는 '소서少西'라 일컬었다. 노서는 김류와 이귀를 추종하는 세력으로 핵심 인물은 신흠, 오윤겸, 김상용 등이었고, 소서는 김상헌을 추종하는 젊은 세력으로 박정, 나만갑, 이기조, 강석기 등이 주축이었다. 그리고 윤서와 신서는 다시 노서에 가담했다.

노서는 남인에게 관대하여 서인과 남인을 함께 등용하려 했지만, 소서는 남인을 강하게 배척했다. 소서는 남인과 소북인을 합쳐 동인이라 부르며 조정의 요직에서 배제하려 했다.

그런 가운데 남인과 소북은 조정의 몇몇 요직을 차지했다. 소북의 거두였던 남이공은 유희분과 결합하여 힘을 합쳤는데, 그들은 광해군 대에 폐모론에 가담하지 않은 덕분에 살아남은 몇 안 되는 북인들이었다. 북인 중에 남이웅도 있었는데, 그는 이조판서에 등용되자 서인과 남인, 북인을 골고루 등용시켜 칭송을 받았지만 얼마 가지 못해 서인들로부터 탄핵을 받아 물러나야만 했다.

이때 남인으로서 중용된 인물도 많지 않았는데 북인보다는 숫자가 많았다. 대표적인 남인으로는 이광정, 이성구, 장현광, 김시양 등이 있었다.

당시 남인과 북인은 단독으로 세력을 유지할 수 없었기 때문에 일부 서인들의 지지를 받아야만 요직에 배치될 수 있었다. 북인인 남이공을 대사헌으로 천거한 인물은 노서의 오윤겸이었는데, 당시 오윤겸은 노서의 영수 격인 김류의 동의를 얻고 김상용에게도 이해를 구한 뒤에 조치를 취했다. 또 김상용은 이이첨의 친척이었지만 대북당에는 가담하지 않았던 이경직을 대사간으로 천거했다. 그러자 노서의 소장층을 대표하던 이귀가 인조에게 그들을 비판하는 말을 올렸다.

"오윤겸과 김상용이 김류와 함께 허물이 있는 사람들을 진출시키려

합니다."

　이귀는 또 청서를 비판하는 말을 올리면서 박정과 나만갑 등이 사리에 어두우면서도 남의 말도 듣지 않고 제멋대로 행동한다고 비판했다.

　이귀의 말을 듣고 인조는 박정과 그 무리가 당을 만든다고 의심하여 유배 보내버렸다. 이때 대제학 장유가 박정을 위해 변명하다가 나주 목사로 쫓겨나기도 했다.

　이렇듯 서인 내부에서도 세력이 갈려 다툼이 잦았고, 그 때문에 또 다시 이합집산이 일어나 원당, 낙당, 산당, 한당으로 분열되었다.

　원당은 원평부원군 원두표, 낙당은 상낙부원군 김자점, 산당은 김집, 한당은 김육과 신면이 우두머리였다. 김자점과 원두표는 원래 같은 당인으로 청서를 공격하던 인물들이었으나 권력을 다투는 과정에서 분리되었다. 원당과 낙당은 모두 부원군 명칭에서 유래되었고, 산당은 충청도 연산 회덕의 산림 세력이라는 데서 유래되었으며, 한당은 김육과 신면이 한강 위쪽에 사는 데서 유래됐다. 산당의 영수 김집을 좌우에서 보좌한 인물은 송준길과 송시열이었는데 훗날 이들이 서인을 주도하게 된다.

　산당의 영수 김집이 조정에서 세력을 형성하게 된 것은 김상헌 덕분이다. 김상헌이 청나라에 붙잡혀 갔다가 돌아와 정승이 된 뒤에, 김장생과 그의 아들 김집을 천거하여 요직에 앉혔다. 김장생은 김계휘의 아들인데 이이와 송익필 문하에서 학문을 한 서인 적통이었다. 또한 사촌 간인 송준길과 송시열은 김장생과 김집의 문하에서 학문을 했다. 따라서 산당은 서인의 뿌리라고 할 수 있는 이이와 송익필, 그리고 김장생과 김집의 학문을 이은 셈이었다. 김집이 이조판서 시절에 조정으로 불러들인 대표적인 인물이 송시열, 송준길, 윤선거, 이유태 등이었는데, 이들이 곧 훗날 서인의 중심이 되는 인물들이다. 김집은 남인 권시와 허목, 윤휴 등도 선발했는데 덕분에 당을 가리지 않고 등용한다는 칭송을 들었다.

이렇듯 김집의 세력이 커지고 송시열의 무리가 명성을 크게 얻자, 원두표와 김자점도 산당과 가까워지려 했다.

그런데 1645년(인조 23년)에 청으로 끌려갔던 소현세자가 돌아왔는데, 이때 김자점의 모략으로 소현세자가 죽고 세자빈 강빈마저 사약을 받았다. 세자빈 강빈은 강석기의 딸인데, 강석기 역시 송시열과 함께 김장생의 문하생이었다. 이런 까닭에 산당 내부에서 김자점을 배척했다.

하지만 그들에 대한 인조의 신임은 두터웠다. 김자점은 여러 차례에 걸쳐 사은사로 청나라를 왕래했기 때문에 청과 우호적인 관계를 형성했고, 한편으론 인조의 총애를 받던 후궁 귀인 조씨와 결탁하여 소현세자와 인조 사이를 이간시켰다. 당시 인조는 그들의 말을 굳게 믿고 소현세자를 의심하여 결국 독살하기에 이르렀고, 이어 소현세자의 빈 강씨도 사약을 내려 죽였다.

김집과 송시열의 산당은 소현세자의 죽음보다 강빈의 죽음을 더 안타까워했고, 심지어는 강빈의 원통한 죽음에 대한 복수를 다짐하기까지 했다. 그 때문에 원두표보다는 김자점을 몹시 미워하여 원수로 여겼다.

김육과 김집의 대립

1649년 5월 8일에 효종이 즉위하면서 조정의 판도는 크게 달라졌다.

효종 즉위 당시 김자점은 영의정에 올라 있었는데 그로부터 한 달 조금 지난 뒤에 그는 파직되었다. 그해 6월 22일에 사헌부와 사간원 양사에서 김자점의 죄목을 조목조목 적어 올렸다. 이 탄핵을 주도한 인물은 사헌부 집의였던 송준길이었다.

산당 세력은 김자점이 유배되자 이번에는 원당의 영수 원두표를 공격했다. 김자점과 함께 원두표가 분당하여 정치를 어지럽게 했다는 이유였다.

한편, 유배된 김자점은 신변의 위협을 느끼고 역관 이형장을 통해 효종이 옛 신하들을 몰아내고 청나라를 공격하려 한다고 청에 고발했다. 이 때문에 청나라 군대가 압록강 근처에 배치되고 진상 조사단이 파견되기까지 했다. 하지만 영의정 이경석이 예조판서 조경과 함께 노련한 외교력을 발휘하여 사건을 무마시켰고, 김자점은 더 먼 곳으로 유배되었다. 이후 김자점은 유배지 광양에서 역모를 획책했는데 귀인 조씨도 가담했다. 그는 아들 김익으로 하여금 수어청 군사와 수원 군대를 동원하여 도성을 공격할 계획을 세웠고, 성공하면 원두표, 김집, 송시열, 송준길 등을 제거하고 숭선군을 왕으로 추대코자 했다. 하지만 이 모의는 미리 폭로되었고 김자점은 목이 달아났다. 또한 귀인 조씨도 사약을 받고 죽었으며 김자점의 세력으로 분류된 인사들도 모두 쫓겨났다. 이 과정에서 한당의 영수였던 신면도 함께 엮여 죽었다.

신면이 죽게 된 것에 대해《당의통략》은 그 내막을 이렇게 적고 있다.

김자점은 처음에 귀양 보냈다가 얼마 안 되어 역모를 꾸민 사실이 발각되어 아들 익과 함께 처형되었는데, 익이 처형에 임박해 공술했다.

"아버지가 이형장을 보내 청나라 사람에게 부탁하기를 송시열의 무리들을 결박해 가라고 하였는데, 그 꾀는 신면으로부터 나온 것입니다."

이로 인하여 신면이 고문을 받았으나 끝까지 굴복하지 않고 죽었다. 뒤에 이형장을 국문하였는데 이형장이 죽음에 이르러서도 '신면은 죄가 없다' 말했다고 하였다.

어떤 이가 전하는데 송시열 등이 장차 조정으로 부임하려고 할 때 신면이 대대로 귀하고 성대한 이름이 있었으므로 사람을 시켜 의중을 전달하였다.

이에 신면이 말하였다.

"모든 산당 사람들이 과연 나올 것인가?"

"그렇습니다."

신면이 또 물었다.

"나와서 장차 무슨 일을 할 것인가?"

"원수에게 복수하고 치욕을 씻는 것과 강빈이 원통하게 죽은 것을 풀어드리는 것, 이 두 가지가 오늘날 먼저 할 일입니다."

신면이 다시 말했다.

"내가 산당 사람들에게 사례의 말을 하리다. 그대들은 봉황새와 같아 그 명성만 듣고도 사람들이 스스로 사모합니다. 이런 때 나와서 사람들의 의표가 되는 것이 안 될 것은 없지만, 함께 내려와 닭이나 집오리처럼 바쁘게 몰려다니며 부인이나 어린아이들의 웃음거리가 되지 않을까 염려하오."

이 말을 전해 듣고 산당 사람들이 매우 화를 냈는데 신면이 이 때문에 죽었다는 말이 있었다.

이렇듯 김집을 영수로 송시열과 송준길이 이끌고 있던 산당 세력은 원당, 낙당 세력을 무너뜨리고 한당 세력의 일부도 눌렀다. 하지만 효종은 충청도 연산 출신으로 이뤄진 산당 세력에 대해 확실한 믿음을 가지고 있지 못했다. 그들 산당 세력은 인조에 의해 죽은 소현세자의 빈 강씨의 죽음에 대한 원한이 있었고, 강빈의 신원을 요구하기까지 했다. 효종은 그 때문에 산당의 속내를 알 수 없다고 판단했다. 그런 까닭에 효종은 산당의 영수 김집과 대립하고 있던 한당의 영수 김육을 지지했다. 김육은 당시 대동법 확대 실시의 중심에 있었고, 김집은 대동법을 확대 실시하는 것에 반대하는 입장이었다. 또한 김집은 원로대신의 천거로 인재를 등용해줄 것을 효종에게 요청했는데, 김육이 이를 반대하여 두 사람은 완전히 등을 졌다.

이에 대한 내용이 효종 1년(1650년) 1월 13일의 기록에 전한다.

우의정 김육이 선조의 묘를 성묘하기 위하여 양주로 물러갔다. 이보다 앞서 김육이 대동법을 시행할 것을 청하자, 상이 이조판서 김집에게 물으니, 김집은 시행하는 것이 불가하다고 했다. 또 건의하여 원로대신에게 인재를 물어 차례에 구애받지 말고 등용하기를 청하였는데, 이에 김육이 상소하였다.

"인재를 등용하는 권한은 인주人主의 대병大柄이므로 아래에서 마음대로 해서는 안 됩니다."

이로 인해서 두 사람이 화협하지 못했는데, 그 뒤로 여러 번 상소하여 치사(나이가 많아 벼슬을 사양하고 물러남)를 청하면서 아뢰었다.

"신하가 임금을 섬기는 도리는 진퇴가 분명하고 그 마음에 변함이 없어야 할 뿐입니다. 나아가야 할 때에 물러나는 것은 잘못이며 물러가야 할 때 나아가는 것도 잘못입니다. 미관말직에 있는 자도 오히려 그러해야 하는데 더구나 대신의 반열에 있는 자이겠습니까?

대체로 물러가서는 안 되는 경우가 셋이며, 물러가지 않으면 안 되는 경우가 셋입니다. 이를테면 자신에게 국가의 안위가 걸려 있어 국가의 존망에 관계된 자가 첫째요, 산림에서 와서 덕망이 세상을 덮는 자가 둘째요, 나이가 젊고 근력이 있어 국사를 담당할 만한 자가 셋째이니, 이상은 물러가서는 안 되는 경우입니다.

그리고 자신이 분명히 알 만큼 재덕才德이 부족한 경우가 첫째요, 나이가 이미 많고 노쇠하여 치료하기 어려운 병을 지닌 자가 둘째며, 남의 비웃음이나 당하며 쓰이기에는 부적합한 말을 하는 자가 셋째이니, 이는 물러가지 않으면 안 되는 경우입니다.

이제 신은 분에 넘치는 은총으로 치사할 나이가 넘었으니 물러가야 하겠습니까, 물러가지 않아야 하겠습니까? 옛사람을 들어 말하건대 자신에게 국가의 존망이 걸린 한漢의 제갈량이나 백성들의 인망이 간절했던 진晉의 사안석이나 나이가 노쇠하지 않았던 송末의 문천상의 경우와 참람되지만 비교해본다면, 하늘을 나는 봉새와 땅속 벌레의 차이 정도일 뿐만이 아니며, 시세의 어려움도 한이나 진, 송의 경우와도 다릅니다. 조금이라도 그대로 나아가야 할 도리가 어디에 있습니까? 삼가 원하건대 성명께서는 속히 치사를 허락하여주소서."

이에 상이 위로하는 유문을 내리고 윤허하지 않았다.

김육은 이른바 '삼불가퇴론(물러가지 않아야 하는 세 가지)'과 '삼불가불퇴론(물러가지 않으면 안 되는 세 가지)'을 앞세워 효종에게 김육 자신을 선택하든지 김집을 선택하든지 해달라는 요청을 한 것이다. 이후에도 몇 차례 더 상소를 올려 물러나게 해줄 것을 요청했다.

당시 김육의 나이는 71세였다. 이미 늙은 몸이라 물러가야 할 나이가 되었다는 것이다. 하지만 나이가 많다고 해도 국가의 존망이 그에게 걸렸거나 덕망이 높으면 물러가지 않아야 된다고 했으니, 자신이 물러가야 할지 물러가지 말아야 할지 임금에게 결정해달라는 것이었다. 효종은 그에게 물러가지 말아야 한다는 뜻을 전했다.

그러자 김집의 입장이 곤란하게 되었다. 김집은 당시 김육보다 여섯 살이나 많은 77세였다. 또한 김육이 나라의 존망을 지고 있으면서 덕망이 많은 자로 물러가서는 안 되는 사람이라면, 그와 대립하고 있는 늙은 신하 김집은 물러가야만 하는 신하가 되는 셈이었다.

이 싸움에서 효종은 김육의 손을 들어줬고, 결국 김집은 그해 1월 21일에 고향 연산으로 돌아갔다. 이로써 산당은 낙당과 원당을 물리치고 한당의 영수 중 하나였던 신면까지 제거함으로써 조정을 완전히 장악했다고 판단했다가, 한당의 또 다른 영수 김육에게 뒷덜미를 잡혀 밀려나고 말았다.

김집이 낙향하자 그들의 제자들인 송시열과 송준길 등의 산당 세력도 밀려났다. 이후, 조정은 한당이 차지했고 국혼까지 한당이 차지했다.

김육의 아들은 우명과 좌명인데, 우명의 딸이 세자빈에 간택되던 것이다. 그녀가 곧 현종의 왕비이자 숙종의 모후인 명성왕후 김씨이다. 또한 김좌명의 아들이 곧 석주인데, 김석주는 현종, 숙종 대의 권력의 핵심이 된다. 따라서 서인 내부의 권력투쟁은 송시열과 송준길이 이끄는 산당과 김육의 아들 김우명과 손자 김석주가 이끄는 한당의 다툼으로 이어진다. 이런 까닭에 현종과 숙종 대의 예송과 환국 정치의 중심에는 늘 한당의 우두머리 김석주가 있게 되는 것이다.

다시 돌아온 산당과
효종의 급작스러운 죽음

김집이 물러난 이래 조정을 장악하고 있던 한당은 남인과 더불어 정치를 이어갔다. 그런 가운데 1656년 윤5월 13일에 산당의 영수 김집은 죽고, 송시열이 그 자리를 이어갔다. 또한 한당의 영수 김육은 2년 뒤인 1658년 9월 5일에 죽었으며, 한당의 영수 자리는 그의 아들 김우명이 이어갔다.

김육이 병들어 누워 있을 때, 8년이나 정계에서 물러나 있던 산당 세력이 조정으로 돌아오기 시작했다. 이때에 이르러 효종은 한때 김자점의 고발로 좌절되었던 북벌 계획을 은밀히 준비해오다 더욱 구체화할 계획을 세웠고, 이를 위해 재위 8년(1657년) 8월 19일에 북벌파인 산당의 영수 중 한 명 송준길을 인견하고 산당을 끌어들여 북벌을 실행하려는 움직임을 보였다. 그리고 이듬해 2월 11일에 북벌파의 핵심 송시열을 이조참의로 임명하여 조정으로 불러들였다.

하지만 근본적으로 송시열과 효종의 북벌론에는 차이가 있었다. 효종은 인조의 삼전도 치욕과 청에 볼모로 잡혀간 자신의 한을 씻기 위해 부국강병을 이뤄 청을 정벌하겠다는 뜻을 가지고 있었다. 반면에 송시열은 멸망한 명나라를 흠모하고 청을 배척하는 사상운동 중심의 관념적 북벌론을 추구하고 있었다. 현실적으로 청을 상대로 전쟁을 치러 이길 가능성이 없다고 생각한 송시열은, 군비 확장과 무력을 통해 북벌을 단행하기보다는 스스로 몸을 닦고 민생을 안정시켜 덕을 갖추는 것이 우선이라는 논리를 폈다.

어쨌든 효종과 송시열은 북벌이라는 공통분모를 통해 하나가 되었고, 그것은 자연스럽게 산당의 세력 확장으로 이어졌다. 심지어 송시열은 북벌 문제를 논의하기 위해 효종과 독대를 하기도 했다. 신하가 임금과 독대하는 것은 극히 예외적인 일이었다. 신하가 임금과 만날 때는 반드시 사관과 승지가 함께해야만 했다. 그러나 송시열은 그런 법도를 어기고 효종과 독대했다. 그만큼 송시열의 힘이 강대해진 것이었다.

독대의 내용은 실록에 전하지 않고 송시열 자신의 글로 남겼다.《송자대전》속에 '악대설화'라는 이름으로 남긴 독대 내용 속에는 북벌에 대한 효종과 송시열의 견해 차이가 분명히 드러난다. 효종은 10년 동안 군 장비와 군량을 비축하고 10만의 병력을 양성한 다음, 한족과 내통하여 청을 기습하고자 했다. 하지만 송시열은 북벌을 위해서는 우선적으로 스스로 내면을 닦고 학문을 익히며 민생을 안정시켜 덕을 널리 퍼뜨려야 한다고 역설했다.

이후로 효종은 북벌 계획을 가열차게 진행시키려 했지만, 송시열과 독대한 지 두 달 만인 1659년 5월 4일 의문스러운 죽음을 맞이했고, 북벌 계획은 그것으로 종결되었다.

효종은 당시 암을 앓고 있었던 듯하다. 귀 밑에 작은 종기가 있었는데, 이 종기의 독이 갑자기 얼굴로 퍼지더니 눈을 뜰 수 없는 상황이 되었다. 이 때문에 어의 신가귀가 독을 제거하기 위한 침을 놓았는데, 도리어 이것이 화근이 되어 엄청난 피를 쏟아내고는 죽었다.

효종의 급작스러운 죽음에 대해 실록은 이런 기록을 남기고 있다.

상이 대조전에서 승하하였다. 약방 도제조 원두표, 제조 홍명하, 도승지 조형 등이 대조전의 바깥에 입시하고 의관 유후성, 신가귀 등은 먼저 탑전榻前(임금의 의자 앞이라는 뜻으로 임금 앞이라는 의미)에 나아가 있었다. (이때 신가귀는 병으로 집에 있었는데 이날 병을 무릅쓰고 궐문 밖에 나아가니, 드디어 입시하라고 명하였다.) 상이 침을 맞는 것의 여부를 신가귀에게 하문하니 가귀가 대답하였다.

"종기의 독이 얼굴로 흘러내리면서 또한 농증을 이루려 하고 있으니, 반드시 침을 놓아 나쁜 피를 뽑아낸 연후에야 효과를 거둘 수 있습니다."

유후성은 경솔하게 침을 놓아서는 안 된다고 하였다. 왕세자가 수라를 들고 난 뒤에 다시 침을 맞을 것을 의논하자고 극력 청하였으나, 상이 물리쳤다. 신가귀에게 침을 잡으라고 명하고 이어 제조 한 사람을 입시하게 하라고 하니, 도제조 원두표가 먼저 전내로 들어가고 제조 홍명하, 도승지 조형이 뒤따라 곧바로 들어갔다. 상이 침을 맞고 나서 침구멍으로 피가 나오니 상이 말했다.

"가귀가 아니었더라면 병이 위태로울 뻔하였다."

피가 계속 그치지 않고 솟아 나왔는데 이는 침이 혈락을 범했기 때문이었다. 제조 이하에게 물러 나가라고 명하고 나서 빨리 피를 멈추게 하는 약을 바르게 하였는데도 피가 그치지 않으니, 제조와 의관들이 어찌할 바를 몰랐다. 상의 증후가 점점 위급한 상황으로 치달으니 약방에서 청심원과 독삼탕을 올렸다.

백관들은 놀라서 황급하게 모두 합문 밖에 모였는데, 이윽고 상이 삼정승과 송시열, 송준길, 약방제조를 부르라고 명하였다. 승지, 사관과 제신들도 뒤따라 들어가 어상 아래 부복하였는데, 상은 이미 승하하였고 왕세자가 영외楹外에서 가슴을 치며 통곡하였다. 승하한 시간은 사시巳時에서 오시午時 사이였다.

효종이 죽자, 그 자리에 있었던 의관 유후성, 신가귀, 조징규, 박군, 이후담, 최곤 등이 의금부에 하옥되었다. 특히 침을 놓았던 어의 신가귀를 참형에 처해야 한다고 했지만, 현종은 그동안의 공적을 생각하여 교수형으로 처결했다. 이후에도 양사에서 신가귀를 참형에 처해야 한다고 주장하자, 현종은 교수형에 처하는 이유를 설명했다.

"교형이나 참형이나 죽이는 것은 같으나, 참형을 않으려는 이유는 선왕의 뜻을 받들기 위함이다. 비록 그대들은 신가귀가 침을 잡았을 때 유후성 등이 그가 오랜 병을 앓고 수전증이 있음을 알고서도 그만두게 못 했다 하여 그것이 큰 죄라지만, 지난해 파종(종기를 제거하는 것) 때 신가귀는 병이 없으면서도 역시 손을 떨었다. 그것은 선왕께서 통촉하신 바로서 그가 침을 잘 놓는다고 늘 말씀하셨으며, 그 후 그가 병이 중하여 죽게 되었다는 소식을 듣고는 불쌍하고 애석히 여기시는 말씀을 누차 하셨다. 그날도 그로 하여금 침을 잡게 한 것은 그래서였던 것이다.

의관들이 다 물러간 후 내가 곁에서 머리 부위를 바라보고 심신이 착잡하여 나도 모르게 눈물을 흘렸더니, 선왕께서 돌아보시고 이르기를 '파종을 한 것은 살기 위함인데 왜 우느냐?' 하셨다. 지금도 그때 일을 생각하면 통곡이 있을 뿐이다. 그때 비록 100명의 유후성이 있었을지라도 그 사이에서 감히 무슨 말을 했겠는가? 그대들은 당시 사세를 이해하지 못한 채 덮어놓고 과격한 말만 하고 있으니, 나로서는 그 뜻을 모르겠다.

기축년에도 이형익 등에 대하여 양사가 합동으로 조사하여 죄를 내릴 것을 아뢰어 청하였으나, 선왕께서 선대왕의 뜻에 위배될까 염려된다는 하교를 내리셨다. 나 역시 선왕의 그 가르침을 삼가 받들자는 것이며 따라서 선왕의 그 지극하신 뜻을 따르려는 것이니, 비록 국법이라지만 어찌 그 사이에 경중이 없겠는가? 여러 말 하지 말라."

효종의 죽음에 대해 타살설이 제기되기도 하나 당시 상황을 살펴보면 타살의 가능성은 없다고 봐야 한다. 신가귀에게 침을 놓으라고 강요한 것도 효종이고, 신가귀 또한 별다른 계획이 있어서 침을 놓은 것이 아니기 때문이다. 또한 신가귀 이외에도 시침할 당시 여러 의관과 신하들이 다 있었고, 효종의 강요가 없었더라면 신가귀가 아픈 몸으로 침을 놓았을 까닭이 없었다. 결국, 효종의 갑작스러운 죽음은 신가귀의 침을 너무 믿은 효종이 스스로 자초한 일이었다. 어찌 보면 침에 대한 효종의 강한 믿음 때문에 죄 없는 신가귀만 죽은 꼴이다.

어떤 이는 당시 효종의 죽음을 여러 사림 당파들이 합작한 것이라는 의혹을 제기하기도 한다. 그 의혹을 요약하자면 효종이 전제 왕권을 추구하며 신권과 강한 충돌을 일으키자, 신권이 결합하여 신가귀를 이용해 타살했다는 것이다. 하지만 이러한 주장은 황당하기 짝이 없다. 서로 대립하고 있던 붕당이나 당파들이 왕권을 견제하기 위해 하나로 합칠 리도 만무하지만, 시급한 치료 상황에서 그런 합의를 이뤄낸다는 것은 있을 수 없는 일이기 때문이다.

- 7 -

예송 그리고 환국 정치

현종·숙종·경종 시대

예송 그리고 남인과 서인의
목숨을 건 투쟁

효종이 죽자, 조정은 뜻밖의 정쟁에 휘말렸다. 이른바 '예송'이 휘몰아
쳤던 것이다. 예송을 일으킨 장본인은 산당의 영수 송시열이었다. 송
시열은 효종 말기에 북벌을 앞세워 조정을 장악했고, 효종이 죽고 현
종이 들어서자 왕권을 능가하는 힘을 갖게 되었다. 세간에서는 이를
두고 '군약신강君弱臣强' 즉, '임금은 약하고 신하는 강하다'고 했다.

사실, 송시열과 송준길이 이끄는 서인 산당은 현종을 군왕으로 인정
하려 하지 않았다. 그들은 근본적으로 효종이 왕위에 오른 것 자체가
잘못된 일이라고 보았다. 그들이 세운 소현세자의 빈 강빈의 자식만이
적통이라고 생각했다. 하지만 그들은 효종 재위 시절엔 그런 속내를
드러내지 않았다. 그러다 효종이 죽고 현종이 왕위에 오르자, 효종의
정통성 문제를 본격적으로 거론했다.

쟁점은 효종의 계모 자의대비 조씨가 얼마 동안 상복을 입어야 하느
냐는 것이었다. 효종이 죽은 뒤에 현종은 상례에 관한 모든 문제를 예

론에 밝은 송시열과 송준길에게 맡겼다. 그들이 예학의 대가 김장생의 제자들이었기 때문에 믿고 맡긴 것이다.

송시열은 이 문제를 혼자 결정하지 않고 남인 윤휴에게 먼저 물었다. 그랬더니 윤휴는 일반 사대부 집안에서는 어머니가 장남을 위해서는 삼년복을 입고 차남을 위해서는 기년복(일년복)을 입는 것이 원칙이고, 임금의 국상에서는 사대부와 달리 임금이 차남이라고 하더라도 삼년복을 입는 것이 맞는다고 했다.

그러나 송시열은 효종이 장자가 아닌 서자로서 왕위를 이었기 때문에 기년복이 맞는다고 주장했다. 여기서 송시열이 말하는 '서자'란 적자라도 장자가 아닌 아들을 지칭한 것이다.

이렇듯 두 사람이 맞서자 당시 대신이었던 이경석, 이시백, 심지원, 원두표, 이후원 등은 《대명률》과 《경국대전》에 근거하여 장자와 차자 구별 없이 기년복으로 하기로 결정했다.

비록 《대명률》과 《경국대전》에 근거하긴 했지만 이들의 결정은 송시열의 의견을 따른 것이나 진배없었다.

그러자 남인의 핵심 인물인 허목은 효종은 첩의 자식이 아니라 서자가 될 수 없고, 때문에 조대비는 삼년복인 참최복을 입어야 한다고 주장했다.

이후 예송 논쟁은 본격적으로 확대되어 남인과 서인 산당 간의 치열한 정쟁이 되었다. 남인들은 효종의 정통성을 강조했기 때문에 강한 설득력이 있었고, 이 주장을 강하게 공격할 경우 자칫 효종의 왕위 계승을 부정하는 꼴이 되는 것이었다. 이 때문에 신하들은 함부로 허목을 공격할 수 없었다.

그때 다시 남인 윤선도가 상소를 올려 허목을 지지하고, 송시열을 강하게 비판했다.

　　허목이 말한 것은 예의 정대한 원리를 논한 것일 뿐만 아니라, 사실
은 나라를 다스리는 빈틈없는 계책이기도 합니다. 만약 천리天理의 절
문節文에 밝지 아니하고 신하로서 진실한 충성심이 아니라면, 그 말을
어떻게 하겠으며 또 어떻게 감히 그 말을 올리겠습니까?

　　그러나 송시열은 《예경》에서 '정작 아비가 자식을 위하여 참최를 입
는 이유가 오로지 할아버지와 체體가 되고 있음에 있다'고 한 것과, '성
인이 그 예를 엄절하게 한 이유가 오로지 대통과 종묘사직을 이어받음
에 있다'고 한 주된 뜻에 관하여는 처음부터 끝까지 보지도 못하였고 말
하지도 못하였습니다. 하여 신으로서는 그의 말에 승복할 수도 없고 그
의 뜻도 알 수가 없습니다. 신이 비록 학문에 어둡고 지식이 얕아 《예
경》에는 원래 깜깜하지만, 그러나 천리가 있는 곳, 성인이 예를 만든 주
된 뜻만은 일찍이 알아도 보았으며 대의는 짐작하고 있습니다. 시열이
잘못 인용한 설에 대하여 신이 그 중요한 부분을 추려 하나하나 논변하
겠습니다.

　　시열이 소설疏說의 '차장자를 세우고도 역시 3년을 입는다' 하는 구절
을 인용하면서 그 아래에 이르기를 '지금 반드시 차장자는 서자가 아니
라는 분명한 기록을 찾아내야만 허목의 설을 비로소 따를 수 있다' 하
였는데, 그 말은 참으로 말도 안 되는 말입니다. 지금 우리 효종대왕은
바로 인조대왕의 차장자입니다. 소설에 이미 '차장자를 세워도 역시 3년
을 입는다' 하는 분명한 기록이 있으면, 대왕대비의 복이 재최 3년일 것
은 털끝만큼도 의심스러울 것이 없습니다. 그러니 그대로 딱 잘라 행하
면 그뿐인데, 왜 꼭 다시 차장자는 서자가 아니라는 분명한 기록을 찾아

야 한다는 책임을 허목에게 지우는 것니까?

시열이 논의에서 이르기를 '대왕대비가 소현의 상에 인조대왕과 함께 이미 장자를 위한 복을 입었는데, 그 의리가 어떻게 오늘에 와서 바뀔 수 있겠는가?' 하였는데, 그가 말한 장자의 복이란 어느 복입니까? 그때 과연 참최 3년을 입었던가요? 그리하였으면 지금도 당연히 소설의 '차장자를 세우고 역시 3년을 입는다'고 한 그 정의에 따라 3년으로 정해야 할 것입니다. 그리고 그때 만약 혹시라도 기년으로 정했다면 그것은 예관이 실례를 하여 그리 되었던지, 아니면 혹시 인조대왕께서 무슨 은미한 딴 뜻이 있어서였을 것입니다. 이리 보나 저리 보나 신으로서는 모두 모르는 일입니다. 그때는 비록 기년으로 정하였더라도 오늘 효종의 복은 대왕대비가 재최 3년으로 하지 않으면 안 됩니다.

이런 윤선도의 상소는 조정을 발칵 뒤집어놓았고, 그때까지 윤휴의 3년설을 지지하던 세력조차 기년설로 돌아서게 만들어버렸다. 윤선도가 송시열을 지나치게 공격하여 서인들의 감정을 자극했기 때문이다. 그래서 결국, 대신들의 주장에 따라 《대명률》과 《경국대전》을 근거로 조대비는 기년상을 하는 것으로 매듭지어졌다. 이에 대해 남인들과 영남 유생들이 대거 반발하자, 현종은 복상 문제를 다시 거론하는 자는 엄벌에 처하겠다는 포고령까지 내려 남인들의 저항을 잠재웠다. 이후로 10년 동안 복상 문제는 거론되지 않았고, 그 때문에 기왕에도 세력이 약했던 남인의 입지는 크게 약화되었다.

그런데 1674년에 효종의 왕비 인선왕후가 죽자 복상 문제가 다시 불거졌다. 이번에도 서인 측은 효종이 차남이라는 점을 강조하고 대공설을 주장하여, 대비 조씨가 9개월간 상복을 입어야 한다고 주장했다.

하지만 남인 측에서는 인선왕후가 둘째 며느리이긴 하나 왕비이므로 맏며느리의 예로 대해야 한다면서 기년설을 주장하며, 자의대비가 1년 동안 상복을 입어야 한다고 주장했다.

그런데 이번에는 서인들이 단합이 되지 않았다. 현종의 장인이자 김육의 장남인 서인 한당파 김우명, 그리고 김좌명의 아들인 김석주가 남인 편을 든 것이다. 원래부터 산당에 대해 감정이 좋지 않았던 한당은 산당을 내칠 기회라고 생각했다. 김석주는 송시열의 상소 중에 '효종은 서자라고 해도 크게 해가 되지 않는다'는 부분을 집중적으로 공격했다. 이후 예송은 김석주와 송시열의 싸움으로 전개됐다. 말하자면 남인과 서인의 다툼에서 서인 내부의 한당과 산당의 다툼이 된 것이다. 송시열의 말은 효종의 정통성을 부인하는 느낌을 주었고, 현종은 이 점을 매우 불쾌하게 여겨 남인의 기년설을 받아들였다. 이에 산당의 영수 송시열이 자신의 주장을 펼친 장문의 상소를 올렸지만 소용없었다. 또한 조정 내에서 산당의 영수 노릇을 하던 영의정 김수흥이 쫓겨나고 남인의 영수 허적이 영의정이 되었다. 이로써 조정은 남인과 서인 한당이 함께 장악하는 모양새가 되었다.

김석주의 모략에 걸려
쫓겨나는 남인

1674년(현종 15년) 8월 18일 해시(밤 9시~11시)에 현종이 창덕궁에서 생을 마감하고, 열네 살의 어린 숙종이 왕위에 올랐다. 현종의 죽음은 또다시 예송을 불러일으켰다. 하지만 숙종은 단호하게 부왕 현종의 뜻에 따라 송시열의 주장을 배격하고 남인의 주장을 수용했다.

숙종은 나이는 어렸으나 명민하여 대비의 수렴청정 없이 친정을 시작했다. 하지만 어린 탓에 외척의 영향력에서 자유로울 수 없었다. 당시 숙종에게 가장 큰 영향력을 행사한 인물은 숙종의 외조부 김우명과 김육의 장손 김석주였다. 당시 김석주는 41세였고, 숙종이 즉위한지 한 달 만에 도승지를 맡았다. 이때 영의정엔 남인 허적, 좌의정엔 서인 산당의 김수항이 있었다. 숙종은 왕위에 오른 직후 자신이 어리다고 업신여길까 봐 신하들을 매우 엄하게 대했다. 덕분에 왕의 권위가서고, 신하들이 함부로 왕에게 글을 올리지 못했다. 숙종은 효종의 정통성을 부정한 송시열을 매우 비판적으로 대했다. 그리고 남인 허목을 대사헌으로 삼고, 윤휴를 장령으로 삼았다. 이로써 조정과 언론 삼사에 남인이 득세하는 형국이 되었다.

남인이 언론 삼사를 장악하자 산당의 영수 송시열을 공격했고, 숙종은 송시열을 유배 보내버렸다. 이후로 남인이 조정을 장악하자, 숙종은 외조부이자 한당의 영수인 김우명과 그의 조카 김석주를 통해 남인을 견제했다.

이때 남인은 송시열의 죄를 다루는 과정에서 둘로 갈라졌다. 허목을 중심으로 권대운, 권대재, 이봉징, 홍우원 등은 송시열의 죄를 종묘에 고하고 대죄로 다스려야 한다고 주장했고, 허적을 중심으로 민희, 오정창 등은 그렇게까지 할 것 없이 너그럽게 다루자고 했다. 이렇게 해서 허목의 당을 '청남'이라고 칭하고, 허적의 당을 '탁남'이라고 일컫게되었다. 허목의 당을 청남이라고 한 것은 자신들의 주장이 맑고 높은 의론이라고 한 데서 비롯되었고, 허적의 당은 그 반대 개념에서 '탁남'이 되었던 것이다.

이후 청남과 탁남의 싸움이 거칠게 진행되었는데, 허목이 허적을 비방하다가 숙종의 미움을 얻어 허목은 물론이고 청남에 가담했던 권대재, 이옥, 권해, 홍우원 등이 모두 쫓겨났다.

이후로 탁남이 정권을 장악했는데, 1680년(숙종 6년)에 김석주의 모략으로 허적을 위시한 탁남 세력이 대거 축출되는 사건이 일어난다.

1680년 3월, 남인의 영수 허적은 조부 허잠의 시호를 맞이하는 잔치를 벌이게 되는데, 이날 공교롭게도 비가 내렸다. 그래서 숙종은 허적에게 유악(비가 새지 않도록 기름을 바른 천막)을 내어주라고 명한다. 하지만 이미 유악은 허적이 빌려간 상태였다. 이 사실을 알게 된 숙종은 심하게 분노하며 패초(나라에 급한 일이 있을 때 국왕이 신하를 불러들이는 것)로 군권 책임자를 모두 불러들였다. 사실 유악은 군사 물자였기 때문에 개인이 사사롭게 사용할 수 없게 되어 있었다. 그래서 혹 유악이 필요할 때에는 왕이 선처하여 빌려주는 형태를 취했는데, 당시 군권과 조정을 거의 장악하고 있던 남인들이 허적의 권세를 믿고 왕에게 보고도 하지 않은 채 마음대로 유악을 빌려주었던 것이다.

숙종은 이 일을 남인들이 권세를 믿고 왕을 업신여긴 행동이라고 단정하면서, 남인들이 거의 차지하고 있던 군권을 서인들에게 넘겨버린다. 훈련대장직은 남인계의 유혁연에서 서인계의 김만기로 바꾸고, 총융사에는 서인 신여철을, 수어사에는 서인 김익훈을 임명한다. 그러나 어영대장은 당시 서인 김석주가 맡고 있었으므로 보직을 유임시켰는데, 이로써 서인들이 군권을 완전히 장악하게 되었다.

그런데 남인은 설상가상으로 '삼복의 변'에 직면하게 된다. 김석주의 사주를 받은 정원로가 고변을 했는데, 허적의 서자 허견이 인조의 손자이며 인평대군의 세 아들인 복창군, 복선군, 복평군 등 삼복과 함께 역모를 도모했다는 것이었다.

고변 내용을 살펴보면 허견과 삼복 형제들은 숙종이 즉위 초년에 자주 병을 앓는 것을 보고 왕위를 넘보았고, 또한 도체찰사부 소속 이천 둔군에게 몇 차례에 걸쳐 특별한 군사훈련을 시켰다는 것이 골자였다.

도체찰사부의 둔군을 사적으로 움직였다는 것은 왕권에 도전하는 행위로 간주될 수 있는 일이었고, 그 때문에 도체찰사였던 영의정 허적에게 치명적인 타격을 입힐 수 있는 요소였다.

문제가 되었던 도체찰사부는 효종 대까지는 잦은 전란과 군비의 필요성으로 상설되었으나 평화가 정착되던 현종 대에 폐지된 기관이었다. 그러다가 숙종 초 중국 대륙의 정성공, 오삼계 등의 움직임에 대비하여 군비를 강화해야 한다는 윤휴, 허적 등의 주장에 따라 1676년에 다시 설치되었다.

이후 허적은 지방 군대는 물론 훈련도감, 어영청 등 도성의 군영도 도체찰사부에 소속시켜 군권을 일원화하자고 했으나, 김석주의 반대로 1677년 6월에 도체찰사부 자체가 일시 혁파되었다.

도체찰사부는 영의정을 도체찰사로 하는 전시의 사령부로서, 외방 8도의 모든 군사력이 이 기관의 통제를 받도록 되어 있었다. 그러나 인조반정 뒤 국왕 및 궁성 호위 부대로 발족한 중앙 군영은 예외적인 존재로 인식되어, 도체찰사부에 예속되지 않았다. 허적이 중앙 군영까지 그곳에 예속시키려고 하다가 김석주의 반대로 뜻을 이루지 못한 것이다. 그 후 1678년 12월 도체찰사부가 허적의 주장으로 다시 설치되었다. 이때 숙종은 허적을 견제할 요량으로 부체찰사에 김석주를 임명했다. 이때 김석주는 남인의 힘이 강화되는 것에 위협을 느끼고 산당의 영수 송시열과 화해했고, 덕분에 서인은 한당과 산당이 하나로 뭉치게 되었다.

비록 도체찰사부로 중앙 군영이 통합되긴 했으나, 이들 군사 기관은 사실 서인 측이 창설하고 발전시켰기 때문에 서인은 그 기득권을 놓치지 않으려 했다. 그런데 남인이 정권을 장악하게 되자 중앙 군영의 지휘권도 거의 남인에게 넘어가고 말았던 것인데, 허적의 유악 남용 사건으로 서인이 다시 중앙 군권을 장악하게 된 것이다.

한편 허적의 아들 허견과 복창군, 복선군, 복평군 삼형제의 모반 행위에 대한 고변의 주요 내용이 도체찰사부의 군사를 동원한 것이었기 때문에, 도체찰사부 복설에 관련된 자들은 모두 역모에 연루되게 되었다. 그래서 허견과 삼복 형제뿐만 아니라 허적, 윤휴, 유혁연, 이원정, 오정위 등 남인 중진들이 대거 죽임을 당하거나 유배되었다. 또한 고변자 정원로 역시 역모자 중 한 명으로 지목받아 처형되었다. 이로써 남인이 대거 축출되고 서인이 대폭 등용되어 조정을 장악하였다.

경신년인 1680년에 일어난 이 사건을 '경신환국'이라고 한다. '환국'이라는 말은 정치 국면을 전환시키는 것을 말하는 것인데, 당시 숙종은 이른바 '용사출척권'을 사용하여 조정을 일시에 물갈이하는 환국 정치를 구사했다. 이 사건이 그 첫 번째 환국이었다.

노론과 소론으로
갈라선 서인

경신환국 이후, 서인을 대표하는 산당은 남인들에 대한 축출 과정에서 노론과 소론으로 분리되고 말았다.

1682년 서인 노장파인 김익훈 등은 남인에 대한 강력한 탄압을 추진했는데, 한태동을 중심으로 한 소장파는 오히려 김익훈을 탄핵했다.

1682년(숙종 8년) 12월 22일에 사헌부 집의였던 한태동이 장령 안식, 지평 유득일과 함께 김익훈을 탄핵한 내용은 이랬다.

김익훈의 옛날부터의 간특한 정상은 자세히 말할 필요조차 없습니다. 인연을 타고 몽롱하게 변화시켜 요행히 공훈의 명단에 들어갔고, 권력 있는 자들을 의지하고 받들어 분수에 걸맞지 않은 대장의 직임을 차지하였습니다. 사람들은 모두 놀라워하고 군사들은 마음을 주지 못하고 있습니다. 그런데도 그의 형세는 뿌리가 깊고 기세가 타오르는 불꽃과 같아서, 그의 마음을 건드렸다가는 밀려나게 되고 아첨하여 붙좇으면 받아들여지고 있습니다. 그러므로 사람들은 모두 눈을 흘기면서도 감히 입을 열지 못하고 있습니다. 더구나 지금 공을 탐내어 비뚤어진 마음을 가졌고, 공사를 핑계 삼아 염치가 없다는 비방이 있으니, 국론이 들끓고 공의가 날로 격하여지고 있습니다. 만일 엄히 징계하여 다스리지 않으면, 조정의 기강을 엄숙하게 하고 백성들의 마음을 진정시킬 수 없을 것입니다.

그러자 숙종이 화를 내며 비답을 내렸다.

어찌 이다지도 집요하게 증오하며, 하는 말에서 전혀 가리지 않는 것이 이다지 심하단 말이냐? '간특하다'느니 '변화시켰다'느니 '타오르는 불꽃과 같다'느니 '눈을 흘긴다'느니 하는 말들은, 모두 신하로서 극형에 해당하는 죄목들이다. 더구나 지난번의 대장 직임의 천거는 대신들이 한 것인데, '권귀에게 의지하고 받들었다'는 말은 더더욱 놀랄 말이다. 빨리 정지하여 번거롭게 하지 말라.

한태동도 물러서지 않았다.

김익훈이 당초에 은밀히 아뢴 것은 실로 놀랄 만한 일입니다. 전익대 등을 시켜 과연 그러한 일이 있었고, 김익훈이 참여하여 그 내용을 알았다면, 신하 된 자로서 어찌 감히 일각인들 묻어두고 사사로이 구류하여 몇 날을 숨기었다가 끝에 이르러서 역변을 핑계하여 대신 아뢰게 하겠습니까? 하는 짓도 옳지 않고 마음 씀도 헤아리기 어렵습니다. 국문에 이르러 여러 사람들로부터 끝내 찾을 만한 단서가 발견되지 아니하자, 속셈은 저절로 깨어지고 수족들도 모두 노출되었습니다. 항간에는 논설이 낭자하고 인심이 따르지 아니하며 공의가 점점 격하여져서, 사대부들은 서로 만나 놀라움과 탄식을 나누며 나라의 운명을 근심하기까지에 이르렀습니다. 이러한 걱정스러운 상황들을 유독 전하께서만 듣지 못하고 계실 뿐입니다.

송시열 등의 노장파는 이 탄핵 상소에 반박하며 소장파와 대립했고, 특히 송시열은 제자 윤증과 사적인 감정까지 좋지 않아 분파를 가속화시켰다.

윤증은 윤선거의 아들인데, 윤선거와 송시열은 모두 김장생의 제자였다. 윤선거가 죽었을 때 송시열은 제문을 지어 그를 찬양했다.

하늘과 땅이 어두컴컴한데 하나의 별이 되어 외로이 밝았다. 여러 가지 것들이 이리저리 내달렸지만 단단한 주춧돌은 기울어지지 않았다. 신로愼老(김집)가 돌아가셨어도 모범된 틀로 존재하였다. 일방의 선비들이 신로를 섬기는 것처럼 그를 섬겼도다.

그때 남인 윤휴도 제문을 지어 윤증에게 보냈는데, 윤선거의 문인들이 받기를 거절했다. 그런데 윤증은 제문을 보내왔는데 너무 야박하게 하지 않는 게 좋겠다며 윤휴의 제문도 받아들였다. 그런데 윤휴가 보낸 제문 속에 윤선거를 비방하는 말이 있었다.

그대는 나를 일러 망령되게 세상의 재앙을 가까이한다고 했지만 나는 그대를 능히 자리하지 못했다고 이르겠소.

윤휴가 이런 말을 한 것은 생전에 윤선거가 윤휴의 타락상을 비판한 것에 대한 앙금이 남아 있었기 때문이었다. 윤증은 이 글을 읽고 윤휴의 제문을 받아준 것을 후회했다.

그런데 윤증이 윤휴의 제문을 받아줬다는 말을 듣고 송시열은 윤증을 의심하기 시작했다. 그런데 이때 윤증이 윤선거가 남긴 편지를 송시열에게 보였다. 윤증은 송시열의 제자였고, 송시열은 그를 매우 귀하게 여겼다. 그래서 윤증은 아버지와 스승은 서로 숨기는 것이 없어야 한다는 생각에서 그 서신을 보였는데, 서신 속에 이런 글귀가 있었다.

'윤휴와 허목, 조형, 홍우원 등은 끝까지 등용을 막을 것이 아니라 마땅히 점점 교화시켜 써야 한다.'

이 글을 읽고 송시열은 "윤선거가 과연 윤휴를 도왔구나"라고 말했다. 송시열과 윤휴는 예송으로 인해 거의 원수처럼 지냈는데, 윤선거가 윤휴를 도왔다는 확신이 들자, 송시열은 윤선거가 병자호란 때 강화도에서 죽지 않은 일을 비난했다. 이에 윤증은 송시열을 비난하는 편지를 보내려다 그만뒀는데, 그 편지를 송시열의 사위 윤박이 찾아내어 세상에 알리는 바람에 송시열은 윤증을 극도로 미워하게 되었다. 이후 송시열의 제자 최신이 스승을 배반한 죄로 윤증을 고발하며 처벌을 요구했고, 이 때문에 서인은 노론과 소론으로 갈라서게 되었다.

송시열과 윤증의 다툼을 '회니시비懷尼是非'라고 일컫는데, 이는 송시열이 회덕懷德에 살고 윤증이 여주 이성尼城에서 산 데서 비롯된 말이다. 회니시비는 이후로도 계속 이어지게 되는데 훗날 노론과 소론의 정치 쟁점이 되기도 한다.

결국 서인은 노장파 송시열을 중심으로 하는 노론과 소장파 한태동을 중심으로 하는 소론으로 분파되었는데, 여기엔 송시열과 윤증의 대립이 큰 영향을 미쳤다.

노론과 소론에 속하는 사람들은 원래 예학의 태두 김장생의 문인들로 구성되었고, 한편으로는 청의를 생명으로 하는 산림 사림들의 정치 집단인 산당에 속했던 서인들이다. 노론의 대표적 인물은 송시열, 김만기, 김만중, 김석주, 김수항, 김수흥, 김익훈 등이었고, 소론의 대표적 인물은 남구만, 박세채, 박태보, 오도일, 윤증, 한태동 등이었다.

기사환국으로
되살아난 남인

경신환국으로 왕권을 강화시킨 숙종은 이후로 9년 동안 서인 정권을 유지하다가, 1689년에 기사환국을 일으켜 서인을 내쫓고 남인 정권을 세운다.

이 사건은 후궁 장옥정 소생의 아들을 원자로 책봉하려는 숙종의 뜻을 서인들이 꺾으려 하다가, 숙종의 분노를 불러일으킨 결과로 일어났다.

숙종의 정비는 원래 서인 노론의 김만기의 딸 인경왕후였으나, 그녀가 1680년에 죽어 숙종은 노론 민유중의 딸(인현왕후)을 계비로 맞이했다. 그런데 그녀는 원자를 낳지 못했고, 숙종이 총애하던 소의 장씨가 아들을 낳았다. 숙종은 소의 장씨가 낳은 아들 윤을 인현왕후의 양자로 삼아 원자에 정호하려 했는데, 서인 측이 이를 반대했다. 영의정 김수흥을 비롯한 이조판서 남용익, 호조판서 유상운, 병조판서 윤지완, 공조판서 심재, 대사간 최규서 등 노론계는 한결같이 중전의 나이가 아직 한창인데 태어난 지 두 달밖에 안 된 후궁 소생을 원자로 정하는 것은 부당하다고 했다. 이에 숙종은 나라의 형세가 외롭고 위태로워 종사의 대계를 늦출 수 없다고 하면서, 서인 노론 측 대신들의 반대를 물리치고 5일 만에 왕자 윤의 정호를 종묘사직에 고하고, 그의 생모인 장씨를 빈으로 격상시켰다.

하지만 대신들의 반발은 누그러들지 않았다. 노론의 영수 송시열은 송나라 신종이 28세에 철종을 얻었으나 후궁의 소생이어서 번왕으로 책봉했다가 적자가 없이 죽게 되자 그때 비로소 태자로 책봉하여 후사를 이은 고사를 예로 들며, 후궁 소생인 왕자 윤을 원자로 확정하는 것은 시기상조라는 의견을 재차 강조했다.

숙종은 송시열의 반대 상소를 접하고는 이미 종묘사직에 고하여 원자로 확정했는데도 이 같은 태도를 보이는 것은 왕을 능멸하는 처사라고 지적하며 심하게 분노했다. 그래서 그는 승지 이현기와 윤빈, 교리 남치훈, 이익수 등과 의논하여 송시열의 관작을 삭탈하여 외지로 출송시키고, 이어서 영의정 김수흥을 파직했으며, 목내선, 김덕원, 민종도, 민암, 목창명 등 남인계 인사를 대거 등용하였다.

반면에 노론계는 송시열이 유배되어 사사된 것을 비롯하여 이이명, 김수항, 김만중, 김수흥 등도 유배되거나 사약을 받고 죽었다.

이 사건과 관련하여 숙종은 본질적인 원인이 인현왕후 민씨에게 있다 하여 다시 중전을 폐비하려 했다. 그러자 서인 측이 오두인 등 86인의 이름으로 이를 저지하는 상소를 올렸다. 하지만 숙종은 그 주동자인 박태보, 이세화, 오두인 등을 국문한 후 위리안치 하거나 귀양 보냈다. 그리고 그해 5월 왕비 민씨를 폐하고 희빈 장씨를 왕비로 책봉하는 한편, 원자 윤을 세자에 책봉했다.

5월 2일에 인현왕후 민씨를 폐하기 전에 내린 비망기에 숙종은 자신의 심정을 이렇게 드러냈다.

폐비 윤씨(연산군의 생모)는 단지 투기에만 관계되었으며 또 저사(세자)가 있었으나, 성종께서 단연코 폐해 쫓으시고 조금도 용서하지 아니하셨다. 그리고 뭇 신하가 힘써 간쟁한 바도 또한 국본(세자)이 난처한 까닭에 지나지 않았을 뿐이었다. 아! 예로부터 후비가 투기로 인하여 원망하고 분노하는 경우가 진실로 혹 있었으나, 지금의 일은 그런 것이 아니다. 투기하는 것 외에도 별도로 간특한 계획을 꾸며, 스스로 선왕과 선후先后의 하교를 지어내어 공공연히 나에게 큰 소리로 떠들기를 '숙원(장희빈)은 전생에 짐승의 몸이었는데 주상께서 쏘아 죽이셨으므로, 묵은 원한을 갚고자 하여 이 세상에 태어났습니다. 그래서 경신년(1680년,

경신환국) 역적의 옥 후에 불령한 무리와 서로 결탁하였던 것이며, 화는 장차 헤아리지 못할 것입니다. 또 팔자에 본디 아들이 없으니 주상이 노력하고 힘들여도 소용이 없을 것이며 내전(인현왕후 자신)에는 자손이 많을 것이니, 장차 선묘(선조) 때와 다름이 없을 것입니다'라고 하였으니, 이는 비록 삼척동자라도 반드시 듣고 믿지 아니할 것이다.

더욱이 이제 조종祖宗이 묵묵히 도우심으로 원량(세자)이 태어나자 흉한 꾀가 더욱 드러났으니 그 누구를 속이겠는가? 아! 국모로 한 나라에 임하여 신민이 우러러 받드는데, 이런 간교하고 못된 정상이 있음은 천고에 듣지 못한 바이다. 이것을 참는다면 무엇을 참지 못하겠는가?

그리고 5월 6일에 희빈 장씨를 왕비로 삼겠다는 전지를 내려 말했다.

지금 주곤(중궁)을 아직 세우지 못하여 음교陰敎가 통달하지 아니하니, 위호를 정하는 것을 하루라도 늦출 수 있겠는가? 희빈 장씨는 좋은 집에 태어나서 머리를 따 올릴 때부터 궁중에 들어와, 사람에게 효도와 공경과 검소함을 갖춰 덕이 후궁들 중에서 빼어나 일국의 어머니가 될 만하니, 함께 종묘를 받들고 영구히 하늘의 상서로움을 받을 것이다. 이에 올려서 왕비를 삼노니, 예관으로 하여금 일체 예절에 따라 즉각 거행하게 하라.

왕비가 된 궁인 출신의 후궁 장씨는 1686년 처음 숙종의 총애를 받기 시작하여 숙원을 거쳐 소의에 봉해지고, 왕자 윤을 낳은 후 윤이 원자를 거쳐 세자에 책봉되자, 폐위된 인현왕후를 이어 중전이 되었다.

그녀가 일개 궁인에서 왕비에까지 오를 수 있었던 데는 장렬왕후(인조의 계비)의 동생 조사석과 종친인 동평군 이항의 힘이 많이 작용했다. 조사석은 남인과 연결을 맺고 있었고 동평군 이항은 궁중과 연결을 맺고 있었기에, 장씨는 조사석을 통해 남인의 지지를 이끌어낼 수 있었고 동평군을 통해 종친의 힘을 얻을 수 있었던 것이다.

장씨에게 조사석을 연결시켜준 사람은 그녀의 어머니였다. 장씨의 어머니는 조사석과 친밀한 관계였는데, 이 때문에 장씨가 조사석의 딸이라는 소문도 있었다. 한편 동평군 이항을 끌어들인 사람은 장씨의 오빠 장희재였다. 동평군 이항은 종친으로서는 이례적으로 선혜청 제조를 맡고 있었기에 궁중을 무상으로 출입할 수 있었는데, 장희재는 그 점을 이용하기 위해 일부러 그에게 접근했다.

왕자 윤이 원자로 정호될 당시에 남인의 민암, 민종도, 이의징 등이 이들과 은밀히 손을 잡았다. 이 때문에 원자 정호 문제로 서인이 대거 축출당하자 남인이 다시 등용될 수 있었다. 따라서 남인 세력과 장씨가 은밀히 연합 세력을 형성하고 서인과 인현왕후를 공략했다는 것을 알 수 있다. 기사환국과 인현왕후 폐출 사건은 이러한 세력 구도를 명확하게 드러내고 있다.

갑술환국으로
다시 집권하는 서인

갑술환국은 기사환국으로 정권을 장악한 남인들이 인현왕후 민씨의 복위 문제와 관련하여 대거 축출당하고 다시 서인들이 집권한 사건이다.

1694년 노론계의 김춘택과 소론계의 한중혁 등은 폐비 민씨의 복위 운동을 전개하게 된다. 이들이 민씨의 복위 운동을 전개한 것은 당시 숙종이 민씨를 폐위시킨 것을 후회하고 있다는 정보에 따른 것이다.

그들이 민씨의 복위를 꾀하고 있다는 정보를 입수한 남인의 민암, 이의징 등은 이 사건을 계기로 서인들을 완전히 몰아낼 계획을 세운다. 그래서 복위 운동 주모자들을 신문하여 그 사실을 파악한 다음 숙종에게 보고하려 했다.

그러나 숙종은 폐비 사건 이후 중전 장씨와 연합한 남인 세력의 힘이 지나치게 팽창되고 있음을 염려하고 있었고, 장씨에 대한 애정이 식고 숙빈 최씨에게 애정을 쏟고 있는 중이었다. 그 때문에 대신들에게 민씨를 폐위한 것을 후회하고 있는 듯한 인상을 은근히 주고 있었다. 또한 서인 측이 민씨 복위 운동을 꾀하고 있다는 보고를 받자 오히려 서인을 제거하려 한 남인들을 궁지로 몰았다. 그리고 기사환국 당시에 서인에 대한 국문을 주관하던 민암과 판의금부사 유명현 등을 제거해버렸다. 제거된 남인들은 유배당했고, 훈련청과 어영청의 지휘관도 소론의 신여철, 윤지완 등으로 교체되었다.

그렇게 시작된 소론의 환국 도모는 대체로 두 방향에서 동시에 진행되고 있었다. 하나는 소론 쪽의 한중혁이 집권 남인 측의 막후 실력자이며 총융사인 장희재와 동평군 이항에게 뇌물을 주고, '폐비 민씨를 복위시키되 별궁에 거처하도록 한다'는 내부 계획을 달성하는 것이었다. 그래서 남인과의 정면충돌을 피하는 동시에 세력을 잃은 서인의 정계 진출을 도모한다는 계산이었다. 그리고 다른 하나는 남인과 왕비 장씨에 대한 숙종의 신뢰를 떨어뜨리는 것이었는데, 소론 측은 이를 실현하기 위해 당시 숙종이 총애하던 숙빈 최씨(영조의 어머니)와 손을 잡았다. 그래서 숙빈 최씨로 하여금 왕비 장씨와 남인들의 잘못들을 고변하도록 했다. 숙종에게 왕비 장씨가 질투로 자신을 괴롭히고 있다고 고하는 한편, 민암, 이의징 등 남인들이 인현왕후에게 동정적인 소론 인사들을 제거하려 한다는 것을 고변하도록 했던 것이다.

숙종은 숙빈 최씨의 말을 듣고 왕비 장씨와 남인에 대해 신뢰하지 않게 되었다. 그 때문에 남인이 폐비 민씨 복위 운동에 대한 보고도 하기 전에 이미 마음이 돌변해 민암, 이의징 등을 유배시켰던 것이다. 이어서 유배된 그들을 사사시키고, 목내선, 김덕원, 민종도, 이현일, 장희재 등의 남인 중진들을 유배시키는 한편 장씨를 빈으로 강등시켰다.

이 사건의 뒤처리 과정에서 중인, 상인 계층의 자금이 뇌물 수수의 방법으로 이용된 사실이 드러나 왕과 조정에 엄청난 충격을 안겨주었다. 이것은 경제적으로 성장한 중인, 상인 계층이 중앙 정치를 움직일 수 있다는 것, 그리고 한편으로는 사대부가 상대적으로 힘이 약해졌다는 것을 의미했다. 다시 말해 사대부 중심의 조선 사회가 흔들리고 있는 것이었다.

어쨌든 이 사건으로 남인은 대거 축출되고 소론의 남구만, 박세채 등이 중용되었으며, 노론 측에서도 폐비 민씨가 복위되고 송시열, 민정중, 김익훈, 김수흥, 김수항 등이 복관되었다. 조정은 서인의 소론 측이 주도권을 잡게 되었다.

그런데 소론 측은 '무고의 옥'으로 인해 노론 측에 주도권을 내주고 만다. 정권을 잡은 소론 측은 희빈 장씨의 소생인 세자를 지지하는 입장을 취하고 있었고, 그래서 은근히 희빈 장씨를 지원하고 있었다. 장희재가 희빈 장씨에게 편지를 보내 복위된 왕비 민씨를 모해했을 때, 조정 일각에서는 그를 죽여야 한다는 여론이 일었다. 하지만 소론 측의 남구만이 나서서 세자의 앞날을 생각해 용서해야 한다고 주장해서 무마되기도 했다.

그러나 1701년 인현왕후가 죽고 나서 취선당 서쪽에 신당이 발견되자 숙종은 그냥 넘어가지 않았다. 희빈 장씨는 신당을 차려놓고 무당을 불러 굿을 하고 매일같이 인현왕후가 죽기를 기원하며 자신의 복위를 꾀했다. 그런데 실제로 인현왕후가 죽자 신당 문제는 걷잡을 수 없는 정치적 사건으로 확대되었다.

숙종은 신당 사건의 전모를 숙빈 최씨로부터 은밀히 듣고 희빈 장씨와 그녀의 오빠 장희재를 죽이라고 했다. 이때 소론 측의 남구만은 훗날 세자에게 미칠 영향을 고려하여 이를 저지하려 했다. 당시의 정국은 장씨 소생의 세자에 대한 지지 여부를 놓고 노론과 소론이 팽팽하게 대립하는 상황이었다.

하지만 숙종은 소론 측의 말을 듣지 않았다. 그는 희빈 장씨에게 사약을 내리고, 장희재와 무당 그리고 희빈 장씨의 주변인들을 국문해 죽였으며, 장씨에 대한 치죄를 만류하던 소론 세력도 제거해버렸다.

희빈 장씨를 자진시키라는 비망기는 숙종 27년(1701년) 9월 25일 밤에 내려졌다.

　옛날에 한나라의 무제가 구익 부인(소제의 생모)을 죽였으니, 단호하기는 하였으나 제대로 처리하지 못한 바가 있었다. 만약 장씨가 첩의 운명을 알아 그와 같이 아니하였다면, 첩을 정실로 삼지 말라는 《춘추》의 대의를 밝히고 법령으로 만들어 족히 미리 화를 막을 수 있었을 것이다. 어찌 반드시 구익 부인에게 한 것과 같이 할 것이 있겠는가? 그러나 이 경우는 그렇지 아니하였다. 죄가 이미 밝게 드러났으므로 만약 잘못 처리한다면 후일의 염려를 말로 형용하기 어려울 것이니, 실로 국가를 위하고 세자를 위한 데서 나온 것이다. 장씨로 하여금 자진하도록 하라.

희빈 장씨에 대한 숙종의 자진 명령이 떨어지고, 이어서 관련자들을 국문하라는 어명이 내려지자, 영의정 최석정이 병을 핑계 대고 국청에 나오지 않았다. 그리고 차자를 올려 세자를 위해 희빈 장씨를 죽이지 말아달라고 고했다.

> 지금 희빈이 설령 용서하기 어려운 죄가 있다고 할지라도, 춘궁(세자)을 낳아서 기른 은혜를 생각한다면, 춘궁이 걱정하고 마음 상할 것을 염려하여 조금 너그럽게 용서하여주시어, 그 죄상을 끝까지 캐내어 세상에 그대로 드러나게 하는 지경에는 이르지 않게 하소서.
> 춘궁께서 뜻밖에도 나이 어린 몸으로 인륜의 망극한 변고를 당하고 또 불안한 일이 있게 되었으니, 하늘이 무너질 듯한 놀라움과 괴로움이 마땅히 다시 어떠하겠습니까? 만약 마음을 갈기갈기 찢고 미치도록 괴롭게 하여 스스로 그 성정을 보전할 수 없게 한다면, 비단 전하께서 지극히 자애하시는 은의를 거듭 상하게 할 뿐만 아니라 종묘사직에 대해 어떠하겠습니까?

하지만 숙종은 희빈 장씨를 죽이고, 조정을 장악하고 있던 남구만, 유상운, 최석정 등의 소론 거두들도 유배시키거나 파면해버렸다.

이 사건으로 조정은 다시 노론이 주도권을 잡게 되었다. 하지만 이후 세자 지지 문제를 중심으로 소론과 노론의 대립은 가속화되어 점차 대등한 세력을 형성하게 되었다.

이런 상황에서도 윤증과 송시열의 회니시비는 이어지고 있었다. 송시열이 비록 죽고 없었지만 송시열의 관작이 복구되자 그의 제자들이 다시 윤증을 비판하기 시작했던 것이다. 결국 숙종이 직접 심판관으로 나섰고 1716년(숙종 42년)에 숙종은 윤증이 잘못한 것이라고 결론을 내렸다. 이를 병신년에 내린 왕의 처분이라고 해서 '병신처분'이라고 한다.

병신처분 이후 소론의 입지는 크게 약화되었고, 조정은 노론이 장악하게 된다. 숙종은 1717년엔 좌의정이자 노론 영수인 이이명을 불러 들여 독대하고, 숙빈 최씨 소생인 연잉군(영조)을 후계자로 정해줄 것을 부탁한다. 이를 '정유독대'라고 하는데, 당시 세자 윤은 몸이 병약하고 자식을 낳지 못한 까닭에 숙종이 그런 부탁을 한 것이다. 이후 숙종은 자신은 건강이 좋지 않다면서 세자로 하여금 대리청정을 하라고 명령했다. 세자 윤은 대리청정을 할 수 없다고 버텼지만 숙종은 단호했다.

사실 숙종이 세자에게 섭정을 하도록 한 것은 세자가 병으로 인해 정사를 제대로 돌보지 못하면, 그것을 핑계로 세자를 바꾸려는 속셈이었다. 소론 측에서는 그런 기미를 알아차리고 세자 대리청정을 적극적으로 반대했다. 그런데 세자의 정사 처리에 큰 문제가 발생하지 않아, 세자를 교체하려는 숙종과 노론의 결탁은 성공하지 못했다.

경종의 등극과
신임사화

1720년(숙종 46년) 6월 8일, 숙종은 생을 마감했다. 이때 노론과 소론은 연잉군파와 세자파로 갈려 치열한 권력 투쟁을 전개하고 있었다. 그러다 노론을 지지하던 숙종이 죽고 경종(세자 윤)이 왕위에 올랐다. 경종이 왕위에 오를 당시 조정은 여전히 노론이 장악하고 있었고, 경종의 건강 상태는 극도로 악화되어 있었다. 그러자 노론 측은 경종이 자식이 없고 건강 상태가 좋지 않으니 연잉군을 세제로 삼아야 한다고 주장했다. 소론은 노론의 주장을 반격하며 극렬하게 반대했지만 경종은 연잉군을 세제로 삼았다.

연잉군이 세제가 되자, 노론 대신들은 이번에는 세제로 하여금 대리청정을 시켜야 한다고 주장했다. 병약한 왕이 제대로 정무 처리를 할 수 없으니 세제가 왕의 서무를 대신해야 한다는 것이었다. 경종은 이 요구도 받아들였다.

그러나 소론 측이 세제 대리청정을 극렬하게 반대하고 나서자 경종은 마음을 바꿔 세제 대리청정 명령을 취소했다. 이후로 몇 차례에 걸쳐 대리청정을 명했다가 다시 취소하길 거듭했고, 이는 조정을 당쟁의 소용돌이 속으로 몰아넣었다.

이후 소론 측에서는 세제 대리청정을 주도한 노론의 4대신인 영의정 김창집, 좌의정 이건명, 영중추부사 이이명, 판중추부사 조태채를 역모자로 규정하고 탄핵했다. 노론의 영수 김창집은 노론 대신이었던 김수항의 아들이었다.

소론의 총대를 멘 인물은 과격파인 김일경이었다. 김일경은 노론 4대신에 대한 탄핵 상소에서 이렇게 말했다.

적의 수괴 김창집은 감히 원보(영의정)의 자리를 차지하여 기염은 하늘을 찌르고 세력은 사람을 마음대로 부렸습니다. 좌우가 멋대로 공격함은 다만 그가 시키는 대로 이루어졌고, 조석으로 천거하고 제한하는 것이 대부분 혈당이었습니다. 이는 바로 입에는 나라의 법을 머금고 손에는 왕과 신하를 움켜쥔 자로서 이런 사람에게 염치를 기대할 수가 없습니다. 성상이 면직을 허락하셨으니 바로 이미 물러난 몸인데, 사당私黨이 머무르기를 청하였으니 어찌 홀로 부끄러운 마음이 없겠습니까?

오늘날 나라의 형세가 기울어져 위태로운 것은, 바로 김창집이 권세를 버리지 않는 데 있는 것이고 김창집이 권세를 버리는 데 있지 않은 것입니다. 저들의 무리가 있으면 전하에게는 진실로 군신君臣이 양쪽 다 온전한 형세가 없습니다. 저들이 편안하면 이쪽이 위태롭고 이쪽이 편안하면 저들이 위태롭습니다. 돌아보건대 전하께서 어찌 저들의 무리를 신하로 부리어 함께 국사를 도모해나갈 수가 있겠습니까?

지금 전하께서 근심하며 위에서 고민하시고 억조億兆의 백성들은 인심이 술렁술렁하여 아래에서 실망하고 있는데 역적이 국정을 제멋대로 처리하여 보위가 편치 못하니, 윤리와 기강의 타락됨이 거의 쇠약한 주나라보다 심함이 있습니다.

이 상소문을 보고 경종은 이런 비답을 내렸다.

"나의 속마음을 제대로 바라보았다."

이후 노론 대신들과 승지, 삼사의 관리들이 대거 파면되고 김일경은 이조참판에 올라 소론 인물들을 대거 등용했다.

한편 쫓겨난 노론 4대신은 김창집은 거제도, 이이명은 남해, 조태채는 진도, 이건명은 나로도에 각각 유배되었고 그 밖의 노론 인사들도 삭탈관직, 문외출송 또는 유배되었다. 그리고 소론파에서 영의정에 조태구, 좌의정에 최규서, 우의정에 최석항 등이 임명됨으로써 소론 정권의 기반이 굳혀졌다.

조정을 장악한 소론은 과격파를 앞세워 노론 측 인사에 대한 축출 작업을 더욱 가속화했다. 3개월 뒤인 1722년 3월 소론의 강경론자들이 노론에 대한 과단한 처분을 요구하고 있을 때, 남인의 서얼 출신 목호룡이 노론 측에서 경종을 시해하고자 모의했다는 이른바 '삼급수설(대급수大急手: 칼로 살해, 소급수小急手: 약으로 살해, 평지수平地手: 모해하여 폐출함)'을 들어 고변했다.

이 고변에 따르면 음모 관련자는 정인중, 김용택, 이기지, 이희지, 심상길, 홍의인, 김민택, 백망, 김성행 등이었는데 이들은 모두 노론 4대신의 아들 또는 조카이거나 아니면 추종자들이었다.

이 사건은 노론에 엄청난 타격을 안겨주었다. 목호룡의 고변이 있자 국청이 설치되어 역모 관련자들을 잡아 와 처단했고 노론 4대신도 다시 한성으로 압송되어 사사되었다.

그들 외에도 국청에서 죽은 자가 60여 명에 유배 114명, 연좌된 자가 거의 200명에 달했다. 대대적인 옥사가 신축년(1721년)과 임인년(1722년)에 연이어 일어났다고 해서 이 옥사들을 '신임사화'라고 한다.

신임사화 후 정권은 소론에 의해 독점된다. 하지만 경종이 지병 악화로 1724년에 죽고 영조가 들어서면서, 소론의 운명은 한 치 앞을 내다볼 수 없는 상황이 된다.

-8-

탕평의 시대를 연 영조와 정조

소론을 내치는
을사처분

영조가 왕위에 오르자, 유생 이의연이 영조 즉위년(1724년) 11월 6일에
상소문을 올려 선왕(경종)의 눈과 귀를 막고 죄 없는 사람들을 죽인 자
들을 죄줄 것을 요청했다.

대행대왕(경종)께서는 대성인의 자질로써 불행하게도 정사를 권태롭
게 여기는 병환이 있었습니다. 이에 저 뭇 소인배들이 틈을 엿보고 흉악
한 뜻을 드러내어, 먼저 '한밤중에 허둥지둥하며 몰래 천위天位(왕위)를
옮긴다'는 등의 말로 민심을 동요시키고, 북문으로 잠입하여 마침내 그
계획을 이루었습니다. 왕의 총명함을 가리고 기이한 화를 빚어 명망 있
는 가문을 남김없이 주살하고 살육하였으며, 심지어 '금정접혈禁庭蹀血(당
의 이세민이 형 이건성을 죽인 일)'이란 말을 꺼내기까지 하였으니 그 마음
의 계책이 음흉하고 악독함은 차마 말하지 못할 것이 있습니다. 따라서
지금 전하의 책임은 뭇 소인배들이 가리고 혼탁하게 만든 죄를 바로잡

아 신축년(1721년) 이후의 일이 모두 우리 선대왕(경종)의 뜻이 아니었음을 밝히고, 또 뭇 소인배들의 음흉하고 참독한 죄를 바로잡아 《춘추》의 반드시 토벌한다는 의리를 밝히는 것보다 앞서는 것이 없습니다.

이의연의 상소를 보고 소론이 장악하고 있던 승정원의 승지들인 이중술, 김동필, 유수, 이명의 등이 함께 상소문이 매우 요사스럽고 간악하다며 영조의 처분을 기다린다는 말을 올렸다.

하지만 영조는 이의연에게 죄줄 생각이 없었다.

"지금 이의연의 상소를 보니 한편의 정신이 오로지 당을 비호하는 데서 나왔다. 아! 신축년의 하교를 오늘날 다시 돌아보건대, 마음의 놀라움이 너무나 아프고 절실하다. 그런데 도리어 무슨 마음으로 다시 제기해 말한다는 것이냐? 이런 상소는 옹지(상소에 답하는 전지)로 답할 수가 없는 것이니 반드시 즉시 되돌려주라. 아! 붕당이 심해져 시비가 분명하지 않으니 이것이 내가 깊이 탄식하는 바이다. 만약 이 일을 가지고 다시 서로 공격한다면 한 번 가고 한 번 옴에 어찌 화화和和로운 기운을 손상시킴이 없을 수 있겠는가?"

소론으로 이뤄진 신하들이 영조의 말을 그대로 받아들일 리 없었다. 당장 홍문관 관원들이 입시하여 이의연이 흉악하고 교묘한 흉계를 꾸미고 있다며 죄줄 것을 요청했다. 그러나 영조는 여전히 이의연의 상소문을 돌려주고 사안을 확대하지 말라고 했다.

그럼에도 소론 신하들이 지속적으로 이의연을 성토하자 영조는 별수 없이 그를 절도에 귀양 보냈다. 그런데 이의연을 유배 보낸 11월 8일 그날, 청주의 유학 송재후가 송시열의 사당을 다시 짓고 노론 인사 권상하의 직첩을 돌려줄 것을 요청했다.

나라의 반이 되는 잠신(높은 벼슬아치)들이 모두 영해嶺海로 옮겨져 3년 동안 귀양살이를 하고 있는데 한 사람도 풀려나지 못했습니다. 양조兩朝에서 예로 대우한 유현이 길바닥에 넘어져 죽고, 90세의 야위고 늙은 중신이 나란히 섬에 갇혀 있으며, 심지어 어미를 찾아 우는 어린아이가 채이를 갈 나이도 안 되어 귀양지로 또한 보내졌습니다. 그리하여 살아서 원훈과 국구(임금의 장인)의 높은 자리에 있던 사람이 죽어서는 주인 없이 떠도는 귀신이 되기까지 하였습니다. 익릉(인경왕후 김씨의 능)의 하늘에 계신 혼령 역시 반드시 어두운 저세상에서 마음 아파하실 것입니다.

영조는 이 상소도 그냥 돌려주라고 했다.

그런데 송재후의 상소문 중에 '김일경이 인용한 종무鍾巫, 사구沙丘, 접혈蹀血 등의 일들은 다 골육망극骨肉罔極의 재앙입니다'라는 내용이 있었다. 종무는 노나라 환공이 자신의 형을 죽인 것을 일컫는 것이고, 사구는 조고가 진시황의 맏아들 부소를 죽인 것이며, 접혈은 당 태종 이세민이 형과 아우를 죽인 것을 의미했다. 이는 곧 영조가 세자 시절에 경종을 죽이려 했다는 것을 의미하는 내용이었고, 소론 내부에서도 김일경의 이런 과격한 발언에 대해 반대 여론이 있었다.

이후 김일경의 문건에 대한 비판이 거세지는 가운데, 동학 훈도 이봉명이 김일경을 성토하는 상소문을 올렸다.

이 무리가 전하를 잊고 역적 김일경의 죄를 비호한 죄를 이루 다 벌로 다스릴 수 있겠습니까? 아아! 조정은 성상의 조정이거늘 역적 김일경의 조정이 되었고, 삼사는 성상의 삼사이거늘 역적 김일경의 삼사가 되었으니, 다만 역적 김일경이 있음만 알고 전하가 계심은 알지 못하니다. 죄를 성토하는 글이 지금까지도 조용하니 나라의 형세가 외롭고 위태로우며, 재난이 거듭되는 것도 족히 괴이하게 여길 것이 못 됩니다. 조태구, 유봉휘의 죄악은 전하께서 이미 통촉하셨으나 역적 김일경의 흉역은 혹 전하께서 미처 살피지 못하신 것인지요? 종무, 접혈 등의 말을 시험 삼아 대신들, 여러 재상들, 후사喉司, 삼사에 물어보소서.

결국, 영조는 김일경을 잡아들여 친국하기에 이르렀다.

"너를 동정하는 자가 누구냐?"

김일경이 대답했다.

"내가 머리가 하얀 나이로서 어찌 친구를 팔아서 살기를 도모하겠습니까?"

"장차 너를 참수하여 대행대왕의 빈소에 고하겠다."

"나 또한 대행대왕 곁에서 죽기를 원합니다."

영조는 결국 김일경을 참수했다. 또한 김일경과 한 무리를 이뤘던 남인 목호룡을 잡아다 국문했는데, 목호룡은 곤장을 맞다 죽었다. 영조는 목호룡의 시체를 목 베게 했다.

그러자 조정을 장악하고 있던 소론 신하들이 공포에 떨었다. 아니나 다를까, 1725년 1월 11일에 직강 안세갑이 김일경의 잔여 세력을 탄핵했다.

이진유와 역적 김일경은 하나이면서 둘이고 둘이면서 하나입니다. 음흉하고 사나워 살육을 일삼았고, 흉한 모의와 비밀스러운 계책을 모두 주장하여 기염이 하늘에 닿아 온 세상이 바람에 쏠렸으며, 조정의 권세를 잡아 세력이 임금보다 컸습니다.

이진유는 경종 시절 이조참판을 지낸 인물로 김일경과 함께 소론 과격파의 핵심이었다. 이진유 외에도 그의 아우 이진검, 김일경의 사촌동생 권익관, 김일경의 친척 유수, 김일경의 심복 이명언 등이 유배되었다. 또한 영의정 이광좌, 우의정 조태억 등의 소론 대신들이 쫓겨났다. 이후 노론 인사인 민진원, 정호 등이 등용되었는데 이를 '을사처분'이라고 한다.

을사처분 이후 신임사화 때 죽은 노론 4대신이 복관되고 시호를 부여받았다.

정미환국과
이인좌의 난

조정을 다시 잡은 노론은 임인옥사(1723년)에 대한 보복에 열을 올렸다. 그 중심에는 영의정 정호와 영중추부사 민진원(인현왕후의 둘째 오빠)이 있었다. 이들이 임인옥사에 대한 보복을 해야 한다고 영조에게 아뢰자, 영조는 이렇게 대답했다.

"나도 역시 비참한 무함을 당했으니 어찌 분하고 미운 마음이 없으랴만, 무함을 밝히고 원통한 것을 씻었으면 된 것이지 보복하는 것은 옳지 못하다."

그때 성균관 유생 정유 등이 상소를 올려 역적을 토죄할 것을 주장했다.

아! 전하께서 무함을 받은 것은 천고에 씻기 어려운 악명이라고 할 수 있는데 오늘날에 이르도록 끝내 환하게 밝히지 못하고 있습니다. 신 등은 비록 미천한 위포(벼슬하지 않은 선비)의 신분이지만 또한 다 같은 전하의 신하이니 어떻게 직분 밖의 일이라는 것으로 혐의스럽게 여겨 한 마디 말도 하지 않을 수 있겠습니까? 아! 과거 신축년에 저위(세자)를 책립할 적에 일종一種의 흉역스러운 무리들이 의혹과 분노를 크게 일으켰는데, 그때 유봉휘가 이를 주창하고 여러 간신들이 이를 계승하였습니다. 그리하여 저위의 건립을 논하면 반드시 '이는 폐립(왕을 폐하고 다시 세움)하려는 것이다'라고 하였고, 대리로 정사를 다스릴 것을 논하면 반드시 '이는 찬탈하려는 것이다'라고 하였습니다. 이것은 그 의도가 '임금의 춘추가 한창때이고 침선(자고 먹는 것)에 아무 탈이 없는데도, 조정에 있는 여러 신하들이 아무런 이유도 없이 저군(세자)을 끼고 폐립하고 찬탈하려는 것이다'라고 여긴 것입니다.

영조는 더 이상의 보복전을 용납할 수 없다며 정유를 귀양 보내버렸다. 하지만 영의정 정호 등의 노론들은 정유가 제기한 일들을 들춰내어 소론들을 모두 죽이고자 했다. 그래서 무려 서른여덟 차례에 걸쳐 유봉휘와 이진유 등의 소론 세력을 죽이라는 요청을 했다.

영조는 이때 여러 당인들을 고루 등용하는 탕평책을 구사하려 했는데 노론의 보복적인 행태가 한층 강화되자, 오히려 화를 내며 노론을 모두 파면시키고 이광좌와 조태억을 정승으로 기용해 다시 소론을 불러들였다. 이것이 1727년에 일어난 정미환국이다.

그런데 영조 즉위 초부터 세간에는 영조가 경종을 독살하고 왕위에 올랐다는 풍문이 크게 돌고 있었다. 그리고 '정미환국은 임금이 뜻을 잃은 자들을 위안하려고 한 일이다'라고 쓰인 글이 나붙기도 했다. 말하자면 정미환국에 의해 조정에 돌아온 소론은 경종의 죽음에 대해 복수할 뜻을 잃은 자들이라는 의미였고, 그것은 경종을 죽인 영조와 결탁한 소론 세력이라는 의미였다.

그렇듯 소론 과격파와 남인들을 중심으로 경종의 원수를 갚아야 한다는 말들이 공공연히 세간에 나돌았다. 그리고 그것은 마침내 '이인좌의 난'으로 이어졌다.

1728년 3월 15일에 이인좌가 청주성을 점령하면서 시작된 이인좌의 난은 단순히 이인좌 한 사람을 중심으로 형성된 반역 사건이 아니었다. 이 사건은 근본적으로 영조의 즉위와 노론에 반대하는 소론의 강경 세력, 일부 남인 및 소북 세력이 충청도, 경상도, 전라도, 경기도, 서울, 평안도의 세력들을 규합하여 동시다발적으로 군대를 일으킴으로써, 영조와 노론 세력을 완전히 제거하려는 계획 아래 이뤄진 것이었다.

만약 영조가 1727년에 정미환국을 통해 소론을 중용하지 않았다면 소론 세력 전체가 이 반란에 가담했을 가능성도 없지 않았다. 그런데 정미환국으로 소론이 조정을 장악한 상황에서 이 사건이 일어난 덕분에 한층 작은 규모의 반란이 일어났고, 영조는 왕위를 지킬 수 있었던 것이다.

청주성을 함락했던 이인좌는 군대를 이끌고 북상하여 안성까지 진출했지만, 도순무사 오명항이 이끄는 관군에게 대패해 포로로 잡혔다.

하지만 이 사건은 이인좌를 체포한 것으로 끝나지 않았다. 전라도에서는 태인 현감 박필현이 반란을 일으켰고, 경상도에서는 정희량과 이웅보가 반란을 일으켰다. 하지만 박필현은 관군과의 싸움에서 대패하여 죽고 말았고, 정희량과 이웅보 역시 한때 서부 경상도 일대를 거의 장악했으나 결국 관군에게 대패했다.

이인좌의 난이 실패로 끝난 이후 조정을 장악하고 있던 소론의 입지는 크게 약화되었다. 비록 소론에 의해 소론의 반란이 진압됐지만, 같은 당의 사람들이 반란을 일으켰기 때문에 그들의 입지가 약해지는 것은 당연했다. 영조는 그 기회를 놓치지 않고 탕평책을 더욱 강화시켰고 그것은 왕권을 크게 안정시키는 결과를 낳았다. 결과적으로 이인좌의 반란은 탕평 정국의 기반을 다지는 구실이 되었으며, 영조는 이를 바탕으로 왕권 강화와 정국 안정을 도모할 수 있었다.

탕평파와 영조의 노력으로
이뤄진 기유처분

영조는 즉위 초부터 당파에 관계없이 인재를 고루 등용하는 탕평책을 구사하려 했는데, 즉위 3개월 무렵인 1724년 11월 11일에 승정원에 이런 말을 내린다.

"너희들은 공변된 일에 힘쓰고, 사사로움을 버려 탕평蕩平을 이루라."

영조가 말한 '탕평'이란 《상서》에 나오는 말인데, 임금의 정치가 치우침이 없고, 당파가 없는 공정한 상태를 일컫는다.

영조는 탕평책만이 나라를 안정시키는 것이라고 판단하고 재위 1년(1725년) 1월 21일에 이런 교지도 내렸다.

나라를 위해 몸과 마음을 다 바칠 의리와 화목하고 친절해야 할 도리를 생각하지 않고 오직 당습에 혹 어긋날까 염려를 하니, 이것이 어찌 충효이겠는가? 내가 마음 아파하는 것은 300년 동안 열성列聖께서 서로 지켜온 종사를 떨쳐 일으키지 못한다면, 후일 무슨 면목으로 하늘에 계신 조종祖宗의 영혼에게 돌아가 배알하겠는가? 탕평하는 것은 공公이요 당에 물드는 것은 사私인데 여러 신하들은 공을 하고자 하는가, 사를 하고자 하는가? 내가 비록 덕이 없으나 폐부에서 나온 말이니 만약 남의 말에 의존하여 한쪽으로 치우쳐 말하는 무리는 마땅히 먼 변방에 귀양 보내는 법을 쓸 것이다. 가까이에 있는 신하는 나를 대신해 교서를 만들어 정부에서 중외에 널리 반포하라.

영조의 탕평책에 적극 동조한 인물은 조문명과 송인명이었다. 그들에 대해《영조실록》의 사관은 이런 기록을 남기고 있다.

임금이 을사년(1725년) 사람들을 죄다 배척한 것은 대개 청의淸議가 준엄하고 격렬한 것을 듣기 싫었기 때문이다. 조문명, 송인명 등이 임금의 의향이 어디 있는지를 깊이 알고 드디어 탕평이라는 논의를 올렸다. 그들에게 임금이 돌보는 바가 있었기 때문에 또한 다른 이들이 감히 드러내놓고 배척하지 못하였다. 여러 해 동안 나라의 일을 맡은 것은, 그들이 실로 겉으로 너그럽고 평온한 논의를 보였기 때문이며 물러간 신하들이 죽음을 면한 것도 이 때문이다.

정미환국 직후인 1727년 7월 1일에 이들 두 사람은 알현을 요청하여 영조를 만났다. 먼저 당시 이조참의였던 조문명이 말했다.

"국가 안위의 기틀은 오로지 인재를 공평하게 등용하는 데에 달려 있습니다. 돌아보건대 이제 물러간 한편 사람들 가운데에도 어찌 재주 있고 지혜로운 사람이 없어서 쓰지 못하였겠습니까? 오로지 한편 사람만을 쓴다면, 비록 공평한 마음이 있더라도 형세가 그럴 수 없는 것이 있을 듯합니다."

그 말을 듣고 영조는 승지 송인명에게 물었다.

"그대의 소견은 어떠한가?"

송인명이 대답했다.

"죄로 파직된 사람을 아무리 서용하려고 하여도 반드시 앞으로 말썽이 생겨 진정할 수 없을 것이니, 우선 세월이 조금 지나서 조정의 자리가 대강 모양이 이루어지기를 기다린 뒤에, 죄의 경중과 그 사람이 재주가 있는지 없는지를 헤아려 편의에 따라 등용하는 것이 마땅할 듯합니다."

영조는 고개를 끄덕이며 맞장구를 쳤다.

"그 말이 옳다. 나도 어찌 모두 죄로 파직하고 싶겠는가마는 이제 우선 이렇게 하였으니, 앞으로 어찌 헤아려 분간할 방도가 없겠는가?"

이들 두 사람 외에 영조의 탕평책을 보좌한 인물은 이태좌였다. 이태좌는 소론 인물이었는데, 이인좌의 난 이후 1729년 기유년에 우의정을 거쳐 좌의정이 되었다. 그는 정승이 된 이래 탕평을 강하게 주장했고 노론 온건파인 홍치중 등의 동조를 이끌어냈다. 그것은 결국 경종 재위 기간에 있었던 신임사화에 대해 양시양비론兩是兩非論을 성립시켜, 소론과 노론이 타협되는 상황을 연출해냈다. 신임사화의 계기가 되었던 건저(세자 세우는 일), 대리청정, 연차(김창집 등이 연명으로 세제가 대리할 사안들을 적은 것) 등의 일을 반역이 아닌 것으로 규정하고, 당시 죽은 노론 4대신 중에 이건명과 조태채의 관작을 복구시켜 신원하며,

나머지 두 대신 김창집과 이이명에 대해서는 죄안을 남겨두는 선에서 타협이 이뤄졌다. 이건명과 조태채가 신원된 것은 왕세제 책봉 운동과 대리청정 때문에 일어났던 신축옥사가 충성스러운 행위의 결과로 평가된 것이었다. 반면에 이듬해 일어난 임인옥사는 반역 행위로서 이 사건과 관련된 이이명과 김창집은 죄인으로 남게 되었다. 당시 탕평파의 이런 주장에 대해 소론과 노론을 막론하고 반대가 심했으나 영조가 이를 받아들임으로써 성사되었다. 이를 기유처분이라고 한다.

기유처분 이후 소론 내부에서 준론(강경파)을 이끌고 있던 이광좌가 물러나고, 대신 노론의 완론(온건파) 세력인 홍치중과 김재로가 정승이 되었다. 이로써 소론과 노론은 연정을 하게 되었고, 영조는 이를 바탕으로 탕평책을 가속화한다.

이광좌와 민진원의 화해를 주선하는 영조

기유처분이 있고 난 뒤에도 소론과 노론의 강경파를 이끌고 있던 이광좌와 민진원은 여전히 강한 적대감을 보이고 있었다. 탕평파는 이들 두 사람을 화해시키는 것이 탕평책을 이루는 데 매우 중요하다고 생각했다. 기유처분 직후인 1729년 10월 26일에 영조는 동지 사신으로 가는 김동필 등 세 신하를 인견했다. 그 자리에서 김동필이 아뢰었다.

"탕평에는 또한 방도가 있는 법이니, 반드시 분명하게 의리를 내걸고 엄격하게 한도를 지켜간 다음에야 참다운 탕평을 이룰 수 있는 것입니다. 갑진년(1724년, 영조 즉위년) 겨울에 전하께서 바야흐로 영상 이광좌를 신임하여 쓰시었고 민진원도 또한 풀려나게 되었는데, 이 두 사람은 피차 자기 당에서 가장 으뜸이 되는 사람입니다. 신이 개탄스럽게 여기는 바는 을사년(1725년)의 처분이 비록 전하의 본뜻은 아니었지만 대단한 진퇴가 있었기 때문에 마침내 한도를 지키지 못하게 되었고, 정미년(1727년의 정미환국)에도 또한 진퇴하는 일을 면하지 못했었으니, 송인명이 '탕평할 기회를 잃게 되었다'고 한 말은 진실로 옳은 말이었습니다. 만일에 참다운 태평을 이루려면, 반드시 의리의 중심을 굳게 지켜가고 흔들리지 않게 된 다음에야 고지식하게 되고 구차하게 되는 염려가 없게 될 수 있는 것입니다. 이렇게 되지 않으면 탕평을 이룰 수 없고, 마침내는 뭉그러져버리게 되는 것입니다."

이 말을 듣고 영조는 이런 대답을 했다.

"진달한 말은 모두 절실한 것이므로, 마땅히 유의하겠다."

그런 뒤 이듬해 4월에 영조는 이광좌를 만나 말했다.

"경은 물러가서는 안 되니 그대로 머물러 있어야 한다."

그러자 이광좌는 영조의 제안을 거부했다.

"소신의 정서가 남과 아주 다른데, 어찌 머물러 있을 수 있겠습니까?"

그때 탕평파인 우의정 이집이 영조에게 두 사람을 화해시켜야 한다고 주장했다.

"지금이 어떤 때입니까? 영중추부사 이광좌와 판중추부사 민진원을 권면하여 머무르게 해야 마땅합니다."

영조는 이광좌와 민진원을 앞으로 불러냈다. 그리고 왼손으로는 이광좌의 손을 잡고, 오른손으로는 민진원의 손을 잡은 후 서로 감정을 풀라고 주문했다.

"민 판중추부사가 영중추부사를 흉악한 사람으로 의심하고 있다. 자신이 차마 하지 못하는 일을 어찌 남에게 의심할 수 있는가? 피차간의 의심하는 마음을 민 판중추부사가 먼저 푼 다음에야 영중추부사도 풀 수 있을 것이다. 비록 부형父兄의 원수라 하더라도 마땅히 국가를 앞세우고 개인적인 일은 뒤로 돌려야 하는 것이다. 하물며 경들이 다투는 바는 나를 위해서이다. 이미 나를 위해서라면서 도리어 나로 하여금 마음을 쓰다가 거의 병이 나게 함은 무엇 때문인가? 경들 두 사람이 타협하면 세상이 타협될 것이고, 타협하지 않는다면 세상도 끝내 타협되지 않을 것이다."

영조는 벼슬이 아래인 민진원에게 먼저 화해의 손을 내밀라고 했지만 민진원은 영조의 제의를 거부했다.

"전하의 가르침이 비록 이와 같습니다만, 신의 뱃속에 이미 이런 마음이 있는데 어찌 같이 임금을 섬길 수 있겠습니까? 신의 마음은 강호에 있는 오리나 기러기와 같습니다. 가고 머무름에 무슨 막힐 것이 있겠습니까?"

영조가 다시 민진원을 타일렀다.

"그렇지 않다. 경들 두 사람 중에서 한 사람이 나간다면 세상이 끝내 타협되지 않을 것이다."

민진원은 여전히 타협을 거부했다.

"소신이 물러간 뒤에 저절로 타협될 것인데, 어찌 이처럼 지나치게 염려하십니까?"

이에 영조가 화해하지 않는 것은 국가를 병들게 하는 것이라고 하자, 민진원은 이광좌와 화해하는 것이 국가를 병들게 하는 것이라는 말로 되받았다. 그러자 영조가 화를 내며 말했다.

"경은 어찌하여 그렇게 너그럽지 못한가?"

그러나 민진원도 지지 않았다.

"성상께서 이미 소신의 성미가 편협한 줄 알고 계십니다. 40년의 공부는 또한 하루아침에 고칠 수 있는 것이 아니니, 다만 교화하기 어려운 사람으로 처리하여 죄를 받게 된다면 다행이겠습니다."

그때 이광좌가 나섰다.

"신의 병이 갑자기 무거워졌음은 여러 대신들이 다 알고 있는 바입니다. 지금 기가 막히게 되었으니 잠시 물러나게 해주시기 바랍니다."

이광좌 역시 타협할 수 없다는 말이었다. 영조 역시 쉽게 물러나지 않았다.

"내가 당초에 시작하지 않았으면 그만이지만 지금 이미 시작해놓고 끝내 경들의 앙금을 풀지 못한다면, 어찌 처음에 단서를 열지 않는 것만 하겠는가? 만일 경들이 다 같이 머무르겠다고 하지 않으면 내가 경들의 손을 놓아주지 않겠다."

그 모습을 바라보던 영의정 홍치중이 말했다.

"시기와 사세가 이러하기 때문에 전하의 가르침이 이에 이르렀으니, 두 대신이 어찌 마음을 돌려 듣지 않겠습니까?"

하지만 두 사람을 화해시키는 것은 실패하고 말았다. 이광좌는 병을 핑계로 낙향했고 노론은 다투어 상소하며 소론을 공격했다. 또한 노론 강경론자들은 탕평파에 협력한 홍치중과 김재로, 그리고 그들과 함께 조정에 들어간 노론 당인들을 공격하거나 힐뜯었다. 소론 당인들 역시 탕평파의 핵심인 조문명, 조현명 형제와 송인명을 탐탁지 않게 여겼다. 하지만 영조는 탕평책을 고수하고 이들 탕평파를 후하게 대접했다. 이 때문에 세간에는 '조송건곤금주작趙宋乾坤金鑄作(조문명과 송인명의 하늘과 땅은 금으로 만들었다)'이라는 동요가 떠돌기도 했다.

단식 선언으로
탕평책을 관철시키다

영조의 탕평책에 대해 비난하는 자들이 많았는데, 대사헌 조관빈은 이런 상소를 올려 영조를 힐난했다.

"전하께서 당을 없앤다고 하시더니 두 당 외에 도리어 한 당을 보탰습니다. 음도 아니고 양도 아닌 물건이 음양을 함께 벌려서 셋을 만드니, 나아가서는 군자가 못 되고 물러나서는 차라리 소인도 되지 못합니다."

남인으로 승지를 맡고 있던 오광운은 탕평책에 대해 이런 비난을 늘어놓았다.

"전하께서 정말 여러 당파 가운데 조금 지조가 있는 자를 골라 정성어린 의지로 감복시키고, 충성스러운 뜻으로 책망하여 조정에 가득 포진시킨 후, 탕평의 풀무로 융화시킨 연후에야 그 효과를 볼 수 있습니다. 그런데 지금은 다만 배 밑의 솜털이나 등에 난 터럭만 취하여 겨우 여섯 깃털로 높이 날라고 책망하는 꼴이니, 이것이 아무리 많다고 하더라도 무슨 소용이 있겠습니까?

저들은 생각하기에 소론이 혼자 정사를 해야 하는데 노론과 함께 하게 되면 반드시 화가 있으리라고 여겨, 이에 탕평이란 이름을 수식해 전하를 속이고 있습니다. 또 전하께서는 한쪽 사람들에게는 연민을 구걸하여 한쪽의 사람들로 하여금 기가 나게 하고 뜻이 굳어지게 하고 계십니다. 신은 조정이 진실한 탕평을 얻고 거짓된 탕평이 없어지기를 바랍니다."

소론 측의 영성군 박문수는 탕평책에 대해 영조를 이런 말로 힐난했다.

"전하께서 끝내 이광좌와 민진원 두 우두머리를 함께 부리지 못하시니 이 또한 가짜 탕평이 아닙니까?"

참판을 지낸 이광덕도 박문수와 비슷한 어조의 말을 남겼다.

"내가 말하는 탕평이란 것은 노론의 강경파와 소론의 강경파를 취하여 감정을 풀고 국사를 함께하고자 함이었다. 어찌 부와 귀를 탐해 염치를 버리는 자들과 함께하고자 했겠는가?"

이광덕은 탕평론을 처음 내세운 박세채의 외손자였다.

이렇듯 당시 다수의 노론과 소론은 탕평론자들을 부귀와 권력을 탐하는 자들로 치부했다. 그때나 지금이나 중도론은 항상 강경론에 밀리는 법인 모양이다. 하지만 탕평파 뒤에는 영조라는 든든한 후원자가 있었다. 영조는 노·소론이나 남인까지도 탕평책에 대해 비난하는 상황에서도 결코 탕평의 뜻을 꺾지 않았다.

그런 가운데 1735년(영조 11년)에 장헌세자가 태어났는데, 나라의 경사라고 하면서 노론에서 김창집과 이이명을 신원해줄 것을 요청했다. 하지만 영조는 이를 거절했다. 그러자 노론에서 거친 말로 김창집과 이이명을 두둔하고 영조를 힐난했다. 그 때문에 영조는 수라를 거부하는 '각선卻膳'을 선언했다. 말하자면 단식 선언을 한 셈이다.

영조가 수라를 거부하자, 백관이 모두 나서서 수라상을 바치며 각선을 멈출 것을 요청했다. 그래도 영조가 단식을 지속하자 경연 중에 신하들이 이런 맹세까지 했다.

"신들 중 이제부터 다시 당론을 하는 자가 있으면 참으로 개자식입니다."

영조가 이 말을 듣고 빙그레 웃었다고 한다.

그때 낙향하여 물러나 있던 이광좌가 왕의 각선 소식을 듣고 올라와 영조에게 노여움을 풀라고 간하자, 영조는 이광좌를 영의정으로 기용하고 이때부터 '탕평'이라는 이름을 고쳐 '혼돈개벽'이라고 쓰도록 했다. 그러면서 영조는 이런 명령을 내렸다.

"어제 이전에 있었던 일은 '선천先天(이전 세상)'이라 붙이니 감히 선천의 일을 말하는 자가 있으면 베겠노라."

이 말을 하면서 영조는 이광좌에게 술을 내리며 말했다.

"당심을 씻으시오."

이렇게 해서 이광좌 이하 소론들은 탕평을 받아들이게 되었는데, 이때 민진원은 이미 사망한 뒤였다.

경신처분으로
왕위 계승의 정당성을 확보하다

영조가 비록 선천의 일을 거론하지 말라고 했지만 노론 유척기는 우의정이 되자, 이전의 일을 거론하면서 김창집과 이이명을 신원시켜줄 것을 요청했다. 그러자 영조는 유척기의 요청을 받아들여 김창집과 이이명의 관작을 회복시켰다.

이런 조치에 대해 이광좌, 조현명, 조원명, 김시형, 서종옥 등의 소론들이 반발하자, 영조는 강하게 화를 내며 그들을 꾸짖었다.

"오늘날 나의 신하로 있으면서 어찌 감히 입을 함부로 놀리는가?"

그러자 소론 대신들은 아무 말도 하지 못했고, 이광좌는 혹 다시 소론을 내쫓는 피바람이 일어날 것을 근심하다 죽었다.

사실, 수년간의 탕평 이후 왕권은 한층 강화되어 있었다. 조정은 탕평 세력들이 장악하고 있었고, 영조가 그들을 뒤에서 받치고 있었다. 때문에 조정 내에서 어느 세력도 영조의 뜻을 꺾을 수 없었다. 영조가 탕평책을 구사한 것은 근본적으로 붕당을 없애기 위함이 아니라, 왕권을 강화시키기 위함이었다. 탕평파는 대개 온건주의자들이었고, 그들 세력의 기반은 왕이었기 때문에 왕의 뜻을 거스를 자가 없었던 것이다.

그러나 탕평책을 주도하는 세력은 소론이었다. 그 때문에 소론 강경파의 우두머리인 이광좌까지 조정에 나와 정사를 보고 있었던 것이다. 영조는 이 구도에 변화가 필요하다고 생각했다. 이제 노론 세력을 강화시켜 소론과 노론이 대등한 힘을 갖도록 만들고자 했다. 그래서 노론의 숙원 사업이던 이이명과 김창집의 관작 회복을 받아주었던 것이다.

이이명과 김창집을 신원시킨 또 다른 이유도 있었다. 그들 두 대신은 영조 자신을 왕위에 올리려다 죽임을 당한 것이었고, 때문에 그들이 죄인으로 남아 있는 것은 영조 자신의 왕위 계승이 잘못된 일로 치부되는 것이었다. 영조는 즉위 이후 그 문제로 내심 속을 끓이다가 이때에 이르러 왕권이 한층 강화되자 그들 두 사람의 관작을 회복시켰던 것이다. 이는 실로 자기 자신의 왕위 계승을 정당화시키는 일이기도 했다.

이광좌가 죽자, 삼사가 합계하여 소론의 거두였던 유봉휘, 조태구, 이광좌의 관작을 추탈할 것을 요청했다. 그들은 이미 죽고 없었으나 노론 4대신이 모두 신원되었으니, 그들을 죄인으로 몰아간 소론 3대신의 관작을 삭탈하자는 말이었다.

영조는 이 요청을 거부하고 이 일을 주도한 사헌부 지평 이태중을 귀양 보냈다. 또 무섭게 화를 내며 왕위에서 물러나겠다고 공언했고 이에 백관들이 나서서 만류했다. 영조는 이 상황을 이용하여 임인사화와 관련한 내용을 '역안'에서 '국안'으로 고쳐 부르게 했다. 역안은 '역당들을 조사한 안건'이란 뜻인 반면, '국안'은 다만 '국문한 안건'이라는 의미였다. 말하자면 역적으로 몰렸던 노론 인사들이 역적이 아니라 국문을 받은 자들일 뿐이라는 것이었다. 이것은 곧 당시 죽은 노론 세력들은 역적이 아니라는 선언이었다. 또한 경종 3년(1723년) 계묘년의 '계묘토역과' 즉, '계묘년에 역적을 토벌하고 실시한 과거'라는 용어를 없애고 그냥 '별시'로 지칭하도록 했다. 1740년에 행한 이 조치를 경신처분이라고 하는데, 이것은 곧 임인옥사가 소론 측의 무고에 의한 것이었다고 천하에 공포하는 셈이었다.

경신처분 이후, 영조는 임인옥사에 관련된 자들의 옥안을 모두 불태웠다. 이 조치를 신유대훈(1741년)이라고 한다. 신유대훈은 남인 오광운이 제안한 것인데, 당시 탕평파인 노론의 김재로, 소론의 조현명, 송인명 등 삼당 신료들의 합의 아래 이뤄진 것이다.

경신처분과 신유대훈으로 영조는 즉위 17년 만에 겨우 자신이 경종의 죽음에 관여했다는 의혹으로부터 비로소 벗어날 수 있었다.

소론의 전향과
노론의 득세

신유대훈 후 노론의 기세가 되살아났다. 그러자 삼사가 합계하여 조
태구, 유봉휘, 이광좌, 조태억, 최석항 등 과거 소론 대신들을 죄주라고
요청했다. 이들 다섯 사람은 모두 소론 강경파였다.

영조가 조현명을 불러 물었다.

"경은 유봉휘를 어떻게 생각하는가?"

조현명이 대답했다.

"신의 형은 매양 '불충'을 자청했는데, 그것은 유봉휘를 토죄하지 못
한 것을 가지고 그런 것입니다."

조현명은 조문명의 동생이었다. 조문명이 탕평을 거론할 때 유봉휘
는 그를 배척했다. 조현명은 그 일에 대한 앙금이 남아 있어 유봉휘를
죄주는 데 찬성한 것이다.

조현명의 말을 듣고 영조가 말했다.

"경의 형제는 진실에서 나오는 정성이로군!"

영조는 곧 이미 죽고 없는 조태구, 유봉휘, 최석항, 권익관, 정해 등
의 소론 대신들의 관작을 추탈하라고 명령했다. 하지만 이광좌는 빼놓
았다.

그때 대사헌 이종성이 상소를 올려 이광좌를 두둔하는 말을 했다.

"이광좌의 충성은 해를 뚫고 착하기는 세상을 용서할 만합니다."

그 말에 영조는 아무 대답도 않고 그를 파직시켜버렸다. 이후로 소
론 신하들의 기세가 크게 죽었다.

이후 영조는 과거 소론의 잘못을 들춰내고 소론 김일경을 두둔한 이

하징을 참수했다. 이하징을 참수한 이유는 소론 윤취상의 손자 윤광철과 비밀리에 편지를 주고받았다는 것이었다. 윤취상은 김일경과 함께 소론 강경파의 한 사람이었다. 영조가 이하징을 체포하여 물었다.

"어찌 역적 윤취상의 자손들과 사귀었느냐?"

이하징이 대답했다.

"윤취상이 어째서 역적입니까?"

"그렇다면 김일경은 어떠하냐?"

"김일경 또한 역적이 아니니, 김일경이 있은 후에야 신하의 절개가 있는 것입니다."

그러면서 이하징은 이런 말을 중얼거렸다.

"어찌 이것이 내 마음뿐이리오. 소론의 마음이 다 그런 것을."

영조가 그 말을 듣고 대노하여 이하징을 참수했던 것이다.

이하징이 참수되는 것을 보고, 정승으로 있던 조재호가 여러 소론인과 소북인들을 설득하여 영조에게 전향 약속을 하자고 했다.

조재호는 소론 출신 탕평론자 조문명의 아들이었다. 그는 조제론調劑論을 주장했는데, 조제론이란 붕당을 모두 군자당으로 보고 여러 붕당에서 사람을 뽑아 함께 쓰자는 것으로 탕평론에 해당한다. 영조는 그런 주장을 하는 조재호를 매우 총애했는데, 1754년(영조 30년)에 그를 우의정으로 삼았다. 정승이 된 조재호는 한편으로 압박과 설득을 병행하여, 영조에게 일종의 충성 서약을 하고 과거의 잘못을 뉘우치는 상소문을 올리도록 했다. 그래서 소론 전현직 관료 수십 명과 소북 전현직 관료 20여 명이 스스로를 반성하고 과거의 잘못을 뉘우치는 글을 올렸다. 글을 올리는 과정에서 혹은 연명하기도 하고 혹은 개인적으로 쓰기도 했다. 그 내용들을 보면 조태구, 유봉휘 등의 죄를 추가하자는 말도 있고 이광좌와 조태억의 벼슬을 추탈하자는 말도 있었다. 또한 스스로 당습에 가리워져 한 치 앞을 보지 못했다는 말도 있고 그동안 술 취한 듯이 있다가 이제 막 깨어난 것 같다는 말도 있었다.

영조는 이 상소문들을 접하고 흡족하여 이런 말을 했다.

"모든 신하들이 이와 같다면 내가 다시 무엇을 걱정하리오."

이로써 영조는 완전히 조정을 장악한 셈이었다. 이때 영조의 나이 61세로 환갑 때였다. 오랫동안 탕평책을 구사한 덕에 절대군주의 위치에 오른 것이다. 하지만 소론의 전향은 곧 노론의 득세를 의미하는 것이었다. 영조는 비록 탕평을 구사했지만 결과적으론 소론의 항복을 받아내고 자신을 왕위에 올린 노론의 과거 행적을 합리화시킨 격이었다.

세자를
죽이는 부왕

1754년 소론과 소북 세력의 전향 서약이 있은 후에 조정은 노론이 장악했다. 그런데 세자 주변에는 소론 세력이 많았다. 세자의 사부였던 조재호가 대표적인 인물이었다. 이 때문에 세자는 소론에게 우호적인 감정을 가지고 있었다. 또한 세자가 성장했던 저승전의 상궁과 환관 중엔 과거 경종을 모셨던 자들이 많았는데, 이 역시 세자가 소론에 우호적인 경향을 보인 이유가 되었다.

영조는 왕자 시절인 1719년에 정빈 이씨에게서 맏아들을 얻어 왕위에 오른 뒤 세자로 삼았으나 세자는 1728년에 열 살의 어린 나이로 죽고 말았으니, 그가 곧 효장세자였다. 효장세자를 잃고 7년 뒤인 1735년에 영빈 이씨로부터 다시 아들 선을 얻어 세자로 삼았다. 그리고 세자 선이 15세 되던 해인 1749년에 세자로 하여금 대리청정을 하게 했는데, 이때부터 세자와 영조는 가끔 갈등을 일으켰다. 몇몇 사안을 두고 대리청정을 하던 세자와 영조가 견해를 달리했고, 이것은 세자를 몹시 힘들게 했다. 영조는 자신과 다른 견해를 내는 세자를 몹시 질타했고 심지어 미워하기까지 했다. 영조는 자식에 대한 편애가 심한 인물이었다. 그래서 자식 중에서도 좋아하는 자식에겐 한량없는 사랑을 드러냈고, 미워하는 자식에겐 노골적으로 미움을 드러냈다. 심지어 좋아하는 자식이 자주 걷는 곳은 미워하는 자식이 다니지도 못하게 할 정도였다. 세자 선은 언제부턴가 영조가 미워하는 자식이 되어 있었다. 유일한 아들이라 세자 자리에서 내쫓지는 못했지만, 섭정을 시킨 이후로는 이유 없이 미워했다. 그 때문에 세자는 몹시 괴로워했고 공포에 떨기도 했다. 그리고 다소간의 조울증 증세를 드러냈고, 심지어는 주변 궁인들을 의심하여 죽이기도 했다.

영조와 세자의 갈등이 표면화된 때는 1760년이었다. 이때 세자의 나이는 26세였고 영조는 67세였다. 세자는 한창 무르익는 때였고, 영조는 시들어가는 시기였다. 이해에 '조진도 삭과 사건'이 일어났다. 조진도는 조덕린의 손자인데 조덕린은 소론이었다. 조덕린은 1736년에 서원이 남발되는 것을 비판하다가 노론의 탄핵을 받아 유배 중에 죽은 인물인데, 그의 손자 조진도가 1759년 별시에서 과거에 합격했다. 그러자 이듬해인 1760년에 대간들이 죄인 조덕린의 손자라며 삭과, 즉 과거 합격을 취소해야 한다고 주장했다. 하지만 이때 서무를 대리하고 있던 세자 선은 대간들의 요구를 들어주지 않았다. 영조가 뒤늦게 노론들로부터 이 소식을 전해 듣고 세자에게 몹시 화를 내며 삭과를 허용했다.

　이 사건이 터질 무렵 하필 후궁 문씨가 임신 중이었는데, 이 때문에 세자의 입지는 더욱 약화되었다. 이에 영의정이던 소론 이종성이 적극적으로 세자를 보호했다. 그런데 1762년(영조 38년) 5월 22일에 나경언이라는 자가 형조에 세자가 역모를 꾸미고 있다는 고변을 했다. 세자가 내시들과 결탁하여 왕을 밀어내고 왕위에 오르려 한다는 것이었다.

　영조는 곧 나경언을 친국했고, 친국 중에 나경언은 품에 숨기고 있던 문서 하나를 내놨다. 그 속엔 세자의 비행을 나열한 10여 조목의 내용이 담겨 있었다. 그 내용을 보고 영조가 세자를 불러 다그쳤다.

　"네가 왕손의 어미를 때려죽이고 여승을 궁으로 들였으며, 서로西路에 행역行役하고 북성北城으로 나가 유람했는데, 이것이 어찌 세자로서 행할 일이냐? 사모를 쓴 자들은 모두 나를 속였으니 나경언이 없었더라면 내가 어찌 알았겠는가? 왕손의 어미를 네가 처음에 매우 사랑하여 우물에 빠진 듯한 지경에 이르렀는데 어찌하여 마침내는 죽였느냐? 그 사람이 아주 강직하였으니 반드시 네 행실과 일을 간하다가 이로 말미암아 죽임을 당했을 것이다. 또 장래에 여승의 아들을 반드시 왕손이라고 일컬어 데리고 들어와 문안할 것이다. 이렇게 하고도 나라가 망하지 않겠는가?"

　그 말을 듣고 세자는 나경언과의 대질을 요구했다. 하지만 영조는 화를 내며 세자를 몰아붙였다.

　"이 역시 나라를 망칠 말이다. 대리하는 저군(세자)이 어찌 죄인과 면질해야 하겠는가?"

　세자가 울면서 대답했다.

　"이는 과연 신의 본래 있었던 화증火症입니다."

영조는 분통을 터뜨리며 고함을 질렀다.

"차라리 발광을 하는 것이 어찌 낫지 않겠는가?"

이후 신하들은 나경언이 동궁을 무함했으니 죽여야 한다고 했지만 영조는 이렇게 말했다.

"네가 이미 여러 신하들이 하지 못하는 일을 하였으니 그 정성이 비길 바가 없다. 그러나 남을 악역惡逆으로 무함했으니 죄 역시 가볍지 않다."

영조는 나경언에게 죄를 주되 죽이지는 않을 심사였다. 세자의 못된 행적을 용기 있게 알렸으니 충신이라는 것이다. 하지만 대신들은 세자를 무함한 자를 용서할 수 없다며 강경하게 죽이기를 청하니 영조도 별수 없이 죽이라고 했다.

하지만 사건은 그것으로 끝나지 않았다. 20일쯤 뒤인 그해 윤5월 13일에 세자의 생모인 영빈 이씨가 영조에게 나경언이 했던 말을 되풀이하며 울면서 요청했다. 그 내용은 실록에는 없고, 세자 선의 빈 홍씨가 쓴 《한중록》에 전한다.

"세자의 병이 점점 깊어 바라는 것이 없사오니 소인이 차마 이 말씀을 못할 말이되, 성궁(임금)을 보호하옵고 세손을 건져서 종사를 편안히 하는 것이 옳사오니 대처분을 내리소서."

이 말을 듣고 영조가 세자를 서인으로 삼고 결국에 뒤주에 가둬 죽이게 되는데, 그 내용을 실록은 다음과 같이 전한다.

임금이 창덕궁에 나아가 세자를 폐하여 서인으로 삼고 안에다 엄히 가두었다. 처음에 효장세자가 이미 훙薨하였는데, 임금에게는 오랫동안 후사가 없다가 세자가 탄생하기에 미쳤다. 타고난 자질이 탁월하여 임금이 매우 사랑하였는데, 10여 세 이후에는 점차 학문에 태만하게 되었고 대리한 후부터 질병이 생겨 천성을 잃었다. 처음에는 대단치 않았기 때문에 신민들이 낫기를 바랐었다. 정축년(1757년), 무인년(1758년) 이후부터 병의 증세가 더욱 심해져서 병이 발작할 때에는 궁비와 환시宦侍를 죽이고, 죽인 후에는 문득 후회하곤 하였다. 임금이 매양 엄한 하교로 절실하게 책망하니, 세자가 의구심에서 질병이 더하게 되었다. 임금이 경희궁으로 이어하자 두 궁 사이에 서로 막히게 되고, 또 환관, 기녀와 함께 절도 없이 유희하면서 하루 세 차례의 문안을 모두 폐하였으니, 임금의 뜻에 맞지 않았으나 이미 다른 후사가 없었으므로 임금이 매양 나라를 위해 근심하였다.

한번 나경언이 고변한 후부터 임금이 폐하기로 결심하였으나 차마 말을 꺼내지 못하였는데, 갑자기 유언비어가 안에서부터 일어나서 임금의 마음이 놀랐다. 이에 창덕궁에 나아가 선원전에 전배하고, 이어서 동궁의 대명待命을 풀어주고 동행하여 휘령전에 예를 행하도록 하였으나 세자가 병을 일컬으면서 가지 않으니, 임금이 도승지 조영진을 특파하고 다시 세자에게 행례하기를 재촉하였다. 임금이 이어서 휘령전으로 향하여 세자궁을 지나면서 차비관을 시켜 자세히 살폈으나 보이는 바가 없었다. 세자가 집영문 밖에서 기다리고 있다가 이어서 어가를 따라 휘령전으로 나아갔다. 임금이 행례를 마치고 세자가 뜰 가운데서 사배례를 마치자, 임금이 갑자기 손뼉을 치면서 하교하기를

"여러 신하들 역시 신神의 말을 들었는가? 정성왕후께서 정녕丁寧하게 나에게 이르기를 '변란이 호흡 사이에 달려 있다'고 하였다."

하고, 이어서 금위군에게 명하여 궁궐 문을 4, 5겹으로 굳게 막도록 하고, 또 총관 등으로 하여금 배열하여 시위하게 하면서 궁의 담 쪽을 향하여 칼을 뽑아 들게 하였다. 궁성 문을 막고 각角을 불어 군사를 모아

호위하고 사람의 출입을 금하였으니, 비록 경卿이나 재상이라도 한 사람도 들어온 자가 없었는데, 영의정 신만만 홀로 들어왔다. 임금이 세자에게 명하여 땅에 엎드려 관을 벗게 하고, 맨발로 머리를 땅에 조아리게 하고, 이어서 차마 들을 수 없는 전교를 내려 자결할 것을 재촉하니 세자가 조아린 이마에서 피가 나왔다. 신만과 좌의정 홍봉한, 판부사 정휘량, 도승지 이이장, 승지 한광조 등이 들어왔으나 미처 진언하지 못하였다. 임금이 세 대신 및 한광조 네 사람의 파직을 명하니 모두 물러갔다. 세손(당시 열한 살의 정조)이 들어와 관과 도포를 벗고 세자의 뒤에 엎드리니, 임금이 안아다가 시강원으로 보내고 김성응 부자에게 지키게 하여 다시는 들어오지 못하게 하라고 명하였다. 임금이 칼을 들고 연달아 차마 들을 수 없는 전교를 내려 동궁의 자결을 재촉하니, 세자가 자결하고자 하였는데 춘방春坊의 여러 신하들이 말렸다. 임금이 이어서 폐하여 서인을 삼는다는 명을 내렸다. 이때 신만, 홍봉한, 정휘량이 다시 들어왔으나 감히 간하지 못하였고 여러 신하들 역시 감히 간쟁하지 못했다. 임금이 시위하는 군병을 시켜 춘방의 여러 신하들을 내쫓게 하였는데 한림 임덕제만이 굳게 엎드려서 떠나지 않으니, 임금이 엄교하기를

"세자를 폐하였는데, 어찌 사관史官이 있겠는가?"

하고, 사람을 시켜 붙들어 내보내게 하니 세자가 임덕제의 옷자락을 붙잡고 곡하면서 따라 나오며 말하기를

"너 역시 나가버리면 나는 장차 누구를 의지하란 말이냐?"

하고, 이에 전문殿門에서 나와 춘방의 여러 관원에게 어떻게 해야 좋은가를 물었다. 사서 임성이 말하기를

"일이 마땅히 다시 전정殿庭으로 들어가 처분을 기다릴 수밖에 없습니다."

하니 세자가 곡하면서 다시 들어가 땅에 엎드려 애걸하며 개과천선하기를 청하였다. 임금의 전교는 더욱 엄해지고 영빈이 고한 바를 대략 진술하였는데, 영빈은 바로 세자의 탄생모 이씨로서 임금에게 밀고한 자였다. 도승지 이이장이 말하기를

"전하께서 깊은 궁궐에 있는 한 여자의 말로 인해서 국본을 흔들려 하십니까?"

하니, 임금이 진노하여 빨리 방형邦刑을 바루라고 명하였다가 곧 그 명을 중지하였다. 드디어 세자를 깊이 가두라고 명하였는데 세손이 황급히 들어왔다. 임금이 빈궁, 세손 및 여러 왕손을 좌의정 홍봉한의 집으로 보내라고 명하였는데 이때에 밤이 이미 반이 지났었다. 임금이 이에 전교를 내려 중외中外에 지시하였는데 전교는 사관이 꺼려 감히 쓰지 못하였다.

이후 영조는 세자에게 뒤주에 들어가라고 명령했다. 세자가 뒤주에 들어가려 하자 신하들이 말렸고, 세자는 살려달라고 애원했다. 하지만 영조는 세자를 뒤주에 들여보내고, 직접 뚜껑을 닫고 자물쇠를 잠갔다. 그리고 널빤지를 가져오라고 하여 그 위에 대고 못을 쳤다. 그리고 세자는 그 속에서 7일 만에 굶어서 죽었다. 이를 임오화변이라고 한다.

세자가 굶어 죽고 있는 동안 영조는 세자의 비행에 관계된 자들을 차례로 잡아 와 죽였고, 세자를 보호해야 한다고 주장하던 조재호에게 사약을 내려 죽였다. 그렇게 아비는 아들을 죽이고, 아들을 지키려던 신하도 죽였다.

세자가 죽었다는 소식을 들은 영조는 서인으로 전락시켰던 그를 '사도세자'라 부르게 하고, 장례를 간소하게 치르도록 했다.

고립무원의 처지가 된
세손

사도세자가 죽은 뒤 왕위 계승자는 사도세자의 아들 산으로 결정된다. 하지만 이산은 사도세자의 아들로서 세손의 지위를 유지한 것이 아니라, 사도세자에 앞서 죽은 효장세자의 양자로 입적되어 세손이 된다.

이때 조정은 노론이 완전히 장악한 상태였다. 그러자 노론 내부에서 권세 있는 가문끼리 권력 다툼이 발생했다. 이러한 권력 다툼은 탕평책이 무르익은 영조 20년 이후에 불거졌는데, 당시 노론의 핵심 가문은 김재로, 민진원, 김진규, 신만, 홍봉한 등의 가문이었다.

우선 김재로의 가문을 살펴보면, 김재로가 영의정을 거친 것을 비롯하여 김약로가 좌의정, 김치인이 영의정을 지냈으며, 그들의 외족 중에는 좌의정을 지낸 서명균, 영의정을 지낸 서명균의 아들 서지수, 좌의정을 지낸 이관명 등이 있었다.

김재로를 제외한 나머지 가문은 모두 왕실과 인척 관계에 있었다. 민진원은 숙종의 비 인현왕후 민씨와 남매지간이고, 김진규는 숙종의 왕비 인경왕후 김씨와 남매지간이었다. 따라서 족보상으로는 영조의 외숙부가 되는 셈이었다. 신만은 영조의 차녀 화평옹주의 남편 월성위 신광수의 아버지였기 때문에 영조와는 사돈 관계였고, 홍봉한은 사도세자의 빈 홍씨의 아버지였기에 역시 영조와 사돈지간이었다.

이들은 모두 탕평파였는데, 영조는 외척들을 중용하는 정책을 썼기 때문에 그들의 권력이 비대해져 있었다. 특히 홍봉한은 사도세자가 대리청정을 하던 시기엔 권세가 하늘을 찔렀다. 심지어 홍봉한은 사도세자의 비리를 숨겨주기 위해 정치자금을 통해 주변 세력에 대한 입막음을 하기도 했는데, 이 때문에 많은 뇌물을 받았던 인물이다. 이와 관련하여 조정 신료들이 홍봉한을 공격하는 공홍파와 홍봉한을 옹호하는 부홍파로 나눠질 정도였다.

그런데 사도세자가 죽고 그의 아들 산이 효장세자의 양자로 입적되어 세손이 되자, 홍봉한을 제외한 노론 세력들은 세손에 대해 적대적인 입장을 취했다. 특히 홍봉한의 동생 홍인한조차도 노골적으로 세손의 왕위 계승을 반대할 정도였다. 그런 까닭에 세손의 유일한 보호막은 할아버지 영조뿐이었다.

하지만 영조는 재위 42년(1766년)경부터 병이 깊어져 정사를 제대로 처리하지 못했다. 그 때문에 화완옹주와 같은 궁중 세력이 영조의 총애를 등지고 간병을 핑계로 대궐을 오가며 권력을 농단했고, 평민 출신의 화완옹주의 양자 정후겸은 승지와 참판 벼슬을 하며 권력을 장악했다.

영조가 병상에 누워 있던 10년 동안 조정의 권력은 정후겸과 홍인한이 좌지우지했다. 그들은 서로 결탁하여 세손을 죽이려 했고, 세손의 왕위 계승을 막기 위해 갖은 수단을 동원했다. 이런 상황에서 세손은 세자익위사와 홍국영의 도움을 받으며 가까스로 목숨을 부지할 수 있었다.

당시 세손은 정치적인 행동이나 발언을 일절 하지 않았고 오로지 자신이 만든 도서관에 처박혀 책을 읽는 것으로 세월을 보냈다. 그런 상황에서 1775년 11월에 영조는 세손에게 대리청정을 시킬 것을 결심했다. 영조의 병세는 점점 심해져 정신이 오락가락하는 상태였고, 몸도 제대로 가눌 수 없는 처지였다. 그래서 세손으로 하여금 대리청정을 하게 하려 한 것이다. 하지만 좌의정 홍인한은 노골적으로 세손의 대리청정을 반대하고 나섰다. 당시 상황을 기록한 《영조실록》 영조 51년 11월 20일의 기록을 옮긴다.

임금이 집경당에 나아가 시임대신, 원임대신을 불러 보고 《어제자성편》, 《경세문답》을 진강하도록 명하였다. 동궁(세손)과 영돈녕 김양택, 영의정 한익모, 판부사 이은, 좌의정 홍인한, 우부승지 안대제, 가주서 박상집, 기사관 서유련, 성정진이 앞으로 나와서 엎드리자, 임금이 일렀다.

"탕평이 어느 때에 있었느냐?"

한익모가 아뢰었다.

"홍범(《상서》의 한 단락)에 보이는데, 한당漢唐 이후에는 그것이 없었습니다."

임금이 일렀다.

"신기神氣가 더욱 피곤하니 비록 한 가지의 공사公事를 펼치더라도 진실로 대응하기 어렵다. 이와 같은데도 어찌 만기(임금의 일)를 수행하겠느냐? 국사를 생각하느라고 밤에 잠을 이루지 못한 지가 오래되었다. 어린 세손이 노론을 알겠는가? 소론을 알겠는가? 남인을 알겠는가? 소북을 알겠는가? 국사를 알겠는가? 조정의 일을 알겠는가? 병조판서를 누가 할 만한가를 알겠으며 이조판서를 누가 할 만한가를 알겠는가? 이와 같은 형편이니 종사를 어디에 두겠는가? 나는 어린 세손으로 하여금 그것들을 알게 하고 싶으며, 나는 그것을 보고 싶다. 옛날 나의 황형(경종)은 '세제가 가可한가? 좌우의 신하가 가한가?'라는 하교를 내리셨는데, 지금의 시기는 황형이 계실 때에 비하여 백 배가 더할 뿐이 아니다. 전선傳禪(왕위를 선위하는 것)한다는 두 자를 하교하고자 하나, 어린 세손의 마음을 상하게 할까 두려우므로 말하지 않겠다. 그러나 청정하는 일에 이르러서는 본래부터 국조의 옛일이 있는데 경 등의 생각은 어떠한 가?"

홍인한이 대답했다.

"동궁은 노론이나 소론을 알 필요가 없고, 이조판서나 병조판서를 알 필요도 없습니다. 더욱이 조정의 일까지도 알 필요 없습니다."

여러 대신들이 함께 말하였다.

"성상의 안후가 더욱 좋아지셨습니다."

임금이 한참 동안 흐느껴 울다가 기둥을 두드리며 소리쳤다.

"경 등은 우선 물러가 있으라."

대신 이하가 문밖으로 나갔다. 다시 입시를 명하고, 임금이 일렀다.

"나의 사업을 장차 나의 손자에게 전할 수 없다는 말인가? 나는 이와 같이 쇠약해졌을 뿐 아니라 말이 헛나오고 담이 끓어오르는 것이 또 특별한 증세이다. 크게는 밤중에도 쪽지(紙)를 내보내어 경 등을 불러들이게 될 것이고, 작게는 담의 증세가 악화되어 경 등이 비록 입시하더라도 영의정이 누군지 좌의정이 누군지 알지 못하는 것이다. 만일 중관中官들을 쫓아내버리면 나라의 일이 장차 어떻게 되겠는가? 마음속에 있는 말을 지금 다시 경 등에게 말할 수가 없다. 차라리 나의 손자로 하여금 나의 심법心法을 알게 하겠다."

이렇듯 홍인한은 이른바 삼불필지설, 즉 '세 가지를 알 필요가 없다는 설'을 앞세워 세손의 대리청정을 노골적으로 반대했다. 하지만 영조는 세손에게 대리청정을 명령했다.

그러자 그해 12월 3일에 행부사직 서명선이 상소를 올려 홍인한을 탄핵했다.

신이 삼가 듣건대, 지난달 20일 대신이 입시하였을 때 좌의정 홍인한이 감히 '동궁이 알게 할 필요 없다'라는 말을 함부로 전하 앞에서 진달하였다고 합니다. 세자가 알지 못한다면 어떤 사람이 알아야 하겠습니까? 아성(맹자)이 임금을 공경하는 의義를 비록 이런 사람에게 책임 지우기는 어렵겠으나, 그 무엄하고 방자함은 아주 심한 것이었습니다.

영조는 서명선을 직접 불러 상소의 내용을 확인했다. 하지만 홍인한과 그 무리들이 반박 상소를 올려 대응했고, 그런 상황에서 영조는 1776년 3월 5일에 생을 마감했다. 이어 세손 산이 왕위에 오르니 곧 조선 22대왕 정조였다. 왕위에 오른 후 정조는 자신의 세손 시절을 회고하며 이런 말을 남겼다.

"옷을 벗고 자지 못하고 식사와 취침조차 못 한 날이 몇 날인지 모르겠다."

홍국영을 앞세워
정적을 제거하는 정조

정조는 즉위하자 세손 시절 자신을 지키던 홍국영을 앞세워 정적들을 제거해나갔다. 풍산 홍씨 일가인 홍상범, 홍상길, 홍계능, 홍인한이 쫓겨나고, 화완옹주와 정후겸, 영조의 계비 정순왕후 김씨의 오빠 김귀주도 쫓겨났다.

정조가 왕위에 오른 후 조정은 시파와 벽파로 분리되었다. 시파는 사도세자의 죽음을 동정하는 입장에 선 세력이었고, 벽파는 사도세자의 죽음은 당연한 일이라는 입장에 선 세력이었다. 하지만 이는 붕당은 아니었다. 소론과 남인 북인 속에도 시파와 벽파가 있었고, 노론 속에도 시파와 벽파가 있었기 때문이다. 이런 시파와 벽파의 분리는 사도세자의 죽음 이후로 형성된 것이었으나 정조 즉위 이후에 더욱 뚜렷한 양상을 보였다.

벽파 중에서도 정조의 즉위를 가장 강력하게 반대한 세력은 노론 벽파였다. 심지어 노론 벽파의 우두머리로 홍인한과 함께 풍산 홍씨 세력을 주도했던 홍계희 집안에서는 그의 손자 홍상범이 주도하여 정조의 암살을 기도하기도 했다. 홍상범은 전흥문, 강용휘 등 살수들을 동원해 임금의 침전을 침범하여 정조를 살해하려 했으나 실패했다. 또 홍계희의 8촌 홍계능은 아들 홍신해, 조카 홍이해 등과 함께 은전군(사도세자와 경빈 박씨 사이에 태어난 서자) 이찬을 왕으로 추대하여 역모를 일으키려다 실패했다. 이 사건과 관련된 자들만 20여 명이었다. 홍봉한의 아들 홍낙임도 가담자에 이름을 올렸으나 정조의 외숙부라 하여 특별히 용서되었다.

이러한 일련의 역모 사건을 겪은 정조는 친위 부대인 숙위소를 세우고 홍국영으로 하여금 숙위대장을 맡도록 했다. 이후 홍국영은 무소불위의 권력을 휘둘렀다. 그는 도승지를 비롯하여 금위대장, 숙위대장, 규장각 제학 등의 벼슬을 거치며 정승들도 제 마음대로 부렸다. 왕에게 올라가는 모든 서류는 반드시 홍국영을 거쳐야 했으며, 왕의 모든 명령 또한 홍국영에 의해 전달되었다. 그래서 세간에서는 그를 '세도재상'이라고 불렀으며, 이것이 곧 조선 세도정치의 시초가 되었다.

홍국영은 힘이 강해지자 스스로 외척이 되고자 누이동생을 정조와 혼인시켰다. 홍국영의 누이동생 원빈에게서 세자가 태어나기만 하면 세상은 그의 것이 될 것으로 보았다. 하지만 그의 누이 원빈은 궁중에 들어간 지 얼마 되지 않아 죽고 말았다. 이때 정조에게는 아들이 없었기에, 홍국영은 정조의 이복동생 은언군의 아들 담을 원빈 홍씨의 양자로 삼아 세자로 만들 계획을 세웠다. 이후 이담은 완풍군에 책봉되었고, 홍국영은 그가 자신의 조카임을 강조하고 다녔다. 심지어 홍국영은 노론계 인물인 송덕상을 시켜 정조에게 왕세자 책봉을 요청하는 상소까지 올리도록 했다.

이후 홍국영은 더 대담한 행동을 했다. 자신의 누이동생 원빈이 정조의 왕비 효의왕후에 의해 살해된 것으로 판단하고, 효의왕후의 음식에 독약을 섞어 암살하려다 발각된 것이다.

그쯤 되자 정조도 더 이상 홍국영을 방치할 수 없다고 판단하고, 자신의 측근 세력인 김종수에게 홍국영에 대한 탄핵 상소를 올리도록 하여 그를 쫓아냈다. 그렇게 홍국영의 세도정치는 4년 만에 막을 내렸다.

홍국영을 전리田里로 방출하며 정조는 재위 4년(1780년) 2월 26일에 이런 글을 내렸다.

　　이 사람인데도 이런 말이 있구나. 이 사람으로서도 이런 일이 있는가? 말이 터무니없이 거짓을 꾸며낸 것이 아니면 일이 과연 참으로 그런 것이 있는가? 일이 참으로 그런 것이 있는 것이 아니라면 말이 과연 터무니없이 거짓을 꾸며낸 것인가? 내가 어찌 말 많음을 용서하여 은정이 적다는 한탄을 받겠으며 나쁜 소문의 비난을 얻겠는가? 두 가지 사이에서 그것은 옳고 그것은 그른데, 내가 누구를 속이겠는가? 남을 속이겠는가? 대개 옳고 그른 것은 그만두고라도, 내가 참으로 착하지 못하기 때문에 이런 말이 있게 하고 이런 일이 있게 하였으니, 자신을 돌아보면 부끄럽고 괴로워 차라리 죽고 싶다. 어찌 스스로 재촉하였다 하겠는가? 모두가 내가 착하지 못하기 때문인데 오히려 누구를 허물하겠는가? 아! 누구를 예전에 기대하였는데 오늘날 나라 사람들의 비방하는 말이 있으니, 이것을 어떻게 설명해야 하겠는가? 엎어지고 자빠짐이 이에 이르렀으니 다시 말할 만한 것이 없다. 다만 종시終始를 보전하려하면 이 사람이 자취를 감추고 근신하여, 이제까지의 화기和氣를 잃지 않게 해야 할 따름이다. 봉조하 홍국영을 전리에 돌려보내어 군신君臣의 처음과 끝을 보전하라.

이후로 홍국영을 유배시키거나 죽여야 한다는 상소가 빗발쳤지만, 정조는 받아들이지 않았다. 이에 대해 당시 사관은 정조 5년(1781년) 4월 5일의 홍국영 졸기에 이렇게 다음과 같은 비판의 글을 남겼다.

홍국영이 죽었다. 경자년(1780년) 봄부터 조정의 신하들이 일제히 홍국영의 하늘까지 닿은 큰 죄에 대해 성토하였는데도, 임금이 끝내 주벌을 가하지 않았었다. 처음에는 횡성현으로 방축시켰다가 다음에는 강릉부로 방축하였는데, 이때에 이르러 죽었으므로 나라 사람들이 통분스럽게 여기지 않는 이가 없었다.

하지만 홍국영의 죽음에 대해 정조는 매우 애석하게 여겼다.

"이 사람이 이런 죄에 빠진 것은 참으로 사려가 올바른 데 이르지 못한 탓이다. 그가 공을 세운 것이 어떠하였으며, 내가 의지한 것이 어떠하였었는가? 처음에 나라와 휴척(안락과 근심)을 함께한다는 것으로 지위가 중하지 않으면 위엄이 서지 않았기에, 권병權柄을 임시로 맡겼던 것이다. 그런데 그가 권병이 너무 중하고 지위가 너무 높다는 것으로 조심하고 두려워하며 스스로 삼가는 방도를 생각하지 않고, 오로지 총애만을 믿고 위복威福을 멋대로 사용하여 끝내는 극한 죄를 저지르게 된 것이다. 돌이켜 생각하건대, 이는 나의 허물이었으므로 이제 와서는 스스로 반성하기에 겨를이 없으니, 무슨 말을 할 수 있겠는가? 9월 이전의 죄는 우선 논하지 않더라도, 9월 이후의 죄에 대해서는 더욱 할 말이 없다. 내가 만약 말하지 않으면, 다른 사람들이 어떻게 알 수 있겠는가? 그런데 중신의 한 차자에 그의 죄가 남김없이 드러났으니, 공의는 숨기기 어렵다는 것을 알 수 있다."

이 말을 듣고 당시 예조판서 김익이 말했다.

"권력을 휘두른 간악한 신하가 예로부터 한정할 수 없이 많았습니다. 하지만 홍국영처럼 손으로 나라의 명운을 움켜쥐고 권세가 임금을 넘어뜨릴 정도에 이른 자는, 전적典籍이 있은 이래 없던 바입니다. 그리고 전하께서 홍국영에 대해 작위를 높여주고 은혜를 수없이 내려 총애하여주신 것 또한 전적이 있은 이래 없던 것이었습니다. 권병이 한번 옮겨지자 국세가 거의 위태할 뻔하였으니, 지금에 와서 돌이켜 생각하여보면 써늘하여 가슴이 떨립니다. 이는 실로 전하의 과실인 것인데, 신이 전석前席(임금의 앞)에서 자신을 책망하는 하교를 우러러 받드니 삼가 어리석은 신하로서 스스로 격동되는 마음을 금할 수 없습니다."

그러자 정조가 한탄조로 한마디 덧붙였다.

"예판의 말이 옳다. 한마디로 포괄하여 말한다면 이는 곧 나의 과실인 것이다."

정조는 이렇듯 홍국영의 권력 농단이 자신의 과실이었다고 말했지만, 실상은 홍국영을 앞세워 정적을 제거했고 홍국영이 왕위를 보호하고 있는 동안 규장각을 통해 자신의 친위 세력을 키웠다. 그리하여 진정한 의미의 탕평책을 펼치고자 했다.

새로운 탕평 시대를
열어가는 정조

홍국영이 권력을 휘두르던 4년 동안 정조는 규장각에서 자신의 친위 세력을 양성하고 있었다. 정조는 붕당에 구애받지 않고 규장각의 각신들을 임명했다. 그 각신들 중에서는 이인좌의 난 이후 조정에서 거의 사라졌던 남인 출신들도 있었다. 남인 출신 각신으로 대표적인 인물이 채제공이었다. 정조는 이들 각신들을 중심으로 새로운 탕평 시대를 열계획을 가지고 있었다.

규장각엔 각신 외에도 검서관이라는 이름으로 채용된 자문역들이 있었다. 이들은 모두 이름 있는 가문의 서얼 출신들로, 학문이 뛰어나고 식견은 넓으나 서얼이라는 이유로 청요직에 등용되지 못한 자들이었다. 처음 뽑힌 네 명의 검서관은 이덕무, 유덕공, 박제가, 서이수 등이었다. 이들은 이른바 실학자들로 청나라의 앞선 문명을 받아들이자는 사상을 가진 북학파들이었다.

규장각의 각신으로 뽑힌 자들은 각 붕당에서 강경파에 속하면서도 탕평을 반대하지 않는 인물들이었다. 말하자면 각 당의 준론(강경론)을 견지하면서도 탕평을 지지하는, 그야말로 제대로 된 탕평파들이 규장각에 집결된 셈이었다. 규장각 각신들은 왕에 의해 각신으로 선택되었다는 공통점이 있었고, 규장각에서 학문을 교류함으로써 당색에 상관

없이 친분을 쌓았다. 또한 규장각이라는 공통의 합의 공간을 통해 탕평책을 유지하려는 의지도 함께 키웠다. 정조 대에는 이러한 각신 출신으로 조정의 조직에 앉은 인물이 무려 38명이나 되었다.

정조의 또 다른 친위 세력은 초계문신이었다. 초계문신은 우수한 당하관 이하 문신들 중에서 발탁되었는데, 37세 이하의 젊은 사람들이 그 대상이었다. 그리고 40세가 되면 초계문신에서 나와야 했다.

초계문신은 정조 5년(1781년)에 16명을 선발한 것을 시작으로 1800년 정조 말년까지 총 10회에 걸쳐 138명이 선발되었다. 이들에게는 국왕의 도서관에서 재교육을 받게 했고 국왕 측근에서 정책을 보좌할 수 있는 능력을 키우도록 했다. 그들에게는 초계문신으로 있는 동안 신분이 보장되고 잡무가 면제되는 특전도 주어졌다.

초계문신 역시 각신과 마찬가지로 붕당에 상관없이 발탁되었다. 소론, 노론, 남인, 소북 중에서 우수한 인재를 선발하고 서로 학문을 교류하도록 함으로써 당색을 약화시켰고, 이는 곧 탕평 정국의 발판이 되었다.

정조 말년에 이르면 초계문신 출신들이 정승과 육조, 삼사의 관리 중 태반을 차지하게 된다. 우리가 실학자로 익히 알고 있는 정약용, 서유구 등도 초계문신이었다. 정조는 초계문신을 암행어사로 삼아 지방 관리들을 규찰하고 8도의 형편을 파악하기도 했다.

정조는 또한 그간 소외되었던 영남 유림을 수용하는 방법으로 탕평책을 확대했다. 이른바 '무신란'으로 일컬어지는 이인좌의 난 이후 등용의 길이 완전히 막혔던 영남 유림을 조정에 발탁했던 것이다.

정조가 남인 출신 채제공을 정승으로 삼자, 무신란으로부터 60년 되던 해인 1788년에 영남 유생의 대표라 할 수 있는 안동 유생들이 정조에게 글을 올렸다. 영남에서 무신란이 일어났던 것은 사실이지만 무신의 소굴은 아니라는 점을 강조한 상소문이었다. 정조는 손수 교서를 써서 내리며 영남 유생들을 위로했고, 안동 유생들은 그 글을 안동 향교에 봉안했다. 그러자 정조는 특별히 영남 유림의 본산인 도산서원 앞에서 과거장을 열고 인재를 뽑는 조치를 취했고, 강세백과 김희락이 과거에 합격하여 뽑혔다. 이때 과거에 응시한 인원만 7,000명이 넘었고 제출된 시권의 양이 3,672장이나 되었다.

이후 정조의 마음을 헤아린 영남 유생들은 무려 1만 57명이 연명하여 왕에게 만인소를 올렸다. 이 만인소는 어렵사리 정조에게 전달되었고, 정조는 애정 어린 교서를 내리며 영남 유생들을 위로했다.

이로써 정조의 탕평 정치는 더욱 활기를 띠었다. 탕평 정치가 안정될수록 왕권은 더욱 강해졌고, 정조는 그 힘을 기반으로 내면에 응어리로 남아 있던 아버지 사도세자의 명예를 회복했다. 1789년(정조 13년) 7월에 양주 배봉산에 초라하게 남아 있던 사도세자의 묘소인 영우원을 수원으로 이장하여 '현륭원'으로 개명했다. 즉위 초에 아버지의 시호를 '장헌'으로 개명할 때부터 계획한 일이었으나 이때에 와서야 비로소 실현되었다. 정조는 현륭원 조성이 끝나자 이번에는 수원에 화성을 건설했다. 화성 축조에 대해 노론 벽파는 거세게 반대했지만 정조는 아랑곳하지 않고 축성 작업을 마쳤다. 정조는 화성이 완성되면 왕위를 세자에게 물려주고 화성에서 지내고자 했다. 말하자면 화성에서 새로운 시대를 열어보고자 했던 것이다. 그런데 1796년 9월 축성 작업에 들어간 지 2년 반 만에 화성이 완성되었다. 원래 10년을 계획으로 시작되었던 작업이 너무 일찍 끝났고 세자는 겨우 일곱 살의 어린아이였기 때문에 왕위를 물려줄 수 없어, 화성으로 거처를 옮기는 계획은 실행되지 못했다.

이렇듯 왕권이 한층 강화된 상태에서 감히 정조에게 도전하는 세력은 없었다. 비록 노론 벽파의 세력이 거세게 버티고 있었지만 군왕의 권위 앞에서는 고개를 숙여야 했다. 정조는 노론 산림 김종수에게서 이런 자백까지 받아낸다.

"내 임금이 바로 내 스승이요, 오늘날 사림의 영수는 주상이다."

이제 붕당이 따로 있는 것이 아니라 사림은 하나이며, 사림의 영수는 곧 왕이라는 뜻이었다.

정조의 죽음,
그리고 붕당 시대의 종말

하지만 정조를 모든 사림이 영수로 떠받든 것은 아니었다. 특히 노론 벽파의 반발은 정조 말년으로 갈수록 더욱 거세게 일어났다. 그 와중인 1800년(정조 24년) 6월 28일, 정조는 갑작스러운 죽음을 맞이한다.

정조가 죽던 날, 왕대비 정순왕후 김씨와 노론 벽파의 영수 심환지가 나눈 대화는 그들이 얼마나 정조의 죽음을 기다렸는지 잘 보여준다.

왕대비가 승전색을 통해 분부하기를

"주상의 병세는 풍 기운 같은데 대신이나 각신이 병세에 적절한 약을 의논하지 못하고 어찌할 줄 모르는 기색만 있으니 무슨 일이오?"

하니, 좌의정 심환지가 회답하기를

"이제는 성상의 병세가 이미 위독한 지경에 이르러 천지가 망극할 뿐

더 이상 아뢸 말이 없습니다."

하니, 왕대비가 또 분부하기를

"선조先朝 병술년에 주상의 병환이 혼미한 지경에 이르렀으나 하루 밤 낮을 넘기고 다시 회생하였으며, 갑오년에 또 그 같은 증세가 있었으나 결국 회복하였소. 지금은 주상의 병환이 위독한 지가 그다지 오래되지 않았는데 그 무슨 말이오?"

하니, 환지가 또 회답하기를

"지금 또 병세에 맞는 약을 계속 올려드리고 있습니다."

하였다. 제조 김재찬이 인삼차와 청심원을 받들고 들어왔으나 상은 역시 마시지 못하였다. 도제조 이시수가 왕대비에게 들어가 여쭙기를

"인삼차에 청심원을 개어서 끓여 들여보냈지만 이제는 아무것도 드실 길이 만무합니다. 천지가 망극할 따름입니다."

하고 목을 놓아 통곡하였다. 왕대비가 분부하기를

"내가 직접 받들어 올려드리고 싶으니 경들은 잠시 물러가시오."

하므로, 환지 등이 명을 받고 잠시 문밖으로 물러나왔다. 조금 뒤에 방 안에서 곡하는 소리가 들리자, 환지와 시수 등이 문밖으로 바짝 다가가 큰 소리로 번갈아 아뢰기를

"신들이 이와 같은 망극한 변을 만나 지금 400년 종묘사직의 안전이 극도로 위태롭게 되었는데, 신들이 우러러 믿는 곳이라고는 우리 왕대비 전하와 자궁 저하일 뿐입니다. 동궁 저하께서 나이가 아직 어리므로 감싸고 보호하는 책임이 우리 자전 전하와 자궁 저하에게 달려 있을 뿐인데, 어찌 그 점을 생각지 않고 이처럼 감정대로 행동하십니까? 게다가 국가의 예법도 지극히 엄중하니 즉시 대내로 돌아가소서."

하였는데, 한참 뒤에 자전은 비로소 대내로 돌아갔다.

심환지의 말대로 세자는 겨우 열한 살이었고, 그가 왕위에 오르니 곧 순조였다. 순조가 나이 어린 탓에 영조의 계비 정순왕후가 수렴청정을 했고, 이후로 전국 8도에서는 대대적인 살육전이 벌어졌다. 노론 벽파는 천주교를 잡아들인다는 명분으로 정적들을 대대적으로 척결했고 동시에 영조와 정조의 탕평 치세는 한순간에 무너졌다.

그러나 노론 벽파의 독단도 오래가지 못했다. 1804년에 순조가 15세가 되면서 친정을 시작하자 정순왕후는 수렴을 거두고 뒷방으로 물러나야 했다. 그러자 순조의 왕비 순원왕후의 아버지 김조순이 정권을 장악했다. 이후 안동 김씨, 풍양 조씨의 외척 독재가 이어지면서 붕당 정치는 완전히 종말을 고하고 말았다. 1575년(선조 8년) 심의겸과 김효원의 대립으로 인해 사림이 갈라지면서 시작된 붕당정치는, 약 230년 동안 숱한 정치 비화를 엮어내며 조선을 이끌다가 정조의 죽음과 외척 독재의 등장을 맞아 역사의 저편으로 완전히 사라졌다.

순조, 헌종, 철종 대 60여 년에 걸친 외척 독재는 결국 조선을 망국으로 이끌었는데, 흔히 이를 두고 당쟁이 조선을 망하게 했다고 말하는 것은 친일 사관의 결과물일 것이다.

실로 붕당정치의 과정에서 일어난 무수한 사건들은 한편으론 인재를 발굴하게 하고 조선을 새로운 방향으로 발전시켰으며, 다른 한편으론 인재의 등용을 가로막고 조선을 폐쇄적으로 만들었다. 붕당이 서로 경쟁하여 선비를 키우고 나라를 안정시킨 것은 긍정적인 측면이요, 당론에만 몰두하고 나라는 뒷전으로 밀어두어 인재의 등용을 막고 조정을 권력투쟁의 장으로 전락시킨 것은 부정적인 측면이라 하겠다. 하지만 붕당정치가 활성화되어 당론이 분명하고 당파가 서로 경쟁할 때는 비록 유림과 신하들은 죽고 죽이는 투쟁을 지속했으나, 대다수를 차지하는 조선 평민의 삶은 안정되었다. 하지만 붕당이 사라지고 외척이 조정을 장악하여 왕권을 무력화시키자, 매관매직이 일상화되고 탐관오리가 판을 쳤으며 백성은 굶주림과 학정에 시달리며 울부짖었다. 이런 까닭에 필자는 당쟁이 조선 망국의 주범이 아니라 외척 독재가 조선 망국의 주범이라 하는 것이다.

정치는 동서양을 막론하고 시끄러운 것이다. 그러나 시끄럽다고 해서 나라가 망하는 것은 아니다. 오히려 정치판이 시끄럽다는 것은 정치가 건강하다는 반증이다. 정치적 투쟁과 소란이 없는 정치야말로 나라를 망하게 하고 백성을 고통스럽게 한다. 조선의 붕당정치는 몹시 시끄러운 정치였다. 그에 비해 외척 독재의 조정은 조용했다. 한쪽이 독점했으니 소란스러울 이유가 없었던 것이다. 그리고 그 조용한 정치는 곧 나라를 망국으로 이끌었다. 그런 의미에서 보자면 조선 후기에 이뤄진 230년간의 붕당 시대는 조선의 정치가 매우 건강했음을 증명하는 일이라고 하겠다.

조선 붕당 실록

朝鮮朋黨實錄

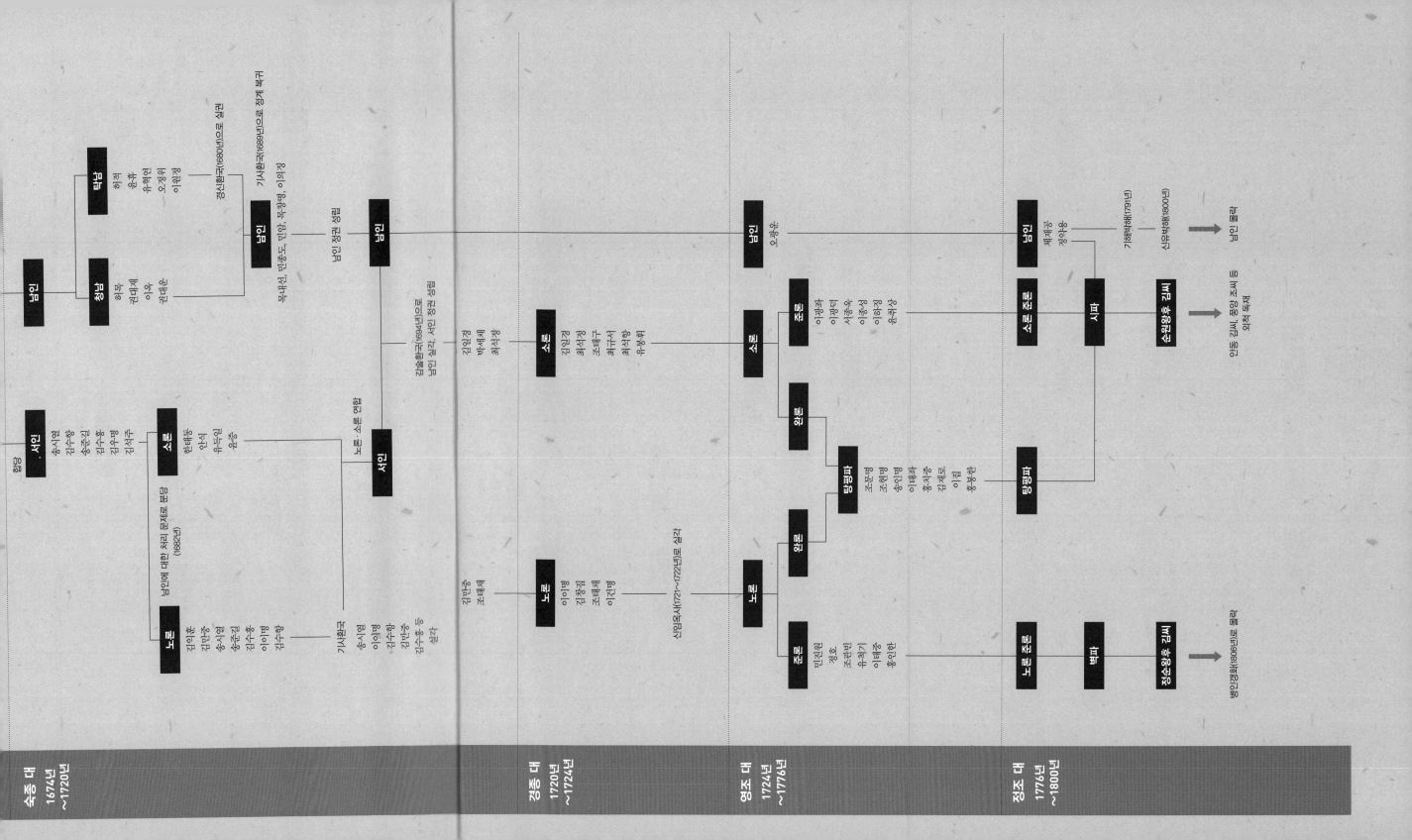

숙종 대
1674년
~1720년

경종 대
1720년
~1724년

영조 대
1724년
~1776년

정조 대
1776년
~1800년

붕당

남인

서인
송시열
김수항
송준길
김수흥
김석주

탁남
허적
윤휴
유혁연
오정위
이원정

청남
허목
권대재
이옥
권대운

노론
김익훈
김민중
송시열
송준길
김수흥
이이명
김수항 등
실각

소론
한태동
안식
유득일
윤증

기사환국(1689년)으로 정계 복귀
경신환국(1680년)으로 실권

남인에 대한 처리 문제로 분당
(1682년)

남인 정권 성립
목내선, 민종도, 민암, 목창명, 이의정

기사환국
송시열
이이명
김수항
김민중
김수흥 등
실각

노론 소론 연합

서인

남인

갑술환국(1694년)으로
남인 실각, 서인 정권 성립

노론
김민중
조태채

김민중
조태채

소론
김일경
박세체
최석정

남인
김일경
박세채
최석정

신임옥사(1721~1722년)로 실각

이이명
김창집
조태채
이건명

소론
김일경
최석정
조비구
최규서
최석항
유봉휘

신임옥사(1721~1722년)로 실각

노론

준론
민진원
정호
조관빈
유척기
이태중
홍인한

완론

탕평파
조문명
조현명
송인명
이태좌
홍치중
김재로
이점
홍봉한

완론

소론

준론
이광좌
이광덕
서종옥
이종성
이하정
윤취상

남인
오광운

노론 준론
민진원
정호
조관빈
유척기
이태중
홍인한

박파

정순왕후 김씨

병인갱화(1806년)으로 몰락

노론 몰락

탕평파

시파

노론 준론

남인
채제공
정약용

시파

순원왕후 김씨

남인
오광운

기해박해(1791년)
신유박해(1800년)

남인 몰락

안동 김씨, 풍양 조씨 등
외척 득세

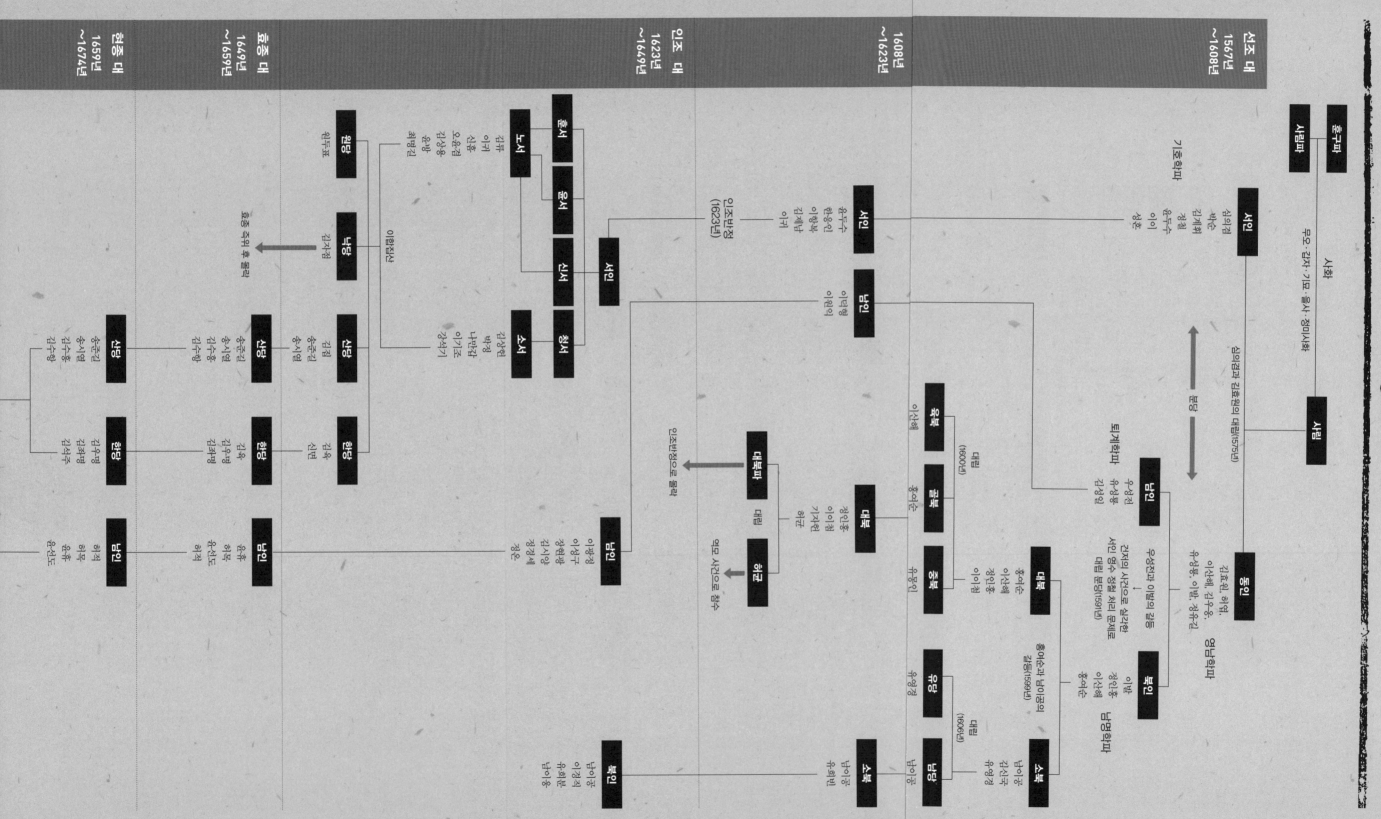

조선 붕당 계보도

선조 대
1567년
~1608년

1608년
~1623년

인조 대
~1649년

효종 대
1649년
~1659년

현종 대
1659년
~1674년